课程育人

人力资源管理专业课程系列教学研究

北京师范大学政府管理学院人力资源管理教学团队 ◎ 著

北京师范大学出版集团
BEIJING NORMAL UNIVERSITY PUBLISHING GROUP
北京师范大学出版社

图书在版编目(CIP)数据

课程育人：人力资源管理专业课程系列教学研究/北京师范大学政府管理学院人力资源管理教学团队著. —北京：北京师范大学出版社，2023.4

ISBN 978-7-303-28625-6

Ⅰ.①课… Ⅱ.①北… Ⅲ.①人力资源管理－教学研究－高等学校 Ⅳ.①F243

中国国家版本馆 CIP 数据核字(2023)第 001942 号

图 书 意 见 反 馈：gaozhifk@bnupg.com 010-58805079
营 销 中 心 电 话：010-58802181 58805532

KECHENG YUREN
出版发行：北京师范大学出版社 www.bnupg.com
北京市西城区新街口外大街 12-3 号
邮政编码：100088
印 刷：北京天泽润科贸有限公司
经 销：全国新华书店
开 本：710 mm×1000 mm 1/16
印 张：16.25
字 数：275 千字
版 次：2023 年 4 月第 1 版
印 次：2023 年 4 月第 1 次印刷
定 价：59.80 元

策划编辑：陈仕云 责任编辑：陈仕云
美术编辑：李向昕 装帧设计：李向昕
责任校对：陈 民 责任印制：赵 龙

本书编委会

编委(按姓氏拼音排序):

关晓宇:北京师范大学政府管理学院组织与人力资源管理系讲师,澳大利亚新南威尔士大学组织管理博士

柯江林:北京师范大学政府管理学院组织与人力资源管理系主任副教授、博士生导师,上海交通大学管理学博士,中国人民大学劳动人事学院博士后

李 艳:北京师范大学政府管理学院组织与人力资源管理系副教授,中国人民大学管理学博士,清华大学经济管理学院博士后

李永瑞:北京师范大学政府管理学院组织与人力资源管理系副教授,北京体育大学心理学博士,北京师范大学心理学测量学博士后

尚 哲:北京师范大学政府管理学院组织与人力资源管理系讲师,北京大学心理学博士,北京大学光华管理学院博士后

王昌海:北京师范大学政府管理学院组织与人力资源管理系讲师,北京师范大学心理学博士

王建民:北京师范大学政府管理学院组织与人力资源管理系教授,南开大学经济学博士,北京师范大学博士后

王 颖:北京师范大学政府管理学院组织与人力资源管理系教授,西安交通大学管理学博士

于海波:北京师范大学政府管理学院组织与人力资源管理系教授,中国科学院心理研究所理学博士

余芸春:北京师范大学政府管理学院组织与人力资源管理系副教授,中国社会科学院工业与经济研究所经济学博士

参编(按姓氏拼音排序):

耿 骞:北京师范大学政府管理学院教授,博士生导师,北京大学博士

果 佳:北京师范大学政府管理学院副教授,硕士生导师,香港大学公共管理学博士

郭智芳：北京师范大学政府管理学院党委副书记，学校就业指导中心主任，北京师范大学管理学博士

王宏新：北京师范大学政府管理学院教授，博士生导师，北京师范大学经济学博士

谢　羚：北京师范大学政府管理学院团委书记，北京师范大学管理学博士在读

章文光：北京师范大学政府管理学院教授，博士生导师，北京师范大学经济学博士，北京师范大学博士后

博士研究生：

董振华　刘思远　刘晓坤　晏常丽　张　晴　张　伟

硕士研究生：

贾懿然　刘　琪　刘羽飞　刘　源　孙仁斌　杨润书　杨子萱　郑浩文

本科生：

饶娅婷　汪雨菲

前　言
Preface

　　北京师范大学的前身为创办于 1902 年的京师大学堂师范馆，具有 120 余年的发展历史。北京师范大学人力资源管理专业，以公共管理一级学科为基础，是在整合心理学、教育学、管理学、文理基础学科等优势学科的基础上发展起来的。该专业从 2001 年第一届本科招生以来，经过 20 多年的积累，现在已经形成了具有本—硕—博完整培养体系的专业，且在专业发展中，充分吸收了北京师范大学心理学、教育学、经济学、管理学等各优势学科的优势，已经培养了遍布世界学术和实践各个领域的大量卓越管理人才，形成了学科特色鲜明、在国内外具有重要影响力的专业团队。

　　立德树人是大学的根本任务，课程育人是其中的重要环节。北京师范大学政府管理学院的人力资源管理教学团队，在多年的人力资源管理专业课程教学过程中，承担了教育部、北京市和学校等大量的教学改革项目，不断探索人力资源管理课程教学的规律，不断优化人力资源管理专业的教学体系，持续提升人力资源管理教学的质量。这些教学改革探索和改革成果，曾获得教育部高等教育精品课程(2012)，北京市高等教育教学成果奖二等奖(2018、2022)，北京市高等教育精品教材(2012、2013)，教育部教育质量提升工程资助(2014)，北京师范大学优秀教学成果奖(2012、2017、2021)，北京师范大学精品课程(7 人次)，北京师范大学教学改革项目资助等(近 20 项)。这些教学研究成果，有的体现了对当前国家所提倡的课程育人目标的教学改革探索，有的体现了对整个人力资源管理专业课程优化的理论和实践思考，更多的是探索了人力资源管理专业主要课程的教学理念、教学模式和教学方法等。其中，有的是实践教学，有的是体验式教学，有的是项目教学，有的是模拟教学，这体现了北京师范大学人力资源管理专业教学百花齐放的特征，也是北京师范大学百年教育理念在人力资源管理专业的深刻显现。

　　本书是北京师范大学人力资源管理教学团队各位一线教师在长期的教学

实践过程中，通过大量的教学改革项目、精品课程、精品教材建设，结合专业的社会服务工作，对人力资源管理专业系列课程教学经验和成果的总结与提炼。这些总结，一方面可以为团队未来的人力资源管理课程教学质量的提升指明方向，另一方面可以为其他学校和其他专业的课程教学提供理论和实践指导，从而推进人力资源管理专业课程育人体系的建立和对其规律的探索。

本书编委会

2023 年 1 月

目录
Contents

第一章 "三全育人"背景下基于 3C 的人力资源管理专业本科人才立体培养模式

　　　改革 ……………………………………………………………………… 1

　　第一节　教学改革的背景和意义 ……………………………… 2

　　第二节　教学改革的内容和措施 ……………………………… 3

　　第三节　教学改革的育人效果 ……………………………… 11

　　第四节　教学改革需要完善的内容及优化路径 ……………… 13

第二章 "战略人力资源管理"在线教学：创新与发展 …………… 17

　　第一节　课程荣誉与开发概况 ………………………………… 17

　　第二节　课程开发中的创新理念 ……………………………… 19

　　第三节　对课程未来发展的展望 ……………………………… 22

　　第四节　开发课程的感悟与建议 ……………………………… 24

第三章 "人力资源管理导论"课程教学研究 …………………… 26

　　第一节　课程概要 ……………………………………………… 26

　　第二节　课程改革内容和改革措施 …………………………… 28

　　第三节　课程育人效果 ………………………………………… 33

　　第四节　课程未来展望 ………………………………………… 34

第四章 "人力资源战略与规划"课程思政的探索与实践 ………… 37

　　第一节　课程思政建设背景 …………………………………… 37

　　第二节　课程思政融入教学的课程设计与实施 ……………… 39

　　第三节　课程思政融入教学实施效果的反思 ………………… 43

第五章 "人力资源测评"课程教学研究：基于北京市精品教材和北京师范大学
　　　　教学教改项目 ……………………………………………………… **45**
　　第一节 课程概要 …………………………………………………………… 45
　　第二节 课程改革内容和措施 ……………………………………………… 50
　　第三节 课程育人效果 ……………………………………………………… 56

第六章 "工作分析与组织设计"课堂教学："理论＋实践"多维立体化课程
　　　　的改革与创新 ………………………………………………………… **62**
　　第一节 课程改革背景 ……………………………………………………… 62
　　第二节 课程内容设计 ……………………………………………………… 63
　　第三节 教学形式设计 ……………………………………………………… 69
　　第四节 反思与展望 ………………………………………………………… 72

第七章 基于 3C 的"招聘与选拔"现场模拟教学研究 ……………………… **74**
　　第一节 教学改革的背景和意义 …………………………………………… 74
　　第二节 教学改革的内容和措施 …………………………………………… 76
　　第三节 教学改革的育人效果 ……………………………………………… 83
　　第四节 教学研究总结和未来方向 ………………………………………… 84

第八章 "绩效管理"课程教学"KSP 模型"的构建与应用研究 …………… **86**
　　第一节 绩效管理课程教学"KSP 模型"构建的背景 …………………… 86
　　第二节 "KSP 模型"的构建 ……………………………………………… 88
　　第三节 "KSP 模型"指导下"绩效管理"课程教学改革的实施 ……… 89
　　第四节 "KSP 模型"下"绩效管理"课程改革效果评估 ……………… 96
　　第五节 "KSP 模型"下"绩效管理"课程改革后的优势和特色分析 … 97

第九章 "薪酬管理"教学改革 ……………………………………………… **100**
　　第一节 课程概要 …………………………………………………………… 100
　　第二节 教学改革内容与措施 ……………………………………………… 102
　　第三节 育人效果 …………………………………………………………… 111

第十章　"培训与开发"课程教学研究：基于名企实践的教学改革 ·········· **113**
　　第一节　课程概要 ·· 113
　　第二节　课程改革内容和措施 ·· 115
　　第三节　育人效果 ·· 122

第十一章　"职业生涯管理"课程教学研究：基于自我测试与反思的体验式教学
　　·· **124**
　　第一节　课程概要 ·· 124
　　第二节　改革内容和措施 ·· 126
　　第三节　育人效果 ·· 133

第十二章　"国际人力资源管理"教学创新：探索与升级 ·············· **136**
　　第一节　课程概述 ·· 136
　　第二节　开发基于中国情境和管理实践的教科书 ···················· 138
　　第三节　升级课程内容和教学方式的初步设想 ······················ 140
　　第四节　对课程未来发展的展望 ······································ 143

第十三章　基于 OBE 教育理念的"战略管理学"课程项目式教学探索与实践
　　·· **145**
　　第一节　教学改革背景 ·· 145
　　第二节　教学改革措施 ·· 149
　　第三节　教学改革总结 ·· 157

第十四章　"领导力开发"课程教学研究：历史人物比较 ·············· **159**
　　第一节　课程概要 ·· 159
　　第二节　改革内容和措施 ·· 162
　　第三节　育人效果 ·· 170

第十五章　"跨文化沟通与谈判"课堂教学——基于模拟的课程干预教学 ··· **174**
　　第一节　课程概述 ·· 174
　　第二节　基于模拟的"跨文化沟通与谈判"课程干预教学 ·············· 176

第三节 "跨文化沟通与谈判"课程教学改革反思与展望 ……………… 181

第十六章 基于3C的"管理学研究方法"课程项目教学改革研究 ……… **183**
　　第一节 课程概述 …………………………………………………… 184
　　第二节 教学改革的内容和措施 ………………………………… 189
　　第三节 教学改革的育人效果 …………………………………… 194
　　第四节 教学改革未来展望 ……………………………………… 197

第十七章 人力资源管理本科专业培养方案的优化研究：比较分析视角 … **198**
　　第一节 国内外人力资源管理专业的基本概况 ………………… 198
　　第二节 北京师范大学人力资源管理专业培养方案改进调研 … 202
　　第三节 北京师范大学人力资源管理专业培养方案优化建议 … 208

第十八章 管理学教学团队现状分析与对策 ………………………… **211**
　　第一节 教学团队建设的基本目标、要求与新发展 …………… 211
　　第二节 国家级教学团队的总体概况 …………………………… 214
　　第三节 管理学类国家级教学团队的特征分析 ………………… 216
　　第四节 政府管理学院与管理学类教学团队建设对比分析 …… 223
　　第五节 政府管理学院教学团队建设的对策建议 ……………… 231

第十九章 基于听说读写练的管理学专业教学改革 ………………… **236**
　　第一节 课程概要 …………………………………………………… 236
　　第二节 改革内容和措施 ………………………………………… 241
　　第三节 育人效果 …………………………………………………… 244

第一章
"三全育人"背景下基于3C的人力资源管理专业本科人才立体培养模式改革[①]

于海波　董振华　章文光　果　佳　王宏新　郭智芳

耿　骞　李永瑞　柯江林　谢　羚　晏常丽

结合全员全过程全方位育人的总体要求，立足生涯理论中的心理资本（psychological capital）、人力资本（human capital）和社会资本（social capital）（即3C），构建基于3C的人力资源管理专业本科人才立体培养模式的"一个中心，六个支柱"框架，具体涉及3C培养目标（即"一个中心"）和课程体系、科研体系、实验体系、实践体系、交流体系及管理体系（即"六个支柱"），据此开展人力资源管理专业本科生的人才培养模式改革。在此基础上，对在校本科生和本科毕业生开展调查，总结培养成效，提出进一步需要完善的内容及相应优化路径。

[①] 本章部分内容获得北京市高等教育教学成果奖二等奖，北京师范大学优秀教学成果奖一等奖。

第一节 教学改革的背景和意义

一、教学改革的背景

2016 年 12 月，习近平总书记在全国高校思想政治工作会议上发表重要讲话；2017 年 2 月，中共中央、国务院印发《关于加强和改进新形势下高校思想政治工作的意见》，提出"坚持全员全过程全方位育人。把思想价值引领贯穿教育教学全过程和各环节，形成教书育人、科研育人、实践育人、管理育人、服务育人、文化育人、组织育人长效机制"。随后，关于"三全育人"（全员全过程全方位育人）的理论研究和实践探索得以进一步发展。人力资源是促进社会经济发展的一种可持续性的宝贵资源，人才强国战略的实施、社会经济的发展以及企业的转型升级需要大量高素质的人力资源开发和利用的从业者。因此，人力资源管理专业人才培养的质量和数量对于人力资源开发和利用效能有重要影响。人力资源管理专业本科阶段的人才培养是提升人力资源管理专业从业者素质的重要环节。如何立足于人力资源管理学科发展现状以及人才培养，将"三全育人"融入其中，以抓住立德树人这一根本任务来适应社会、经济的要求，是人力资源管理专业教学工作者必须面对的重要课题。

近年来，人力资源管理领域对于个体职业生涯的竞争优势较为关注，发展衍生出生涯资本理论。竞争优势理论认为，生涯资本主要来自三个方面：人力资本、社会资本和心理资本。人力资本是能够提升个人职业生涯的个人和专业的经验，具体是指个体在不同就业环境下可以提升和应用的、可转换的技能、能力和知识的综合；社会资本是个体人际关系网络带来的资源整合，既包括工作中的各种关系，也包括个人家庭、专业团体、指导者等方面带来的联系；心理资本是个人的积极心理状态，包括自信地应对挑战性的任务、对当前和未来的成功进行积极归因、坚持不懈地追求目标且及时调整目标以便在逆境中取得成功。在"三全育人"体系逐步科学化和精细化的趋势下，将人力资源管理相关理论与"三全育人"相结合的研究将进一步增多。本研究尝试构建人力资源管理专业本科学生"三全育人"机制，主要是指以"一个中心"和"六个支柱"为框架的人力资源管理人才立体培养模式。"一个中心"和"六个支柱"贯穿学生成长发展的全过程，涉及学生、导师、思政工作队伍、家庭、社会等各个主体，运用了各种思想政治教育的工作载体。

二、教学改革的意义

1. 全面提高人力资源管理专业本科生人才培养质量

为了适应社会经济发展，落实国家全面提高人才培养质量的政策要求，对标专业国家标准，加强专业内涵建设，更新人才培养目标和毕业要求，培养适应创新驱动发展需求的人力资源管理专业高素质人才。通过各项制度保障本科教学质量，通过各种激励机制引导本科人才培养积极性，通过不断宣传打造良好育人氛围，通过持续制度和机制建设强化育人价值。

2. 构建基于3C的人力资源管理专业本科人才立体培养模式

为了实现3C对人力资源管理专业本科人才立体培养全过程的渗透和指导作用，探讨基于3C的人力资源管理专业本科人才培养模式的改革，构建基于3C的人力资源管理专业本科人才立体培养模式，解决人力资源管理人才培养的目标如何确立和如何实现这两个基本问题，全面提升人力资源管理专业本科毕业生的可就业能力。

3. 探索构建人力资源管理专业本科人才培养的"三全育人"模式

在本专业的人才培养改革过程中，不断根据党中央和国家的"三全育人"模式来进行本科人才培养模式的探索改革。在全员方面，学院不断强化所有教师各负其责的育人格局，不断强化两位副院长与学生管理的一体化，不断优化班主任和辅导员的配备。在全过程方面，不断强化学院从入学到毕业全过程的培养引导的完善，从入学教育到新生导师、从课程指导到学业指导、从专业理解到职业规划，不断建立和探索新的人才培养机制和制度。在全方位方面，一方面基于3C提高学生全方位的素养，另一方面不断通过各种教育过程和活动，强化体验和经历，不断提升育人水平。

第二节　教学改革的内容和措施

教学改革研究的主要内容是构建基于3C的人力资源管理专业本科人才立体培养模式框架（如图1-1所示）。而为了实现3C对人力资源管理人才立体培养全过程的渗透和指导作用，我们逐步构建了以"一个中心"和"六个支柱"为框架的人力资源管理专业本科人才立体培养模式，以便解决人力资源管理人才培养的目标如何确立和如何实现这两个基本问题。

图1-1　基于3C的人力资源管理专业本科人才立体培养模式框架

一、一个中心

本课程研究以"一个中心"即基于3C的人才培养目标为基础，构建人才3C就业能力框架。基于3C的就业能力框架包括"就业能力-教育要求-教育内容和培养方式"三个方面的人才培养目标体系，以及主要课程的基于3C就业能力的人力资源管理人才培养行为化目标体系（见表1-1），一方面用来指导整个人力资源管理专业人才培养模式；另一方面为每门课程的教学实施提供具体的行为化目标，从而保障整个培养模式在具体领域的落实。

表1-1　基于3C就业能力的人力资源管理人才培养行为化目标体系

3C	就业能力	教育要求	教育内容和培养方式
心理资本	职业认同、积极乐观等	(1)全面认识人力资源管理学专业和人力资源管理学科的性质和特征； (2)体验并逐步喜欢人力资	(1)建立"通识教育＋专业教育＋交叉学科"的课程体系；各专业课程及学院平台的"管理素质拓展"等课程； (2)建立四位一体的大学生创新创业科研

3C	就业能力	教育要求	教育内容和培养方式
心理资本	职业认同、积极乐观等	源管理学科和人力资源管理类行业和职业； (3)逐步树立正确的专业情感和专业认同感； (4)对人力资源管理学科知识、理论和实践充满期待； (5)相信自己有能力掌握和理解人力资源管理理论，实施人力资源管理的项目研究	体系； (3)搭建"跨学科＋创新创业"的开放实验体系(暨北京师范大学双创双导基地)； (4)搭建基于3C的全方位立体的校外实践基地； (5)构建国内外、校内外开放的学生交流体系：国外交流、校友交流； (6)建立教学嵌入、学生主体的学生管理体系：在社团工作中理解和应用专业理论
人力资本	问题解决、学习能力等	(1)全面深入地学习和掌握管理学理论和方法； (2)提出并分析管理学问题； (3)关注国家发展和世界潮流中的管理现象，提炼管理学问题，分析并尝试寻找解决问题的答案； (4)对基于管理学的社会科学、人文科学以及理科工科知识和理论充满好奇和具有学习主动性； (5)基于专业科研项目学习提出并分析和解决管理问题的专业研究意识和能力	(1)建立"通识教育＋专业教育＋交叉学科"的课程体系； (2)建立四位一体的大学生创新创业科研体系：在专业研究项目实施中体验和学习提出和解决问题的能力； (3)搭建"跨学科＋创新创业"的开放实验体系：基于创新创业项目和互动提出和解决管理实践问题； (4)搭建基于3C的全方位立体的校外实践基地：把握社会现实和提高问题意识，尽快适应社会； (5)构建国内外、校内外开放的学生交流体系：开阔专业视野、提出正确管理实践问题； (6)建立教学嵌入、学生主体的学生管理体系：运用专业理论学习解决社团和学生管理实践问题
社会资本	社会支持、社会网络、人际关系、团队合作	(1)在学习过程中体验和学习团队合作、人际交往以及组织协调的任务； (2)在社团活动中体验和学习团队合作、人际交往以及组织协调的任务； (3)在科研项目组织实施中体验和学习团队合作、组	(1)建立"通识教育＋专业教育＋交叉学科"的课程体系：各种课程中的小组作业等； (2)建立四位一体的大学生创新创业科研体系：在研究项目实施中体验和学习团队合作、团队协同等； (3)搭建"跨学科＋创新创业"的开放实验体系：基于创新创业项目体验和学习人际交往、社会参与等过程；

3C	就业能力	教育要求	教育内容和培养方式
社会资本	社会支持、社会网络、人际关系、团队合作	织协调的任务； (4)在实习和国内外交流中体验和参与社会实践、合作、人际交往的过程	(4)搭建基于 3C 的全方位立体的校外实践基地：在社会参与中适应社会、适应团队和团队合作； (5)构建国内外、校内外开放的学生交流体系：在各种交流中体验人际交往、人际沟通等过程； (6)建立教学嵌入、学生主体的学生管理体系：学生社团中体验和参与帮助和服务别人以及团队合作、人际交往等过程

二、六个支柱

六个支柱包括课程体系、科研体系、实验体验、实践体系、交流体系、管理体系六个方面，具体内容及措施如下所述。

1.课程体系：建立"通识教育＋专业教育＋交叉学科"三位一体的课程体系

在学校进行 2015 年大类招生本科培养方案改革的背景下，基于学校本科教学改革的基本精神和思路，基于学院四个一级学科(公共管理、信息管理、政治学、管理科学与工程)交叉的实际情况，本培养模式构建了"通识教育＋专业教育＋交叉学科"的人力资源管理专业本科课程培养体系。也就是说，在人力资源管理专业培养模式下，首先，基于学校平台和学院四个一级学科交叉的优势条件，构建良好的通识教育基础，强调对人力资源管理专业本科人才培养中数理、人文、社会、历史等方面的通识教育，强化人力资源管理专业本科人才培养的宽厚基础。其次，基于学院各一级学科，构建人力资源管理专业本科人才培养的专业内容，这主要包括专业理论和专业操作实践两类专业核心课程。这样，既强调了学生在全校范围的学习以及与不同学科的交叉，又强调了基于学院培养管理类本科人才的理念，从而搭建学院内学生在不同一级学科间的互动与学习。这就构成了人力资源管理专业"通识教育＋专业教育＋交叉学科"三位一体的人力资源管理专业本科人才课程体系。

2. 科研体系：建立四位一体的大学生创新创业科研体系

基于国家和北京市教学质量工程的支持，以及学校设立的本科生创新创业项目，学院每年设立10多项关于学生管理方面的学工课题。5年来，学院总共立项国家级大学生创新创业实践课题20多项，北京市创新创业研究课题10多项，北京师范大学大学生创新创业研究课题40多项，同时计划5年内设立50多项学院级的大学生学工课题，从而构建人力资源管理专业本科人才培养的四位一体的大学生创新创业科研训练体系。这是人力资源管理专业本科人才培养模式的重要组成部分。这个四位一体的人力资源管理专业大学生创新创业科研训练体系，一方面加强了大学生对人力资源管理学科专业学术的探索和体验，另一方面强调了大学生对创业的体验和探索，同时还强化了其培养过程中把专业理论知识通过研究运用于学生管理中的意识和能力，提升了大学生的专业理论、专业认同、专业意识、创新能力和创业意识。

3. 实验体系：搭建"跨学科＋创新创业"的开放实验体系——京师COGs跨学科开放实验室

在国家提倡创新创业的大背景下，学院结合自身多个一级学科文理交叉的特点，创新性地将原"管理行为与决策博弈系统分析实验室"升级为开放的、服务于学生创新实践的"跨学科开放实验室"（crossing-discipline open grounds，COGs）。COGs是学院打造的一个"学院—教师—学生"三位一体的创新协作平台，在多学科交叉融合的趋势下，提高学生灵活运用理论去解决实际问题的能力，扩大学科视野，提高创新就业的竞争力，同时也服务于国家对人才的战略性需求。实验室的目标是：探索教师教学与跨学科研究团队培养，促进本科教学与本科生创新创业协同；促进学院特色的交叉学科教学探索与研究发展；发现和培养拔尖人才。实验室导师包括院内教师、外院系教师、社会导师，目前他们已经以项目为依托与实验室建立联系。

这样，COGs实验室已经成为人力资源管理专业本科人才培养模式的重要组成部分，成为本科人才与院内外、校内外各类人才互动以及进行创新创业项目实践的平台。截至2017年7月，学院共投入73.4万元，资助教师创新研究课题22项，学生创新创业课题9项。实验室为216位师生提供场地服务673次。实验室已经培育了学校4个创新创业项目，培育了1个北京市级创新创业项目，为培养本科生的专业研究、专业交叉融合和创新创业能力做出了重要贡献。

4. 实践体系：搭建基于 3C 的全方位、立体化校外实践基地

我们在总结前 5 年校外实习工作经验、教训的基础上，制定了《校外实习管理工作条例》《校外实践基地合作协议》等相关制度文件。这些相关制度对学生在校外实习的组织、实施、条件、教师责任、院系分工等进行了比较具体的规定，为规范校外实习工作奠定了制度基础。现在，学院的校外实习单位比较充足，已联系实习单位近百家，主要包括国家部委及其下属单位、四大国有银行和央企、北京市主要的政府机关单位和企业事业单位以及知名民营和外资企业。

(1)基于 3C 的校外实践基地的基本框架

通过对学院过去多年工作的提炼，依据人力资源开发中的 ADIE 模式，整合校内与校外、教师与学生资源，本项目构建了人力资源管理专业大学生基于 3C 可就业能力的专业社会实践框架（如图 1-2 所示）。本框架一方面整合了校内和校外两个资源，在校内整合了教师和学生两个主体。另一方面在校内，对大学生来讲，需要经过准备动员和实施两个阶段，而动员阶段遵循 ADIE 四阶段循环的模式（A：需求分析；D：方案设计；I：方案实施；E：总结反思）；对教师来讲，配合大学生的准备动员和实施两个阶段，相应地需要经过三个阶段：理念沟通（对应大学生的准备动员阶段）、专业指导与适应咨询（对应大学生的 ADI 实施阶段）、反思反馈（对应大学生的 E 总结反思阶段）。这个框架是本项目的指导框架。

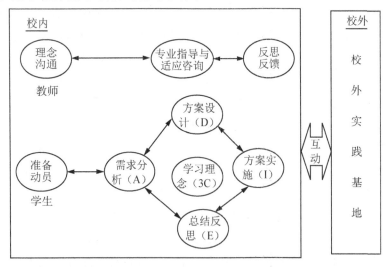

图 1-2　人力资源管理专业大学生基于 3C 可就业能力的专业社会实践框架

（2）具体措施

基于3C的人力资源管理专业大学生专业实践实施框架主要包括以下7个措施。

①工作规划与制度建设。进一步完善《本科生专业实践管理条例》《优质实习基地挂牌工作条例》等一系列涉及本科生校外实习的管理制度。在遵循基本制度的基础上，加强完善整体工作计划，工作计划主要包括：前期动员、资源整合、供需见面、签订协议、实施实习。

②校外实习基地资源整合。校外实习基地来源主要有两个：一是学院的优秀校友推荐的实习基地；二是学院过去的优质实习基地。这两方面的工作已经采取结合学院校友会的方式实施。

③大学生和实习指导教师的培训。为了保障和提升校外实习基地的效果，在具体计划实施前，学院组织对实习的学生和指导实习的教师进行专业培训。内容包括：培训不同行业文化特点，对工作群体的了解，以及教师怎样在指导学生实习中提升自己的专业水平和问题意识。

④组织供需见面会。在每个学年的第一学期，邀请主要的实践基地代表，组织全院二年级学生，参加见面会，从而能够现场确定实习单位和岗位。同时，学院也会根据学生的特点推介本届学生去相关单位实习，并协助签订相关实习协议。

⑤签订协议并挂牌。根据各实践基地为学生提供实习所做出的努力，以及学生所反映的实习效果，对实践基地进行综合的效果评价，与优质的校外实习基地签订长期的互助合作协议，并挂牌为"优质实践基地"，以更加深入的方式进行合作。

⑥维持日常沟通联系。在签订长期合作协议并挂牌优质实践基地后，学院党总支及团委联合学院本科教学部门，对相关优质校外实习基地进行日常的管理沟通。定期地发送学院的大事记，定期地发送本科教学及本科生的学习实践及成绩情况，加深彼此的了解，从而强化双方的合作。

⑦实习组织系统化。在本科生校外实习的组织保障上，学院成立由学院院长和书记为顾问、教学副院长和各系主任及骨干教师为成员的学院校外实习工作小组。每年召开"实习供需见面会"，这项工作促成了实习单位要求与实习学生需求之间的匹配，提升了实习效果，提高了实习组织效率。这样形成了学院组织协调、系所实施配合、教师引导支持、学生主动选择的统一组织的工作模式。

5. 交流体系：构建国际交流和国内游学、校友和多层次学生交流管理体系

为提高学生的创新能力、拓宽其国际视野，学院始终致力于推动学生进行国际交流，与多元文化相互碰撞。学院鼓励学生积极参加卓越训练营、校团委青年团校中级班和国际交换项目。目前学院已经建立了 10 多个海外研学交流项目，如与美国纽约大学合作开办的"全球商业领导力项目"（global business leadership program）、与美国斯坦福大学和加州伯克利分校合作开展的"全球商业领导力课程项目"、与法国巴黎政治学院合作开展的暑期项目、与新加坡南洋理工大学科技创业中心合作开办的"创新领导力海外研修计划"等。同时，学院与美国马里兰大学帕克分校沟通，设立"MPA4＋1""3＋1＋1"项目，为有志于攻读公共政策硕士学位的学生提供更多的机会。依托学院国际交流部与国际志愿者部的合作，为学生提供更多的境外交流机会。学院还派学生赴日本参加中日青年友好交流活动，进一步开拓了我院学生的境外交流机会。

与此同时，学院还设立专门预算，支持学生每年暑期与北京师范大学珠海校区师生进行交流互动，一方面交流学习创新创业项目，分享体验；另一方面与广东产业和实业领域进行学习互动。最后，还鼓励学生与北京地区其他高校进行互动、合作。

6. 管理体系：建立教学嵌入、学生主体的学生参与管理体系

在本科教学与学生管理相融合的理念下，学院的本科教学和学生管理工作进行了无缝整合，逐步探索和建立起了教学嵌入、以学生为主体的学生管理工作体系。一方面，在学生管理工作中，充分发挥学生会等学生组织对学生管理工作的主体作用。几年来，学院在学生的主动参与和实施下，基于学生工作课题研究，制定了 30 多万字的学生规范管理工作制度，都是由学生学工课题研究成果直接转化而来的。这大大提高了学生的专业研究能力和理论运用能力，更大大提高了学生的管理积极性。

另一方面，自我管理、自我服务的学工课题，也充分发挥了学生的主体地位，推进了综合育人模式的构建，成为管理专业本科人才培养模式的重要组成部分。为实现学生的自我教育、自我管理、自我服务，推进学生工作科学化、规范化、精细化建设，北京师范大学政府管理学院切实贯彻"以学生为本"的教育理念，发挥学生主体地位，立足工作思路，把握工作模式，保证实施效果，连续 11 年开展"学生工作课题研究"，切实推进综合育人。迄

今11年来已立项 98 个课题，400 余人参与，在发挥学科优势，科学指导、优化提升思想政治教育工作的同时，引导鼓励学生参与自我管理、锻炼科研能力、强化实践意识，推进科学育人、素质育人、综合育人的有效落实。

第三节　教学改革的育人效果

一、人力资源管理专业本科生 3C 可就业能力得到提升

为检验以 3C 可就业能力培养为核心的人力资源管理专业本科人才培养成效，我们针对北京师范大学政府管理学院在校人力资源管理专业本科生发放 3C 能力量表 240 份，了解其 3C 能力情况，回收有效量表 212 份。量表以"基于 3C 综合能力的人力资源管理专业人才培养行为化目标体系"(涉及心理资本、人力资本和社会资本 3 个维度，职业认同、问题解决和社会支持等 13 个二级指标)为基础进行设计，涉及参与程度、人力资本、社会资本、心理资本 4 个模块，共 37 道题。采用李克特量表的 5 点计分法，1 分到 5 分分别表示"非常不符合""比较不符合""一般""比较符合"和"非常符合"。在整理能力量表的基础上，以课程体系、科研体系、实验体系、实践体系、交流体系、管理体系 6 个方面为框架设计访谈提纲，开展半结构化访谈，共访谈 2017—2021 级在校本科生 45 人，采访 2018—2020 届本科毕业生共 19 人。

通过问卷调查可以发现：人力资源管理专业本科生目前对于自身(课程与活动的)参与程度、人力资本(知识技能)、社会资本(集群发展)和心理资本(心理韧性)的评价，大部分都集中在"一般"水平。人力资源管理专业本科生对于专业培养方案较为了解，对于学术科研、实习实践、学生社团、对外交流等工作和活动参与程度较高，"参与程度"模块总分为 50 分，平均得分为 33.36 分。而 3C 能力的"平均分/总分"分别表现为：人力资本(知识技能) 23.74 分/35 分，社会资本 44.45 分/60 分，心理资本 26.08 分/40 分。其中，社会资本(集群发展)的水平略高于人力资本(知识技能)，而人力资本(知识技能)的水平略高于心理资本(心理韧性)。这不仅折射出人力资源管理专业学科的部分特点，如需要较强的集群能力，而且也体现在创新创业、实习实践和职业规划等方面的工作还需要进一步加强。这说明，基于 3C 的人力资源管理专业本科人才立体培养模式的改革取得了一定成效。

二、人力资源管理专业本科立体人才培养体系成效显著

1. 课程、科研、实验体系基本建立

从人力资源管理专业本科毕业生的情况看，大部分学生对于培养方案课程系统的意见集中在"开设更多的选修课程""不同学科的课程区分度不强"，大部分学生参加过科研项目，需求主要是"完善教师指导""加强经费支持""鼓励积极申请"等。而大部分在校生都能够基本明确专业培养方案，对于培养方案的意见集中在"调整顺序""课程认定"两部分，绝大部分学生参加过科研项目，获得能力以"科研能力""团队协作""领导能力""学习能力"等为主，获得的支持主要是"经费""教师指导"和"场地"等，需求主要是"专家指导"和"系统培训"。

2. 实习实践体系的覆盖面不断扩展

大部分毕业生未通过学院平台参加实习实践，需求主要是"联系实习基地并提供机会""增强与校友的联系"等。但大部分在校生都通过学院平台参加过实习实践项目，获得能力以"组织协调""书面写作""沟通交流"为主，获得的支持以"相关培训""补贴""实习信息"为主，需求主要有"（与专业衔接的）实习机会""专家、校友讲座"等。

3. 游学交流体系逐步健全

大部分毕业生都未参加过学院层面的游学交流，需求以"资金支持""避免流于形式""促进项目可持续发展""加强宣传"为主。而参加过学院层面的游学交流的在校生比较多，习得的能力主要是"创新创业""跨文化交流""团队合作""项目管理"等，获得的支持主要是"资金支持""项目安排""人脉资源""安全保障"等，存在需求以"与专业衔接""资金补贴""项目多元化"为主。

4. 学生管理体系已较为完善

绝大多数毕业生都参加过学生团体，印象最深的活动是班级活动，需求是"减少应付性活动""加强自主性""加强职业规划""打通各方平台"等。而绝大多数在校生都参加过学生团体，习得的能力以"统筹协调""沟通表达""时间管理"为主，印象最深的活动是党支部组织的活动以及院级活动，对活动印象深刻的原因是"增长见识""生动有趣"，需求最多的是"规范活动流程""丰富活动形式内容"等。

综上，目前以"一个中心"和"六个支柱"为框架的人才培养模式已经取得

了一定成效，人力资源管理专业本科生已经具备基本的 3C 能力。其中，学生管理服务体系已经趋于完善，尤其是党建活动、院系活动已经具备一定影响力，学生团体蓬勃发展。

第四节 教学改革需要完善的内容及优化路径

一、教学改革需要进一步完善的内容

基于调查分析发现，课程体系、科研体系以及实践体系方面尚有须加强之处。主要表现为：第一，课程体系、科研体系方面，由于专业导师参与不足，本科生对于培养方案、专业课程和科学研究的认知和理解有待提升。同时，学生中还存在着对自身发展规划不明晰进而产生"课程无用论"思想的现象。第二，实习实践体系方面，由于校友参与不足以及联动各方的信息平台尚未完全构建，本科生尚面临着实习平台较少、职业生涯规划不明晰等问题。第三，交流体系和学生管理服务体系方面，已经初步建立起覆盖面广、参与度高的育人机制，但仍需要进一步加以巩固。

二、人力资源管理专业本科生"三全育人"机制优化路径

根据目前的调研结果，立足于人力资源管理专业本科生培养的目标以及实际情况，应将"三全育人"本质要求更好地融入 3C 行为能力化目标体系中，进一步明确心理资本、人力资本和社会资本的具体内涵和指标体系。现从以下三方面提出"三全育人"机制的优化路径。

1. 动员全员参与，构建精准育人体系

建立全员参与的精准育人体系，是健全"三全育人"机制的基础。

(1)细化 3C 能力行为化目标体系，同时据此建立起针对不同主体的、操作性强的考核指标

目前，3C 行为能力化目标体系对于人力资源管理专业本科生有较强的针对性，但是对于人力资源管理所属的专业模块并无更具体的区分。为更好地实现育人目标，需要辅导员、班主任与专业教师、导师等主体做好沟通工作，并动员其积极参与到该过程中，结合专业的具体培养方案，制定更具操作性的目标体系，并确定不同主体的具体工作任务内容。同时，要制定相应

的、针对不同主体的考核指标体系并加以实施。

(2)根据学生校内外的表现建立个性化档案，完善精准育人体系

除了课堂表现和科研表现，学生在生活、学生团体、实习实践中的各类表现也需要予以关注。需要将校外有关方面(实习实践单位、校友)、家长、社团指导教师、各类学生骨干等纳入工作队伍，实现"学生工作领导小组—校外力量—校内导师及专业教师—家长—班主任及辅导员、社团指导教师—学生骨干"的全员参与格局，把握当代大学生在思想、行为方面的新特点，建立起每位学生的成长档案，了解其在课堂内外、家庭内外的全面表现，精准开展各项工作，有针对性地实施帮扶措施。

2. 加强全过程统筹，完善具体制度设计

在完善"三全育人"机制的过程中，根据实际需求建立起各项具体制度是落实"三全育人"机制的重要保障。在设计制度时，应该着力加强对学生的思想引领，注重从学生入学到毕业、离校的全过程发挥育人功能，覆盖学生从一年级到四年级将依次面临的学习、科研、交流、实习实践等环节。

(1)针对刚入学的本科生，应当注重增强其对课程体系和科研体系的认识，注重其人力资本(知识技能)的培养

在完善教学管理制度的基础上，完善"通识教育＋专业教育＋交叉学科"三位一体的课程体系，将人力资源管理专业教学特色与其中所蕴含的思想政治教育元素和思想政治教育功能相结合；引导学生树立正确的政治方向、价值取向、学术导向；建立科研管理制度和实验室管理制度，进一步加强"四位一体"的科研体系和开放实验体系建设，尤其是从研究方法、课题立项、中期答辩、结题答辩、经费报销等全流程开展指导以及邀请专业教师或高年级科研助理进行全程跟踪指导。

(2)针对高年级本科生，应该更加注重社会资本(集群发展)和心理资本(心理韧性)的培养

在继续做好课程体系和科研体系工作的同时，应当加强其对于各类学生团体、实习实践、对外交流等方面内容的理解，促进其了解国情社情，将理论与实践进一步结合，了解其面临的困惑和阻碍，帮助其更好地做出人生规划。根据调研结果，应当加强与校友、基层政府、有关企业的联系，尽快建立实习实践考核制度，同时进一步强化对外交流工作。

3. 发挥全方位协同作用，充分利用各类教育载体

利用各类思政教育载体是落实"三全育人"机制的重要抓手，尤其是奖助

勤贷、学生组织建设管理、校园文化、学风建设、社会实践等环节。目前，在育人内容丰富性和途径多样性方面已经积累了一定经验，而在推进"三全育人"机制过程中，还应当注重发挥协同作用。

除在教书育人、科研育人体系中继续增加专业教师的参与度，在管理育人和服务育人体系中完善相应制度设计以外，还应该加强"以文化人、以文育人"的文化育人工程，以学生喜闻乐见的方式传播优秀文化，营造良好的校园文化氛围，同时还需重点加强实践育人和组织育人功能。

（1）健全实践育人体系

在实习实践、对外交流体系构建过程中，需要关注本科生对于实习实践的强烈需求。除搭建学生实习实践平台以外，还应该加强对学生具体表现的考核。在对外交流方面，应当更加注重项目与管理学科的适配性，避免交流项目流于形式，而削弱学生的获得感。应当更加注重引导学生正确认识世界和中国发展趋势，树立远大抱负，培养担当意识。

（2）强化组织育人功能

在学生团体的管理与服务方面，管理学本科生的满意度和收获感相对较高，未来应当进一步夯实基础。在本科教学与学生管理相融合的理念下，应注重将组织建设与教育引领相结合，发挥学生党支部、学生会、社团等学生组织对学生管理工作的主体作用。通过辅导员、班主任的指导，鼓励学生发挥人力资源管理专业特长，将人力资源管理专业所学知识运用到学生团体的管理实践中，同时充分利用学生团体自我管理、自我教育、自我服务的特点，尊重学生主体，实现师生互动的良好局面。通过强化各类组织建设，尤其要推进学生党支部标准化、规范化、高质量建设，推进完善共青团"一心双环"格局，实现"第一课堂"与"第二课堂"有效衔接。

参考文献

[1]于海波，郭智芳，谢羚，等．"三全育人"背景下基于3C的管理学本科生立体培养模式研究[J]．北京教育（高教版），2020(2)：66-69.

[2]于海波，郑晓明，李永瑞，等．基于生涯资本理论的大学生可就业性3C模型及其特征[J]．教育研究，2013(5)：67-74.

[3]于海波，郑晓明，许春燕，等．大学生可就业能力与主客观就业绩效：线性与倒U型关系[J]．心理学报，2014，46(6)：807-822.

[4]石红梅，丁煜．人力资本、社会资本与高校毕业生就业质量[J]．人口与

经济，2017(3)：90-97.

[5]董克用，薛在兴. 高校毕业生人力资本积累对其就业的影响[J]. 中国行政管理，2014(6)：60-63，119.

[6]吴国友. 高校基层党组织参与"全员育人"工作之我见[J]. 学校党建与思想教育，2015(10)：22-23，36.

[7]李肖峰，李振良. 高校"全员育人"人才培养路径探析[J]. 教育与职业，2014(21)：41-42.

[8]张文凤. 对高校"三全育人"的若干思考[J]. 学校党建与思想教育，2018(4)：60-61，68.

第二章
"战略人力资源管理"在线教学：创新与发展

王建民　贾懿然　孙仁斌　刘　源

基于专业领域内知识的演进趋势与动向，将"人力资源管理"升级至战略高度，并由此开发"战略人力资源管理"课程。该课程秉持守正创新理念与开放包容意识，依托"主讲视频、文字资源与交互平台"三位一体的学习实践系统，以案例研究、专题思辨等形式为载体，引入行业优秀管理实践与人力资源新技术、新方法，以引导学生在剖析问题与案例中习得知识，掌握本领。同时，课程开发团队以现有课程为基础，顺应在线教育新趋势，不断创新思路，组织优秀教师拍摄和上线大批课程，获得"国家精品课程"荣誉称号，以教学模式创新引领课程建设发展。

第一节　课程荣誉与开发概况

本课程经历较长时间的开发和优化，两次获得国家级荣誉称号。

一、课程荣誉称号

2008年，由王建民担任课程负责人和主讲教师的"战略人力资源管理"在线课程，获得"国家精品课程"荣誉称号，有效期5年。

2013年，该课程入选"国家级精品资源共享课"立项项目。经过大约3年的立项建设，该课程在"爱课程"网免费开放，接受社会评价，并组织有关部门和专家审核评估，2016 年被授予"国家级精品资源共享课"荣誉称号，有效期 5 年。

二、课程开发概况

"战略人力资源管理"课程的开发，始于 2002 年。该课程原名"人力资源管理"，在全面总结 6 年多教学与管理经验的基础上，于 2008 年升级为"战略人力资源管理"。

本课程在开发过程中注重远程教育时空分离、平台支持、实用为本、自主选学等特点和规律，构建了以学习者为中心的"主讲视频＋文字资源＋交互平台"的学习与服务管理系统。鉴于企业管理实践活动千变万化、日新月异，工商管理类专业学员以企业管理实践为观察、认识和研究的对象。本课程及时提供了专业领域内的最新知识和动态，把"人力资源管理"升级到战略高度，设置了案例研究和国际视野等模块。如图 2-1 所示，本课程针对学习者的特点，在每一章中均设置名人名言、主要内容、核心概念、预期目标、开篇案例、要点回顾、思考与练习、案例研究等模块，便于学员在自学过程中循序渐进，在观察和讨论具体问题时深化认识、获得经验、掌握规律。

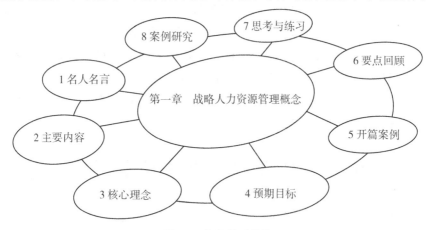

图 2-1　各章构成模块

升级版课程在学习资源供给过程中，坚持了五项原则。一是前沿性原则，课程采用本学科国内教学与科研最新成果，借鉴哈佛大学商学院、肯尼迪政府学院和麻省理工学院（MIT）斯隆管理学院的教学经验，力争保持国内同类教学活动的一流水平；二是中国化原则，案例等学习内容以及学习内容的呈现形式，尽可能选择来自中国企业或中国学员所熟悉的国际企业的事实或信息，尽可能保持在中国学员的认知习惯和能力范围内；三是典型性原则，课程所选材料，特别是案例，注重具有典型性或代表性；四是多样性原则，课程案例等学习内容以及学习内容的形态，品种多样，色彩丰富；五是系统性原则，课程教材内容和网络学习资源建设，严格按照学科本身的逻辑体系展开，既丰富多彩，又秩序井然。[①]

本课程在 2008 年入选"国家精品课程"之后，又经过 4 年多的创新与发展，在全面总结的基础上，接受"国家级网络教育精品资源共享课遴选指标"的评价，该评价体系包括教学理念与课程设计（10 分）、教学与开发团队（10 分）、教学内容与学习资源（30 分）、学习支持及学习效果（20 分）、共享效果（15 分）和课程特色（15 分）6 个一级指标，17 个二级指标。[②] 2013 年，本课程通过评审，入选"国家级精品资源共享课"立项项目，2016 年被授予荣誉称号。

在积累本课程教学内容和经验的基础上，《战略人力资源管理学》教材于 2009 年 1 月在北京大学出版社出版，并获得"北京市高等教育精品教材"称号。2013 年 7 月该教材第 2 版面世，2020 年 7 月再次修订升级，出版了第 3 版。

第二节 课程开发中的创新理念

在课程开发中，将"人力资源管理"更名为"战略人力资源管理"，体现了开发者的创新意识和开放精神。课程负责人王建民教授，于 2004—2005 学年秋季学期在哈佛大学肯尼迪政府学院担任研究学者（国家留学基金高级访问学者）期间，了解到哈佛大学和麻省理工学院等世界知名高等学校，在管理专业教学中重视从组织竞争和战略规划高度研究人力资源管理问题，并开设了相关课程，比如麻省理工学院斯隆管理学院（MIT Sloan School of Management）开设了"战略人力资源管理"（strategic HR management）课程。旁听了时任哈佛大学肯尼迪政府学院学术院长（academic dean）玛丽·乔·贝恩（Mary Jo Bane）教授开设的"公共部门战略管理"（strategic management in public sector）课程，其中涉及战略性人力资源管理案例。借鉴国际先进经验，升级教学内容，指导学员从战略高度思考和解决人力资源管理问题，具有必要性和重要的现实

---

① 根据本课程 2008 年度国家精品课程申报表相关内容。

② 参见 2012 年 11 月北京师范大学继续教育与教师培训学院制定的《国家级精品资源共享课申报书》附录"2012 年国家级网络教育精品资源共享课遴选指标"。

意义。

西方国家的战略人力资源管理理念、实践和研究，先后经历了劳动管理、人事管理、人力资源管理和战略人力资源管理四个阶段。

早期的人力资源管理是以劳动管理的形式存在的，可以追溯到诸如部落之类以单位运行的组织中，由于集体任务的需求出现了劳动分工现象，管理也随之产生。19世纪工业革命后，生产方式发生了重大的变化，大机器生产取代了传统的手工劳动，工厂系统的诞生改变了员工的就业关系，管理者们为了提高生产效率，提升工厂效益，开始了对员工进行培训和监督的人力资源管理模式。但这种管理方式更注重领导者对员工的绝对控制，不关注员工的其他需求。

19世纪末20世纪初，人事管理正式进入企业的管理活动范畴，许多人力资源管理学者都把这一时期称作现代人事管理的开端。这一时期的人力资源管理模式是基于弗雷德里克·温斯洛·泰勒（F. W. Taylor）的科学管理理论、亨利·法约尔（Henri Fayol）的经营管理理论、马克斯·韦伯（Max Weber）的行政组织理论等古典管理理论，遵从"经济人"假设，组织通过制定各种工作制度和规范来管理员工，以给予员工经济报酬和物质作为激励手段。这种自上而下的管理和控制、严格的等级观念和制度催生了工人强烈的不满和抱怨情绪，直接促成了保护工人权益的工会的诞生。随着资本家与工人之间的冲突和矛盾愈发激烈，管理者们也在日常的管理实践中不断检验和发展人力资源管理理论与政策。20世纪30年代，社会心理学家乔治·埃尔顿·梅奥（George Elton Mayo）通过著名的霍桑实验发现，工作中的人际关系是影响员工工作效率的最重要的因素，员工由"经济人"转变为"社会人"，人事管理的重点由工作转向员工，管理者开始采取适度人性化的人力资源管理模式，注重员工的集体归属感与工作满足感。

20世纪50年代，进入后工业化社会，经济需求不再成为人们的唯一需求，员工在组织中的人性地位发生了变化，曾经作为组织生产资料的劳动力即组织的员工开始成为组织的一种资源。"人力资源"一词是由当代著名的管理学家彼得·德鲁克（Peter F. Druck）于1954年在《管理的实践》一书中提出的，而真正的"人力资源管理"概念是由怀特·巴克（E. Wight Bakke）和雷蒙德·迈尔斯（Raymond E. Miles）提出的，他们分别提出了人力资源职能理论和人力资源模式理论。彼得·德鲁克关于"人力资源"概念的提出以及人事管理理论和实践与后工业化时代中员工管理的不相适应，使人事管理开始向人力资源管理转变。

20世纪50年代初至60年代，人事管理开始向人力资源管理转变，基于马斯洛需求层次理论的"自我实现人"假设的提出和发展对于人力资源管理理论的发展和实践的指导均有重大的意义，这种转变适应了后工业化时代经济和社会发展的要求，因而也是必然。20世纪70年代中期，"人力资源管理"一词已为企业所熟知，一系列作者（通常是传统的人事管理或人际关系学者）在教科书中把人力资源管理和人事管理等同起来。

20世纪80年代初期，随着战略管理的兴起，学者们把人力资源管理和组织的战略规划作为一个整体来加以考虑；战略规划的目的是提高组织绩效和市场竞争力，人力资源管理则成为实现规划目标的物质基础和核心要素。

不同学者对战略人力资源管理有不同的理解。戴瓦纳（M. A. Devanna）、弗布鲁姆（C. J. Formbrum）和迪希（N. M. Tichy）提出了一个战略性人力资源管理基本框架（如图2-2所示），认为当企业外部环境（政治、经济、文化、技术等）发生变化时，组织内部的战略、结构和人力资源管理（HRM）需要做出调整，以适应外部环境要素变化带来的机遇与挑战。

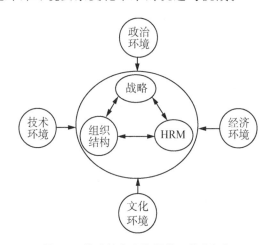

图2-2 战略性人力资源管理基本框架

马迪利（K. Martell）和卡罗尔（S. J. Carroll）认为战略性人力资源管理有四方面特性：①长期观点；②对人力资源管理与战略规划有新的联系；③人力资源管理与组织绩效有关联；④直线主管参与人力资源政策的制定过程。如表2-1所示。

表 2-1 战略性人力资源管理的特性与内涵

特 性	内 涵
长期观点	在战略性导向人力资源功能的演进中，建立人力资源使用的长期计划，通常是第一优先的考虑
对人力资源管理与战略规划有新的联系	这是在许多战略性人力资源管理模型中的首要因素。一种方式是人力资源管理可以支持战略推行；另一种方式则是人力资源管理可以主动地影响战略形成
人力资源管理与组织绩效有关联	多数战略性人力资源管理会认为，人力资源管理对达成组织的目标扮演关键性的角色；由于战略的结果是增加企业的经济价值，人力资源管理直接对企业的获利有影响
直线主管参与人力资源政策的制定过程	认识到人力资源管理的战略重要性，使得人力资源管理的责任会逐渐落在直线主管身上，尤其是关于经理人的甄选和薪酬

综合不同观点，战略人力资源管理，又称为"战略性人力资源管理"，是指为了完成组织战略使命，实现组织战略目标，落实组织战略计划，规划、获取、配置、使用与建设组织中员工生产能力的一系列政策措施和实践活动。按照战略人力资源管理的逻辑，人力资源管理实践活动，既是组织战略变化的物质基础，又是组织战略目标得以达成的必要条件。近 10 年来，大数据和人工智能对各行各业产生了越来越深刻的影响。新兴产业不断涌现，传统产业战略调整势在必行。服务组织战略的人力资源管理活动，采用大数据分析、AI 技术优化流程或提升效率是必然选择。

总之，在不同阶段的时代背景下，人力资源管理实践经历了从劳动管理、人事管理到人力资源管理，再到战略人力资源管理的阶段，出现了与各阶段的实践活动相匹配的理论观点与方法，在历史的洪流中不断演进。本课程坚持创新理念和开放意识，顺应企业新技术、新模式、国际化战略调整和人力资源管理新技术、新方法的采用，及时补充和升级学习内容，以满足学员的学习需求。

第三节　对课程未来发展的展望

《中国教育现代化 2035》提出，到 2035 年，总体实现教育现代化，迈入"教育强国"行列，推动我国成为"学习大国、人力资源强国和人才强国"，在建设"学习大国"以致"教育强国"的进程中，在线教育领域应该发挥积极作用。

为适应新时代、新阶段要求，在线教育应该积极拥抱人工智能和数字化技术，发生根本性变革。习近平总书记在2019年北京首届国际人工智能与教育大会贺信中指出，"人工智能是引领新一轮科技革命和产业变革的重要驱动力，正深刻改变着人们的生产、生活、学习方式"，"中国高度重视人工智能对教育的深刻影响，积极推动人工智能和教育深度融合，促进教育变革创新，充分发挥人工智能优势"，"培养大批具有创新能力和合作精神的人工智能高端人才"，这是教育的重要"使命"。

在"2020中国5G＋工业互联网大会"上，国家工业信息安全发展研究中心发布的《2020人工智能与制造业融合发展白皮书》显示，目前我国人工智能人才缺口达30万，其中"人工智能＋制造"复合型人才极其稀缺。作为教育工作者，必须积极投身到国家战略人才以及各类人才的培养活动中，为实现教育的"使命"做出自己的贡献。

本课程的开发团队学习和领会新时代、新阶段、新要求，积极参与到学校智能化、数字化高质量教育体系的建设中，努力做好自己的本职工作。展望课程发展的未来，充满希望和挑战。如何在教学中融合人工智能与数字技术，不断充实和升级教学内容，有三方面的思考。

第一，教学内容重塑。随着国内外战略人力资源管理实践的发展，传统的人力资源知识体系和实用技术难以适应新时代的发展需要，长期固化的教学内容体系亟待变革。一方面，教学内容的选用不能局限于教材、局限于书本知识，而是要更多地从互联网上获取资源、借鉴丰富的在线精品课程，利用创新技术打造适用于本校、本门课程的线上学习平台；另一方面，课程内容的供给应该重点转向思想性、战略性、方向性的指导与引领，而将基础性、确定性、重复性知识和技能的获取、学习与掌握，交给学习者通过在线平台、数据库和互联网等多维资源自主选择和利用。

第二，教学方式变革。传统的教师主导、学生被动吸收的方式早已发生变化，师生的互动性增强，学生的自主性、创造性逐渐得到了重视。在新的翻转课堂中，学生的主体性甚至被放到了首要地位。"战略人力资源管理"课程具有很强的应用性，需要在实践中灵活运用所学理论知识和实用的方法与技术解决企业管理中的实际问题。一是在学校层面或教育主管学科建设部门建设教学案例库，供教师和学员选择、讨论有必要性。目前在应用型课程的教学中，难以获得适用的案例，教材中的案例多数陈旧过时或者情境迥异。

二是应该资助和协助教师邀请企业管理者等实际部门工作人员进入教学与讨论环节，目前仅靠教师个人力量难以做到。三是支持和鼓励教师和学员走出课堂，更多地进入相关企业研究、参观、实习，实现理论学习与实践管理的密切融合。

第三，硬件系统优化。相信人工智能和数字技术在不久的将来使教学与学习硬件环境发生颠覆性创新。期待人工智能把校园"硬件"系统与"软件"教学资源充分结合起来，使学习资源供给和获取与使用更加高效、自在、便捷和安全。在人工智能化时代，几乎人人拥有电脑、平板或可穿戴设备等智能化终端学习和娱乐工具，教师知识创造与提供、教务服务与管理、学员学习与研究，都可以突破空间和时间的限制，通过智能化工具实现。可以预期，随着"十四五"时期高质量教育体系建设目标的实现，我国"人人皆学、处处能学、时时可学"的终身学习体系和学习型社会建设必将再上新台阶。

第四节　开发课程的感悟与建议

课程的开发过程，同时也是学习和进步的过程。课程开发团队真诚合作，努力工作，取得了一定成绩，得到了学员和有关专家的肯定。对此我们深有感悟。

首先，教师应该加快学习和利用教育新技术、新资源的步伐，保持先进性和市场竞争力。人工智能、数字技术必将在在线教育领域内广泛应用，产生颠覆性影响。本课程开发团队，明显感到不断学习新技术、利用新资源的必要性和紧迫性。作为知识工作者的教师，出于思维惯性、行为惰性或职业持续发展的低成本等原因，在学习和利用新技术、新资源的动力和行动方面，有时会滞后于现实需求，这一点需要引起注意并及时改进。学习者在学习资源市场中可以有多种选择，对平台技术落后和资源固化的教学服务提供者，将会"用脚投票"做出选择。

其次，教师应该集中精力开发思想性、创新性的理念、方法和理论，把重复性、单调性、程式化的工作交给人工智能终端或机器来完成。人工智能技术发展的是"机器"，是能够提高生产效率的"工具"。工具的智能化源于"人工"的设计和制造。人工智能技术，根本上不可能超越或取代人类作为技术发明者和产品创造者的智慧。在教育领域，教师创新概念、思想、理论和方法的智慧与能力，一定会保持应有的价值和意义。

再次，建议在线教育管理者或服务提供者，及时升级教学平台技术和模式，为教师和学员创造便捷、高效的教学与学习场景。在线教育技术和设备的应用取决于教育服务提供者组织的投资和建设。教师个人或团队只是使用者、作业者或执行者。

最后，建议学习者积极主动、及时沟通和反馈，最大化投入到学习中的时间和精力的价值。参加在线学习，可以使学习者的自主性和选择性权利得到比较充分的体现，但是，因为空间和时间的分离，在线学习方式使得现场教学中的师生互动、情感交汇的温度难以触达学习者。这就需要学习者有效利用互动机会，及时发出需求信息，以增加自己学业投资的获得价值。

参考文献

[1]陈宝生. 建设高质量教育体系[N]. 光明日报，2020-11-10.

[2]李佑颐，赵曙明，刘洪. 人力资源管理研究述评[J]. 南京大学学报(哲学·人文科学·社会科学版)，2001(4)：128-139.

[3]赵曙明，张敏，赵宜萱. 人力资源管理百年：演变与发展[J]. 外国经济与管理，2019，41(12)：50-73.

[4]张正堂，刘宁. 战略性人力资源管理及其理论基础[J]. 财经问题研究，2005(1)：75-81.

[5]王建民. 战略人力资源管理学[M]. 第 3 版. 北京：北京大学出版社，2020.

[6]习近平向国际人工智能与教育大会致贺信[EB/OL]. 新华社，2019-08-07.

[7]周頔. 人工智能与制造业融合白皮书：人才缺口 30 万，复合人才稀缺[EB/OL]，澎湃新闻网，2020-11-22.

第三章
"人力资源管理导论"
课程教学研究

柯江林　刘　琪　杨润书

北京师范大学政府管理学院"人力资源管理导论"课程既是人力资源管理专业，也是公共事业管理专业本科学生的学科基础课程。该课程一方面为人力资源管理专业学生学习专业模块课程提供先导性介绍；另一方面也为公共事业管理专业学生了解人力资源管理提供系统指南。授课教师柯江林从事该门课程教学十余载，本研究小组结合柯老师的教学体验以及前沿教学方法，对该课程的教学经验以及未来设想进行系统梳理，以供从事该门课程教学的同行参考。

第一节　课程概要

一、课程简介

在当今的知识经济时代，人力资源是组织最为宝贵的战略资源，人力资源管理是组织获得竞争优势的核心力量。无论是人力资源管理从业者，还是一般管理者、社会个体，都需要掌握人力资源管理知识，因为人力资源管理知识不仅有助于管理组织，而且还有助于管理自我。本课程将在组织战略框架下系统讲授人力资源管理各模块及其协同关系。在课堂中，将探讨人力资源管理与组织竞争优势的关系、人力资源管理范式的演进过程、人力资源与人力资本的联系与区别、工作分析和职业生涯管理的知识技能，并重点学习人力资源规划、招聘与甄选、培训与开发、绩效管理、薪酬管理、劳动关系的人力资源管理六大核心模块。授课教师需要运用良好的知识背景和丰富的课题经验，采用知识地图的方法梳理课程知识体系，编排大量实操案例剖析管理原理，利用视频素材可视化呈现教学内容，并将创新创业思维融入课程学习，鼓励学生针对现实问题提出创造性的解决方案以寻求创业机会，倡导将课程学习与自我管理相结合，鼓励学生运用所学知识进行自我测评、人生规划和绩效管理。有人的地方就需要人力资源管理，人力资源管理是一个专业性很强、与每个人密切相关而且非常有趣的热门专业。通过"人力资源管理导论"课程的学习，学生不仅能够系统学习人力资源管理的知识体系、理论模型与操作工具，全方位地了解自我、规划自我和完善自我，同时还有助于加深对人力资源管理专业的归属感与认同感。

二、课程目标

1. 助力学生掌握人力资源管理基本知识

通过本课程的教学，学生能够掌握组织竞争优势来源的四层次模型，人力资源与人力资本的概念，工作分析的观察法、访谈法、问卷法、日志法等，人力资源规划的定性与定量方法，招聘渠道选择，简历分析、笔试、面试、评价中心、无领导小组讨论，三种培训类型和四大培训子系统，自我认知、环境认知与职业生涯规划，绩效考核方法与绩效管理过程，薪酬构成与薪酬设计技术，工会性质，劳动法与劳动合同法等基本知识。

2. 锤炼学生人力资源管理实操能力

通过对人力资源管理现实案例的研读与剖析，学生能够灵活运用所学理论知识，思考、解释和分析人力资源管理实践中出现的问题，并能够创造性地提出可行的解决方案，从而使其在人力资源管理领域具备分析问题和解决问题的实操能力。

3. 塑造学生积极人格和职业精神

贯彻课程思政理念，发挥课程育人功能，让学生在掌握人力资源管理知识与技能的同时，能够了解自我、规划自我和完善自我；在学习的过程中充分意识到积极人格和良好职业精神的重要性，从而端正思想意识，提高自我认识和职业生涯规划与发展能力；在案例分析和人生规划的价值判断中，了解和热爱中华传统优秀文化的价值理念，增强学生的道德情操、家国情怀和社会责任感。

第二节　课程改革内容和改革措施

"人力资源管理导论"课程是人力资源管理专业的入门课程，具有引领学生走进管理学科、激发学生专业学习兴趣的重要作用。"人力资源管理导论"课程面向全校学生开设，选课人数较多、年级跨度较大、专业构成复杂，课堂参与、师生互动存在一定挑战，采用传统的知识教授方式难以调动起课堂的活跃性，也难以满足学生多样化的学习需求。为在更大程度上提高教学质量、满足学生需求、改善课堂教学效果，授课教师结合高校教育方针、课程内容、前沿教学方法和学生学习特点，主要从课程思政、知识地图、案例选择等六个方面对课程进行了优化设计。

一、贯彻课程思政方针，树立学生正确价值观

2018年教育部印发《新时代高校思想政治理论课教学工作基本要求》，强调了思政教育在高校教育中的重要作用。加强思政建设、落实"三全育人"，不能仅依靠思政课程，其他课程也应发挥协同育人的作用。习近平总书记在全国高校思想政治工作会议上曾强调，"要用好课堂教学这个主渠道，思想政治理论课要坚持在改进中加强，提升思想政治教育亲和力和针对性，满足学生成长发展需求和期待，其他各门课都要守好一段渠、种好责任田，使各类课程与思想政治理论课同向同行，形成协同效应"。由于"人力资源管理导论"课程内容蕴含着深刻的组织价值观与个人价值观，更应积极践行党中央和教育部课程思政的方针要求。例如，在讲授企业的使命与战略的时候，课堂引入了三鹿奶粉以及美国强生公司的对比案例，揭示了公司使命之于公司命运犹如水之于生命的深刻道理，让学生明白：企业只有树立崇高远大的目标，方能禁得住诱惑，成就一番伟业；做人与做企业相通，个人只有树立科学正确的价值观，才能行路致远，实现美好梦想。再比如，职业生涯规划一章，教师引导学生通过职业兴趣测评问卷了解自我职业取向，帮助学生进行自我职业生涯规划。同时教师鼓励学生将个人的前途命运与国家的发展结合起来，在大格局中做出抉择。这种教学方式摒弃了以往思政教育不接地气的做法，将学生综合素质的提升与其实际需求结合起来，将思政教育融

入专业知识与技能的教学之中。

二、运用知识地图方法，梳理课程知识体系

本科生教育重在打基础、固根基，知识体系构建至关重要。本课程运用知识地图的方法梳理知识体系。知识地图是由布鲁克斯（B. C. Brooks）首先提出的一种有效的知识管理工具，是一种能在语义和知识层次上描述知识的模型，能够以一种更直观、更有逻辑的方式来获取、组织与呈现知识，有助于实现知识的快速检索、共享和利用。导论课程内容相对宽泛，知识面覆盖了全专业范围，有较多的基本概念、理论与操作方法，如果不能将知识进行有效的整合，很容易造成学生知识点的遗漏或者知识的混乱。"人力资源管理导论"课程是培养人力资源管理专业学生基本专业素质的课程，课程内容涉及人力资源管理发展的四个阶段、人力资源与人力资本的概念辨析、工作分析方法与操作技术、人力资源规划、招聘与甄选、培训与开发、绩效管理、职业生涯管理、薪酬管理、劳动关系等重要知识模块。利用知识地图将课程内容进行串联和总结，有助于帮助学生迅速了解该课程的框架内容，明确不同模块之间的逻辑关系，系统地掌握人力资源管理的知识体系。

"人力资源管理导论"的教学课件，注重知识结构及逻辑体系的梳理，大到一个章节，小到一个知识点，授课教师都巧妙地运用图表归纳的形式清晰地展现出来。在第一节课上，授课教师会用一张知识框架关系图展示人力资源管理六大模块之间的联系（如图 3-1 所示），帮助同学们对人力资源管理的知识结构有一个初步认识和整体把握，避免知识的混乱。而后在具体章节的教学中，同样也会对各章的主要知识进行梳理。以"工作分析"这一章节为例，授课教师将工作分析的依据、内容、工具、结果及其作用都进行了有逻辑的整合。由此，从整体到局部，从宏观到细节，课程知识的骨骼和血肉、主干和枝叶逐渐形成。

三、采用讨论式教学方法，打造对分课堂模式

对分课堂（PAD）是由复旦大学张学新教授提出的一种课堂教学模式，主要由讲授、吸收与讨论三个基本模块组成。讲授模块由教师对课程知识点进行讲解，吸收模块则由学生进行自主学习并完成作业，讨论模块则采用师生研讨、生生讨论的方式解答疑难问题。这种方法将教师讲授环节与讨论互动环节间隔开，让学生先进行自主思考，避免出现学生跟不上进度、来不及消

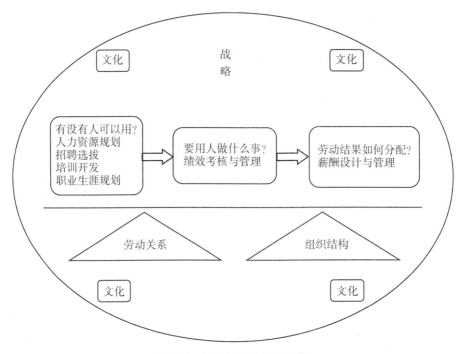

图 3-1　知识框架关系图示例

化吸收的情况。教师可按照课程特点进行对分设计，如当堂对分、隔堂对分以及隔周对分等。这种课程模式能够提高学生在课堂中的参与性与自主性，改变了传统课堂教学模式中以教师讲授为中心，而忽视学生对课堂内容的理解和吸收的情况。

　　对分课堂的课程模式其实就包含了引导式、讨论式的教学方法。引导式教学以问题为导向，由教师首先抛出问题，激起学生的好奇心和求知欲，并主动探索解决问题的方法和寻找问题的答案。近年来，引导式教学愈发受到广泛重视，这种教学模式强调在设置出来的复杂的、有意义的问题情境中进行学习，让学习者合作进行自主学习并解决问题，从而学习问题背后的知识并加深对知识的理解。这种教学方式不仅能够提高学生的课堂注意力，加深学生对课堂学习内容的理解与记忆，还能改变知识的传输方式，从而提高学生自主学习的能力。讨论式教学能够鼓励学生就特定问题发表自己的见解，充分调动学生的学习主动性和积极性，同时打破思维束缚，有助于培养学生的独立思考能力和创新精神。引导式和讨论式教学与对分课堂相辅相成，能够使学生始终处于提出问题、思考问题、探索答案、回答问题的学习状态之中。

在"人力资源管理导论"这门课程中，这种引导式、讨论式的对分课堂主要体现在两个方面。一是隔周对分。授课教师通常会将全班同学分成几个合作学习小组，便于组织讨论与课堂管理。每周教学任务完成之后，会布置一些思考问题或者作业，要求小组成员合作完成。这种方式不仅能够帮助学生加深对课堂知识的消化、吸收和巩固，还能够促进学生之间相互学习，在减轻个人课业负担的同时提高学习成效，最终达到共同进步的目标。二是当堂对分。授课教师不时抛出问题，或让全班同学共同思考同一问题，或让不同小组思考不同问题，保证学生充分思考与讨论，并逐步引导学生寻找答案。当通过案例引出问题，授课教师并不先入为主地给出解决办法，而是组织小组自由讨论，自行提出解决方案，待学生各抒己见后，再引导学生复盘答案、发现漏洞。例如，在讲授培训需求分析时，根据三维培训需求模型可以组合出 8 种不同需求情况。授课教师会先让学生预先思考不同需求的可能组合情况。在讲授培训效果评估的时候，授课教师让学生们独立判断柯克帕特里克四级评估模式是否是完美的评估方式。这种教学方式不仅调动了学生的积极性，提高了他们的参与感，还能够引起学生的求知欲，在教师引导与自主探索中促进了他们对知识的记忆和理解。

四、采用体验式教学方法，促进课堂与实践一体化教学

"人力资源管理导论"课程以往多采用传统的讲授式授课方法，但是由于讲授的知识与学生的实际生活相距较远，导致学生对知识的领会和应用能力受到了影响。体验式教学是一种通过教师创设合理的情境，由学生亲身体验的一种新型教育模式，能够引导学生对正在学习的理论知识进行亲自感知、体验，使学生能够更好地理解学习内容，提高知识的迁移应用能力，同时还能够提高课堂的趣味性。

在"人力资源管理导论"这门课程的教学实践中，授课教师秉持将理论与实践相结合的理念，探索出了一系列与学生实际相结合的教学方式。比如，在"职业生涯规划"章节，结合"环境认知和自我认知是职业生涯规划的两个前提条件"这一知识点，授课教师让同学们在课堂上完成了霍兰德职业性向测验，不仅让同学们理解了"自我认知"的具体含义，而且了解了自己的职业兴趣，帮助学生更好地进行未来职业规划。又如，在"绩效管理"章节，结合"KPI是绩效考核的重要工具"这一知识点，授课教师布置了"设计自己的人生 KPI"的个人作业，同时要求学生在作业中体现目标管理、职业生涯规划、

KPI 以及平衡计分卡的知识。授课教师针对学生身份特性，巧妙地迁移了知识应用场景，弥补了学生缺少实践经验的不足，让学生能更好地体验相关知识的应用价值与操作原理。

五、结合项目经历，实施与经典案例相得益彰的原创案例教学

案例教学法是指在课堂教学中基于案例和运用教师讲授、学生讨论等方式来提高学生理论和实践水平的教学方法。该方法能够借助案例架起理论和实际之间的桥梁，培养学生将所学知识运用到现实生活中的能力。传统教学方式以教材为主要学习对象，以知识点为学习核心内容，形式和内容较为枯燥，难以调动学生的学习积极性和促进学生独立思考。案例教学以其生动贴合实际的特点，能够帮助学生对知识进行理解与消化，同时能够使理论更好地联系实践。

首先，教师注重用经典案例来辅助教学，帮助学生更好地理解和吸收知识点。在讲授公司总体战略与人力资源管理实践之间的关系时，授课教师引入美国西南航空公司的案例，讲述了在美国西南航空公司实行低成本战略以维持自身票价相对低廉的市场竞争力的背景下，人力资源管理为了满足公司低成本战略要求，应该满足怎样的要求以及具体实践策略，有效厘清了公司层面的战略与人力资源管理层面的战略之间的关系，有效辅助了学生对这一较为复杂、抽象的知识点的理解。以经典案例为材料的教学能够保证案例的质量，是颇具实用价值的教学工具。又如在"培训与开发"这一章节，为让学生树立"泛培训"的理念，开拓学生思路，授课教师讲授了诸如企业运用爬山、拉练、住五星级酒店、创办内部杂志等方式来对员工进行培训的生动案例。

其次，结合自己负责的项目进行案例创编。目前许多课堂案例存在过于陈旧和与现实发展不同步的问题。教师应对教学案例进行不断更新。此外，很多案例取自于网络资源等间接途径，教师自身只能通过有限的文字来了解相关内容和组织教学，对案例了解得不全面和不深入影响了教学效果。清华大学教育研究所赵洪老师在《研究性教学与大学教学方法改革》一文中指出，教师应当选择和组织适当的案例，如果没有现成的可以覆盖所教授内容的案例，教师就要自己动手撰写案例。在"人力资源管理导论"这门课程中，授课教师不仅采用人力资源管理经典案例与学生进行研讨，还将亲身参与过的项目创编成一套课堂教学案例，有助于展现更多的案例细节以及实践操作方

法。如，将亲身参与的国家电网项目编制成案例辅助教学，更真实、更近距离地让学生感受到了管理实践中的智慧。

六、借助新技术手段，运用多媒体教学的多样性教学材料

多媒体教学是指通过投影、屏幕等设备将画面、视频、声音等信息载体呈现出来，以完成教学活动的一种现代化教学手段。可见，多媒体教学是一种能够更好地传播和呈现知识的手段，是多种媒介的有机融合，可以更好地完成教学活动，提高教学效率和质量。相比传统的教学方式，多媒体教学具有更便捷、更生动的特点，能够改变单一的授课形式。其中，采用 PPT 授课已经成为大多数高校课程的主流，但是在专业课程方面还是少见选用视频材料工具辅助教学的方式，而视频材料以其生动活泼的特点更受青年学生的喜爱。

在"人力资源管理导论"课程的教学过程中，授课教师充分利用多媒体资源，在课堂上为同学们播放许多与课程紧密相关、与实际生活贴合的短片。例如，通过观看拍摄的真实面试现场，学生能够观察到面试官和面试者的表现，学习面试官的面试技巧，同时能够对面试者做出自己的评价与判断。在讲授培训相关章节的时候，授课教师让学生观看了名为《大象也可以跳舞》的视频短片，展现了人类改造（驯养）大象的过程，并让学生思考如何才能在组织中有效改造员工。此外，教师还让学生观看了某幼儿园进行拓展训练的短片，并让学生思考假如自己是一名创业者，会如何实施新的培训策略。这种形式给学生带来了新鲜感，吸引了学生的注意力，不仅能够使得课堂更加生动有趣、提高学生的学习兴趣，还能够以视听结合的多感官调动性让学生更容易理解和吸收课堂知识。在课堂上适当地应用视频、音频等多媒体教学材料，往往比单一的幻灯片授课更能提高教学效果。

第三节　课程育人效果

通过实施一系列的改进措施，"人力资源管理导论"课程在选课吸引力、学生好评率等方面取得了良好成效。

首先，选课人数增多，对非本专业学生的吸引力增强。从 2015—2020 年的选课人数来看，随着课程改革的逐步深入，"人力资源管理导论"课程对于学生的吸引力也日益增加，每年平均选课人数高达 90 人左右，超出了学

院每门课 40 人左右的平均水平。同时，"人力资源管理导论"课程也吸引了越来越多的跨专业选修的学生，每年都有许多对人力资源管理感兴趣的其他专业的学生慕名而来，如心理学、体育教育、哲学、教育学等专业的学生，这部分学生占选课总人数的 30% 左右。

其次，学生课程满意度提高，学习效果反馈更好。根据每年的网上评教结果，学生对于"人力资源管理导论"课程的评价均为优秀。授课教师柯江林获得了 2021 年北京师范大学"彭年杰出青年教师奖"。"人力资源管理导论"课程是政府管理学院公共事业管理和人力资源管理专业的学科基础课，在组织战略框架下系统梳理了人力资源管理各模块及其之间的协同关系，让学生对人力资源管理各个知识模块有了一个总体的把握。在课堂上，授课教师对人力资源管理典型案例进行研读与剖析，鼓励学生踊跃发表自己的观点，引导学生深入思考与探究，分析实践中出现的问题并提出解决方案，让学生在思考和讨论中碰撞出新的火花，极大地提高了学生的参与感。通过学习这门课程，学生不仅掌握了人力资源管理的一些基本知识，如组织竞争优势来源的四层次模型、人力资源规划的定量与定性方法、招聘渠道选择等，也在一定程度上具备了解决问题的实操能力。除此之外，这门课程还让学生在学习中了解自我、分析自我、规划未来，进一步明晰了未来的职业选择和发展规划，对学生今后的人生道路产生了深远影响。"人力资源管理导论"课程，分别于 2020 年和 2022 年被北京师范大学北京校区和珠海校区推荐为学校"名师教学观摩课程"，2021 年被评为北京师范大学"课程思政示范课程"。

第四节　课程未来展望

经过一系列的改革措施，"人力资源管理导论"课程无论是从课程内容的丰富程度、授课形式的新颖程度，还是从授课方式的先进性和育人效果来看，都取得了较大的发展，也得到了学生的认可。改革永远在路上，授课教师未来将从拓展课程教学内容、打造慕课课程、创新课堂教学形式、鼓励学生参与实践课题四个方面继续发力，打造更优质的"人力资源管理导论"课程。

一、紧扣发展前沿，拓展课程教学内容

首先，本课程将采用工商—公共整合视角拓展课程教学内容，如纳入公

共部门与私营部门人力资源管理的异同点、人才强国战略相关的中央文件选读、政府绩效评估与公务员绩效考核、政府机关以及事业单位工资制度改革、公共服务动机与公职人员激励机制、国际 NGO 组织的人力资源管理等内容。其次，本课程将顺应新技术、新业态对人力资源管理的影响，增加大数据技术对招聘甄选的影响、人工智能技术背景下培训新趋势、灵活就业对职业生涯规划的影响等前沿研讨主题。

二、顺应时代趋势，打造慕课课程

慕课课程（massive open online courses，MOOCs），即大规模开放在线课程。由于顺应了当前高等教育全球化、大众化和信息化的时代趋势，近年来，慕课课程在世界范围内的应用越来越广泛。慕课课程以其灵活自由的特点，能够让学生根据自己的时间自主安排学习计划。很多课程将线上与线下两种学习形式加以统一，学生不仅能够通过观看线上的教学视频实现自主学习，还能够通过面授课程与教师、同学进行交流互动，更好地实现对知识的理解与巩固。在这种模式下，学生从被动的接受者变为主动的探究者，实现以学生为中心的教学理念。授课教师计划在未来的"人力资源管理导论"课程中，让学生通过慕课资源在课下学习基础知识，比如提前掌握基本的知识结构、重点概念的定义，以及课后利用线上课程对知识点进行快速回顾复习。授课教师则充分利用课上时间对重难点进行深入讲解以及知识拓展，并针对学生课前自主学习中出现的问题展开讨论并给予指导，引导学生采取小组探究学习的方式，深入推进师生讨论和生生讨论，实现线上线下课程互补教学的效果。

三、采用情景剧等教学模式，创新课堂教学形式

为创新课堂教学形式，本课程未来计划采用譬如情景剧、拍摄知识点小视频等作业形式，通过以小组合作的方式让学生围绕课程内容自主编排创造，并在课堂上进行汇报演出或短片播放展示。这种形式能够更加充分地体现以学生为主体、让学生主导课堂的教学理念。它不仅能够提高学生的课堂参与度、提高课程的趣味性，而且有助于寓教于乐，让学生用自己感兴趣的方式吸收课堂知识，既达到了减轻学生和教师负担的效果，又能够加深学生对重难点知识的印象，提高学生的实践应用能力。

四、走出课堂教室，鼓励学生参与实践课题

"纸上得来终觉浅，绝知此事要躬行。"人力资源管理是一门实践性很强的学科，仅在课堂上传授书本知识容易使学生的知识理解程度和应用能力受到一定限制。为学生提供实践的第二课堂，让有兴趣的学生参与或观摩教师的横向实践课题，跟随教师到企业或政府中参与人力资源管理项目实践，有助于学生更加直观地感受到知识在实践中的灵活运用，有机会与教师共同探讨实际问题的解决方案，从而培养学生的实践操作能力，锻炼学生的职业技能，增强学生对本专业课程的学习兴趣。

参考文献

[1]高德毅，宗爱东. 从思政课程到课程思政：从战略高度构建高校思想政治教育课程体系[J]. 中国高等教育，2017(1)：43-46.

[2]安萍. 基于知识地图的《网络操作系统》教学实践研究[J]. 电脑知识与技术，2017，13(29)：86-88.

[3]王欣，修靖慧. "对分课堂"教学法在管理学教学实践中的应用效果研究[J]. 智库时代，2019(18)：185-187.

[4]王芳，王瑞金，冯莉媚，等. 高校对分课堂(PAD)教学模式实践[J]. 教育教学论坛，2017(11)：148-149.

[5]李卓丹. 对分课堂在管理学原理教学改革中的意义[J]. 轻工科技，2020，36(9)：185-186.

[6]沈定军. 浅析体验式教学在大学生心理健康课程中的应用[J]. 黑龙江教师发展学院学报，2020，39(11)：44-46.

[7]朱文. 案例教学方法研究[J]. 西南民族大学学报（人文社科版），2003(10)：39-41.

[8]赵洪. 研究性教学与大学教学方法改革[J]. 高等教育研究，2006(2)：71-75.

[9]陈滨祥. 多媒体网络教学的问题思考与应用对策[J]. 经济师，2012(8)：107-109.

[10]孙涛，高清晨. MOOCs视域下的大学教学改革探析——以教育学课程为例[J]. 武汉职业技术学院学报，2020，19(5)：29-32.

第四章
"人力资源战略与规划"
课程思政的探索与实践

李　艳

　　"人力资源战略与规划"是北京师范大学政府管理学院人力资源管理专业的专业方向课，本课程的学习目标是希望学生能从组织战略层面思考和分析人力资源问题，以培养其全局意识，提升其战略素质，使其形成人力资源管理者独特的大局观和全局意识。此外，对人力资源战略地位的深刻认识和透彻把握，也将提升学生作为未来人力资源从业者的使命感和自豪感。基于当前课程思政建设的大背景，本课程从生命教育、人才培养、文化自信、创新意识等多个方面优化教学体系和内容体系，不断深化课程思政建设，提升专业人才的培养质量。

第一节　课程思政建设背景

一、政治背景

　　2016 年 12 月，习近平总书记在全国高校思想政治工作会议上强调："要坚持把立德树人作为中心环节，把思想政治工作贯穿教育教学全过程，实现全程育人、全方位育人，努力开创我国高等教育事业发展新局面。""要用好课堂教学这个主渠道，各门课程都要守好一段渠、种好责任田，使各类课程与思想政治理论课同向同行，形成协同效应。"为落实习近平总书记的讲话精神，全国各大高等院校都把课程思政作为当前教育教学改革工作的一项重点任务来抓。

在课程思政建设过程中，如何根据思政育人理念，在专业课程中挖掘思政元素，实现专业育人与思政育人的水乳交融，是每位教师都需要深入思考的问题。"人力资源战略与规划"课程旨在通过学习使学生了解人力资源管理系统运作的前提和基础，分析对人力资源管理活动产生影响的各种因素，对组织的需要进行识别和应答，使得人力资源的供给和需求达到最佳平衡，进而有效支持组织战略目标的实施与落地。本课程是北京师范大学政府管理学院面向人力资源管理专业开设的必修基础课，在本校课程思政建设中担负着义不容辞的责任。

由"思政课程"走向"课程思政"，致力于为国家和民族培养一批德才兼备、具有科学精神、敢于担当重任的社会主义建设者和接班人，是每位授课教师义不容辞的责任！本章将探讨"人力资源战略与规划"课程有机融合思政元素展开的教学设计和实践活动，这对于人力资源管理类课程实施"课程思政"，培养人力资源管理专业技能、政治素养和道德品质全面发展的优秀人才，具有十分重要的理论和实践意义。

二、社会背景

人力资源是第一资源，21世纪的竞争本质上是人力资源的竞争。这一观点现在已经被人们广泛接受。然而，在实践中，很多人力资源工作者往往面临着诸多颇令人头疼的问题，如员工频繁变动、发展动力不足、业务素质不高等。这些问题背后的原因可能是企业没有制定明确的人力资源战略及相应的人力资源规划，以致企业的人力资源陷入了无目标、无计划的盲目管理中；或者在制定规划时是拍脑袋、想当然制定出来的，缺乏对组织战略和业务的深入了解，规划不具备可行性，无法指导实际工作。一些企业在制定战略时，只考虑企业的经营战略和创新战略，并没有将人力资源战略纳入战略系统，他们认为，只要有足够的资金，企业就不愁找不到人，不愁做不好。然而，事实并非如此。人才不足、人才流失已经成为制约企业快速发展的瓶颈。

人力资源战略规划是组织人力资源管理系统运作的前提和基础，是人力资源管理各项重大决策的依据，人力资源战略规划需要得到组织足够的重视。人力资源战略是企业根据内部和外部环境分析，确定企业目标，从而制定出企业的人力资源管理目标，进而通过各种人力资源管理职能活动实现企业目标和人力资源目标的过程。人力资源规划即组织对人力资源及其相关职能活动进行计划的过程，其目的在于满足组织短中长期的人力资源需求，并对组织人力资源实践制定相应的政策、计划和预算等。"人力资源战略与规划"课程内容涉及人力资源战略、人力资源环境分析、人力资源规划、人力资源需求与供给预测、人力资源规划体系制定、人力资源规划的实施、人力资源规划的评价与控制等几个模块。其中人力资源规划体系包括招聘任用规划、培训规划、职业生涯规划、人员流动规划、薪酬福利规划等诸多子规划。

本课程蕴含丰富的爱国主义、家国情怀、奋斗意识、创新意识、人文素养、科学精神等思政元素。在课程讲授中，我们努力在深刻理解课程内容的基础上，积极挖掘和提炼课程中的思政元素，在专业知识中巧妙地穿插或融入思政理念，专业教育和思政教育双管齐下、两者并重。通过二者的有效融合以实现"坚定理想信念、厚植爱国主义情怀、加强品德修养、增长知识见识、培养奋斗精神、增强综合素质"的育人目标。

第二节　课程思政融入教学的课程设计与实施

围绕学校的育人目标，在专业课课程教学中融入思政元素，在提升学生知识技能的同时提升综合素质，是每一位授课教师都需要认真思考的问题。如何将"立德树人"的根本任务落实到文化知识教育、社会实践教育等各个环节？考虑到学生的身心发展特点，专业课程在融入思政元素时，不能生搬硬套，也不能牵强附会。思政元素强硬灌输给学生会引起学生反感，适得其反。通过巧妙的教学设计把思政元素因势利导地融入专业课程中，对于人才的培养可以起到较好的效果。"人力资源战略与规划"这门课程实践性较强，没有工作经历的学生理解起来有一定难度。因此，在进行教学设计时，我们结合课程的特点，充分挖掘课程蕴含的思政元素；同时，在讲授课程知识时，综合运用多种教学方法，有针对性地对学生进行思政教育，包括灵活使用纪录片、新闻图片、管理小故事、企业管理实践分析等，以期达到预期的课堂教学效果。

一、结合抗疫斗争，弘扬爱国精神

爱国主义是民族精神的核心，是实现中华民族伟大复兴的精神动力。在抗击新冠疫情这场没有硝烟的战争中，涌现出了许多开展爱国主义教育的鲜活教材。自新冠疫情发生以来，无数医护人员逆流而上，日夜奋战，与时间赛跑，救死扶伤；人民子弟兵闻令而动，始终奋战在疫情防控最前线；社区服务人员、民警、快递员等也在抗疫一线发挥着自己的光和热。一个个鲜活的感人事迹都展现了中国人的爱国情怀和无私奉献的精神。

疫情期间，不少企业也纷纷投入到抗疫战争中，积极捐钱捐物出力，展现出其社会责任和家国情怀。在防护服以及口罩最缺乏的时候，很多企业纷纷开设专门的新的流水线，生产口罩、防护服，以解抗疫燃眉之急，为国分忧。本课程结合抗疫斗争的实际情况，通过展示新闻图片，穿插抗疫宣传片、企业案例分析等方式，加深学生们对中国特色社会主义制度的理解和认识，强化他们的爱国情怀和责任担当。同时，要求学生们结合自身实际谈谈如何学习和践行伟大的抗疫精神。

二、重视安全需要，加强生命教育

新冠疫情发生以来，很多人未能抵抗住病毒的袭击。安全需要是个体生存和延续的重要条件，如何保障生命安全成了摆在每个人面前异常严肃的话题。为了保障每位学生的安全，学校积极开展了线上教学模式，再三敦促学生谨守学校关于疫情防控的各项规定，强化生命健康及安全意识。同时，围绕疫情防控期间企业复工复产的情况，课堂布置了相关议题：如何保障员工的生命安全和心理健康？学生们积极参与讨论，表达自己对防疫抗疫、安全生产的所思所想，坚定了学生对战疫必胜的信心，很好地实现了思政教育与专业教育的有效融合。

三、弘扬艰苦奋斗精神，重视人才培养

习近平总书记在 2020 年春节团拜会上提到："奋斗创造历史，实干成就未来。……时间不等人！历史不等人！时间属于奋进者！"艰苦奋斗是中华民族的传统美德，奋斗精神一点儿都不能丢，唯有不断奋斗，才能为中国梦谱写新篇章。

　　人力资源是推动经济发展的重要资源，甚至可以称之为"第一资源"。我国经济与社会需要实现可持续发展，就需要进一步发挥人力资源的优势。一个国家的人力资源优势主要体现在两个方面：一是人力资源的教育素质，它体现为潜在的生产力；二是对已经实现就业的人力资源的管理水平，它体现为对人力资源的开发利用程度。2013年11月12日，中国共产党第十八届中央委员会第三次全体会议通过了《中共中央关于全面深化改革若干重大问题的决策》，其中"人才"的概念被提及多达16次，这表明无论是从一个具体的组织来看，还是从一个国家的发展和进步来看，人的问题始终是一个极其重要的问题。提高我国企业、事业单位以及政府机构的人力资源管理水平是发挥我国人力资源优势的当务之急。

　　本课程的第一节课回顾了我国的人力资源管理发展历程，并对不同时期的中外人力资源范式进行了对比。这些分析，使学生意识到国内人力资源管理水平与国际的差异，进而强化其艰苦奋斗意识。同时，授课教师在教学中重点介绍了华为集团以奋斗者为本的企业文化，华为推崇奋斗者精神，将中国人勤劳的一面激发出来，进而形成了一股强大的力量推动华为不断发展壮大。在第一课的学习中，同学们表示要珍惜时间，不虚度生命，努力学习，把自己变为优秀的人才；同时，从专业学习的角度来说，走上工作岗位后要能学以致用，把在课堂上所学的理论知识运用到实践中，对单位的人力资源进行有效的管理，帮助组织实现其战略目标。

四、立足本土，强化文化自信

　　文化是民族生存和发展的重要力量。没有中华文化的繁荣兴盛，就没有中华民族的伟大复兴。一个民族的复兴需要强大的物质力量，也需要强大的精神力量。没有先进文化的积极引领，没有人民精神世界的极大丰富，没有民族精神力量的不断增强，一个国家、一个民族就不可能屹立于世界民族之林。坚定文化自信，建设社会主义文化强国，是我们义不容辞的责任。

　　现代人力资源管理的很多理论、技术和方法体系都来自西方经济发达国家。年青一代的学生价值观尚未完全形成，当他们习惯于在课堂上听到的都是欧美发达国家的案例，接受的都是西方的理念和技术时，遇到问题时就容易偏向从西方世界找答案或拿西方范式做参照。为了增强学生对中华优秀传统文化的认同感和自豪感，本课程除了介绍西方的管理理论和技术外，还分析了很多国内优秀企业的管理实践。例如，在介绍人力资源供给与需求预测时，我们分析了华为在人才招揽与储备上的做法。受儒家思想影响，华为企业文化表现出强烈的群体特征，即在处理个体与群体关系时，更多地重视群体这一侧面，对集体忠诚，万众一心，众志成城，而不像西方那样强调个体。这种群体特征在华为人的行为模式上具体表现为集团归属原则和重视群体内部团结合作原则。通过对华为以及国内其他优秀企业的案例分析，学生加深了对国内企业人力资源管理实践的认知与了解，增强了对中国特色的优秀企业文化的认同与尊崇。

五、直面挑战，增强创新意识

创新是一个民族进步的灵魂，是一个国家兴旺发达的不竭源泉。2015 年，党的十八届五中全会提出，要坚持创新发展，把创新摆在国家发展全局的核心位置。中共中央、国务院 2012 年印发的《关于深化科技体制改革加快国家创新体系建设的意见》中提出，到 2020 年基本建成适应社会主义市场经济体制、符合科技发展规律的中国特色国家创新体系。同时，指出要建立企业主导产业技术研发创新的体制机制。创新对于企业的生存和发展来说异常重要，企业创新涉及组织创新、技术创新、战略创新、管理创新等方方面面。

新冠疫情的发生让很多行业深陷泥沼，面临着增长萎缩、裁员甚至破产等危机。在这种情况下，企业如何走出困境转危为安，如何做好用工管理，变得更有韧性，如何兼顾社会责任？在讲解人力资源供给与需求平衡的相关知识时，我们对特殊时期一些企业的不同做法进行了分析，譬如新冠疫情期间"老乡鸡"董事长手撕员工申请不要工资的联名信、盒马生鲜与蜀大侠和望湘园等餐厅跨界共享员工等。在不确定性的环境中，如何转危为机？课堂上学生一起围绕这些话题进行了深度探讨，提出各种创新性的想法。疫情催生了国内新经济、新业态的加速发展，如数字经济、平台经济和共享员工等。灵活用工的模式受到企业和个人的追捧。灵活用工的模式之下，人力资源战略与规划该怎么做？同学们围绕疫情期间和疫情过后的人力资源战略、供给和需求预测、外部人员补充、内部人员流动、退休解聘、薪酬、职业生涯等方面的规划提出了创新性的见解。

六、培养科学思维意识，提升科学思维能力

科学思维是人们正确认识客观世界和改造客观世界的有力武器，社会发展需要具有科学思维和创新能力的人才。2018 年 9 月 17 日，教育部出台了

《关于加快建设高水平本科教育全面提高人才培养能力的意见》，对加快建设高水平本科教育、全面提高人才培养能力提出了若干意见，将推动课堂教学革命、加强学习过程考核、提升学生能力培养作为重点措施予以突出。"人力资源战略与规划"是一门实践性非常强的课程，通过该课程的学习，学生能了解并掌握人力资源规划的操作技能，同时建立一种科学、批判的思维，学会灵活处理在实践中遇到的各种人力资源管理问题。

人力资源战略与规划需要在企业和员工的目标达到最大一致的情况下，使得人力资源的供给和需求达到最佳平衡。如何达到这个平衡？在课程内容讲解上，我们注重培养学生的辩证思维能力。譬如，在分析人力资源供求失衡时，我们要求学生考虑在人力资源供不应求和供大于求时，企业可以采取哪些措施，内部晋升和外部招聘各有什么优缺点以及适用的情形。疫情期间，不少企业停工停产，生存压力陡然增加，在这种情况下，企业该如何安置员工？裁员、减薪还是无薪休假？什么样的措施是恰当的？学生们针对这些问题展开了激烈讨论。这种训练激发了学生对专业知识学习的主动性和积极性，同时结合实际处理问题的辩证思维能力和创新思维能力也得到了提升。

第三节　课程思政融入教学实施效果的反思

课程思政致力于培养德才兼备、具有科学精神、敢于担当重任的社会主义建设者和接班人，课程建设的关键在于教师。教师对课程思政的认知深度和重视程度、对专业知识重点和难点的把握程度，以及将思政元素与专业知识相融合的能力，决定了课程思政教学和育人的效果。"人力资源战略与规划"课程思政建设目前为止已经实施了一轮，对教学活动中的重要角色教师来说有不少收获，同时也存在诸多不足。接下来将围绕以下三个方面进一步努力，以更好地推动课程思政建设。

一、教师要加强政治理论学习，不断提升自己的政治素养

唯有具有良好的政治素养和健全的道德人格，才能在课堂中自动自发地将政治引领和价值引领贯穿到教学的过程中，引导学生树立正确的政治方向、价值取向和学术导向，教育学生以正确积极的态度面对和解决社会发展过程中出现的种种问题和矛盾。

二、学为人师，专业素养和教学水平是一个教师在课堂上人格魅力的最直接呈现，也是影响学生素质的最直接因素

高等教育的功能不仅仅只是传授已有的知识，更重要的是培养学生学习知识的能力、研究问题的能力和创新的精神。科研与教学不是分离的，高质量科学研究有利于高水平课堂教学。教师需要不断提升专业水平和加深对课程内容的理解，进而更好地挖掘潜藏在专业知识中的思政元素，为课程思政建设积累素材。

三、专业知识与思政元素巧妙融合还是"两张皮"，会直接影响到课程思政建设的效果

教师要不断创新专业知识与思政相结合的办法和形式，打破旧有模式的"满堂灌"或"一言堂"，提高创造性学习和主动性学习的比重，让学生真正感受到思政的魅力，使学生真正成为学习者、思考者，健康、活泼地发展，成为心系天下、具有创新精神的优秀人才！

百年大计，教育为本，课程思政建设仍任重道远。

参考文献

[1]高德毅，宗爱东．从思政课程到课程思政：从战略高度构建高校思想政治教育课程体系[J]．中国高等教育，2017(1)：43-46．

[2]巩茹敏，林铁松．课程思政：隐性思想政治教育的新形态[J]．教学与研究，2019(6)：45-51．

[3]唐湘宁．大学学科专业课程的"思政育人"：内涵本质与实现路径——以"教育研究方法"为例[J]．教育理论与实践，2020，40(33)：62-64．

[4]何红娟．"思政课程"到"课程思政"发展的内在逻辑及建构策略[J]．思想政治教育研究，2017，33(5)：60-64．

[5]何云峰，吉列丽，张青青．提升本科人才培养能力："课程思政"的新时代价值与实践路径[J]．教育理论与实践，2019，39(18)：37-39．

第五章
"人力资源测评"课程教学研究：基于北京市精品教材和北京师范大学教学教改项目

李永瑞

　　"人力资源测评"课程基于人力资源测评的定义及相关的理论逻辑，围绕定位、建模、利器、匹配四个既有先后，又有因果和交互关系的功能模块，遵循以史鉴今、走进现实、夯实未来的内容设计和培养目标，通过基于中国古典名著的案例旁白、企业实证案例的解读、走进真实管理情境的小组作业以及前沿文献的精读等多方面的教学实践及不断优化，力求在传承文化精髓中增进文化自信，培养学生解决实际问题的能力。

第一节　课程概要

　　人力资源测评是指测评主体在较短的时间内，采用科学的方法，收集被测评者在与其岗位职责相关的活动领域中所表征的信息，进而依据测评目标体系之标准做出数量化的推理或价值判断的过程。因此，该课程是人力资源规划、招聘与选拔、员工培训、绩效管理、薪酬福利等人力资源管理课程的工具性基础课程。

一、课程目标

　　本课程致力于培养学生根据定位—建模—利器—匹配的结构框架，了解人力资源测评主要方法的基本思路及最新进展，从而掌握根据企事业单位的实际情况遴选或开发出个性化的测评工具，为组织绩效的提升提出有针对性的建议的能力。

二、课程简介

人力资源管理与传统的人事管理不同，它把每个成员都视为获取并提升组织核心竞争力的一种资源。因此，人力资源管理的终极目标有两个：一是最大限度地激发并保护个体及组织工作的积极性、主动性及创造性；二是确保个体目标与组织目标彼此契合。

那么，如何实现人力资源管理的两大终极目标？一般认为，在制度设计及对应的实践层面，科学的人员甄选体系、健全的人员开发体系及完善的人员激励体系缺一不可。三大体系在功能上相互补充、相互推动、共成一体，并在逻辑及操作内涵上，都遵循相同或相似的思维模式与操作流程，即测评目标体系(如胜任特征模型)的建立(简称"建模")—测评工具的开发、选择与组合(简称"利器")—对指定测评对象相关特质进行测评并提出有针对性的建议(简称"匹配")。

1. 科学的人员甄选体系

人员甄选体系的核心是要把合适的人放到合适的岗位上，所以，管理者一方面需要知道特定岗位究竟需要什么样的人才，这是一个典型的建模过程；另一方面还要掌握科学的方法，能从候选人中甄选出谁最适合特定岗位的需求，并对人岗匹配过程提出有针对性的建议，这是利器与匹配的有机结合。

2. 健全的人员开发体系

一套健全的人员开发体系(包括但不限于基础管理体系、人员培训体系及绩效管理体系等)必是权责对称、流程清晰、目标明确，组织中个体确知做什么、怎么做、做到什么程度，既知有所为，又知有所不为的管理体系。其中，岗位说明书、培训目标、绩效考核指标及其内容的确定，实为一典型的建模过程，而工作分析、培训需求调查、绩效管理过程等实为开工与读图之你中有我，我中有你，难分彼此的过程。

3. 完善的人员激励体系

人员激励体系指"员工因其为某组织工作而获得的所有他认为有价值的东西"，这些东西既包括可用货币直接衡量的薪酬与福利，也包括那些不能

用货币直接衡量的工作本身的意义、工作的成就感、工作与生活之间的有效
平衡、绩效肯定与上级赏识，以及个人职业发展机会等。它与绩效管理等人
员开发体系在逻辑上互相支撑、相互依托：有绩无薪或绩高薪低，个体及组
织的工作积极性、主动性及创造性必然会受到影响；无绩有薪或绩低薪高，
组织发展的可持续性在逻辑上缺乏可能。所以，一套有效的激励体系必然使
组织生存与发展的压力自上而下得到有效传递，所谓"千斤重担众人挑，人
人身上有指标"，而与之对应的是组织成员的工作绩效自下而上得到及时、
充分的肯定。只有下行的压力传递体系与上行的绩效肯定体系既通畅又对
称，管理者与被管理者之间能适时沟通，个体与群体的激励效用才能得到应
有的体现。由于个体与群体的差异性，不同个体与群体的激励需要不同的激
励方式。因此，确定特定个体与群体最有效的激励模式并在实践中切实有效
推行的过程，乃是人员激励体系之核心，而整个过程效用的发挥，是以建
模—利器—匹配的基本操作流程为基础和前提的。

　　基于上述认识，授课教师在讲授本课程时，既强调基本理论的完整性，
又特别强调基本理论与中国本土管理实践的有机结合；既强调人力资源测评
相关学科最新研究成果的汲取与借鉴，又强调中国传统智慧的古为今用；在
体系设置上，充分考虑学生的认知特征，对理论的诠释尽量采用本土案例作
为旁证。

三、教学策略

1. 团队学习

　　学生每 5～7 人自愿组成一个小组，选取组长，从授课教师处获取组序，
每次课堂及课外讨论要求本小组同学共同完成。每次上课同一小组同学坐成
一个方阵，各小组按照抽签顺序顺时针转动进行轮换。

2. 真实环境下的社会实践

　　根据学生兴趣，本课程分别安排学生与著名人力资源测评机构专家及著
名事业单位人力资源部专职测评人员进行面对面的沟通，并根据实际情况，
安排部分学生到相关测评机构见习。

3. 公益服务与外聘讲座

　　选修本课程的学生必须至少参加本学期学院承办的"优秀管理者学术与实
践沙龙"两次，并至少参加一次义务服务。学院每学期将分别邀请企业和事业

单位高级管理人才各一名，作国家公务员与企业高级管理人员测评相关专题报告。

4.分组/案例讨论

本课程设计了一次课程论文和两次课程综合案例，下面结合具体案例进行说明。

(1)课程论文：人力资源测评主题论文案例

我国是四大文明古国之一，历史悠久，文化遗产十分丰富。从汉高祖的《求贤诏》到清圣祖的《爱惜人才澄清吏治三谕》，从魏徵的《论御臣之术》到张居正的《陈六事疏》，从管子的"贤者关乎霸业"到龚自珍的《明良论》，从《吕氏春秋》论"八观六验""六戚四隐"到诸葛亮论知人之道，再到唐太宗与魏徵论为官择人不可造次，历代思想家、政治家关于用人之道、识人之策、选人之法、育人之途等方面的论述和实践都有大量记载，这些古籍承载的智慧，自然有其糟粕，但瑕不掩瑜，其中的诸多精华对今天的人力资源测评实践仍具有非常重要的指导意义。

学生可以根据个人兴趣，或以某一历史人物为主线，或以某一历史事件为主线，或以某一著名观点为主线，自拟一个有关人力资源测评主题的论文题目。要求：

①自变量与因变量及其关系清晰。如简析"八观六验"与"六戚四隐"的理论基础及其对结构化面试问题设计的启示。

②文章一般要求有但不限于古典解读、人力资源测评理论推演及对现代组织人力资源测评的基本启示等部分，如果有必要，还要对相关的历史事件及历史人物进行必要的介绍并配以相应的图片。

③建议学生阅读教师提供的中国古代人事工作经典文献(唐宋明清篇)，从中选取一个感兴趣的人物，在对其生平、主要言论、后人评价、后人对其人才观相关研究基本观点进行回顾的基础上，依据自己相关积淀成文。

④文章要求3 000字以上，于第11周上课时到课堂上提交打印稿。

⑤严禁抄袭或直接拷贝现成文献。

(2)课程综合案例一：岗位胜任特征模型的构建

以小组为单位，根据本组同学的共同兴趣与拟就业/拟研究对象(工作职群或岗位)，在导师的指导和帮助下，对真实环境下的企事业单位相关人员进行不低于两小时的结构化访谈，完成该岗位/职群工作分析。并基于工作分析，根据第三章内容，分别为对应岗位或职群设计其胜任特征模型。

(3)课程综合案例二：心理测评量表的开发

各组根据综合案例一所设计的胜任特征模型，参照第四、第五章内容，查阅相关文献，为该岗位候选人设计对应的心理测评量表。该作业需要同学们紧密结合个人的职业生涯，互相帮助、互相学习、群策群力、优势互补，并在课堂上呈现。

四、考核方式

本课程的考核方式是：平时考核成绩占学期总成绩的 40%，其中课程论文占 20%，案例作业占 20%。期末考试成绩占学期总成绩的 60%，考试形式为闭卷。

小组组长根据各组员在案例讨论中的出勤率(10%)、对案例讨论结果的实际贡献(25%)、呈现文字与 PPT 的润色(5%)，合成最终分数，授课教师根据相关考核指标乘相应系数最终确定平时考核成绩。

闭卷考试主要考查人力资源测评的基础理论和中国测评历史相关史料基础，包括建模、利器、匹配在内的真实案例解决方案，占总成绩的 60%。

五、课程体系

人力资源测评是综合应用心理学、教育学、管理学、计算机科学相关理论基础，解决人力资源开发与管理中的实证问题，作为人力资源开发与管理专业的工具性基础课程，它由概论篇、建模篇、利器篇和测评篇组成。具体课程内容体系如表 5-1 所示。

表 5-1 "人力资源测评"课程内容体系

章节序号	教学内容与重点和难点	学时分配	教学要求
第一章	课程全景导入案例与人力资源测评概要	6	教师主讲
第二章	先秦的百花齐放、百家争鸣与群星璀璨	3	教师主讲
	两汉的志存高远、内忧外患与制度遗产	3	教师主讲
	唐宋的开放包容、休养生息与华夏文明	3	教师主讲
	明清的自我封闭、缺乏自信与沉沦颓废	3	教师主讲
第三章	三维胜任特征模型及其构建(原理技术)	3	教师主讲
	三维胜任特征模型及其构建(示范案例)	3	师生互动
	三维胜任特征模型及其构建(案例课堂)	3	学生主讲

续表

章节序号	教学内容与重点和难点	学时分配	教学要求
第四章	常用测评工具及开发（原理技术）	3	教师主讲
	常用测评工具及开发（示范案例）	3	师生互动
	常用测评工具及开发（案例课堂）	3	学生主讲
第五章	测评组织与测评报告解读（示范案例）	3	教师主讲
	测评组织与测评报告解读（案例课堂）	3	师生互动
	机动与考试	6	师生互动

第二节 课程改革内容和措施

"教会学生如何在最短的时间内澄清问题的本质，寻找到最优化的路径与方法对具体问题进行有效解决，在此过程中教会并强化学生管理理论基础，不断提高学生的问题解决能力及创新能力，提升其人文素养，塑造其健全人格"应是人力资源管理等相关管理类专业本科生教学改革的核心。

因此，对应的课程建设就要充分体现"理论与实践良性互动，让学生最大限度地体验现实中的管理问题，既见树木，又见森林，既要解剖麻雀，又要高屋建瓴地去对现实中的管理问题进行归纳、总结、提炼，并进一步去验证或修正已有的管理理论"。本课程的教学内容就是按照这一思路设计教学目标，以拓宽学生的知识视域，发展学生的理性思维和批判精神，引导学生探寻管理的意义和创造的价值，促进学生公民意识与社会服务精神的培养。

一、理论与实践并重

本课程无论是在讲授形式上，还是在学生互动参与方面，都实现了理论与实践的完美结合。

在授课形式上，本课程授课教师不仅系统地介绍并点评了西方的人力资源测评理论，还对我国自春秋以来相关领域的传统智慧进行了系统的梳理，在理论上具有完整性和系统性。同时，本课程侧重于实践，讲授过程以案例形式为主导，生动形象地解读了人力资源测评中的三维胜任和二维协同模型的构建、团队性向诊断与功能优化、常用测评工具开发与信效度检验、测评组织与人员评价等内容。

在学生参与上，本课程采用课程讲授与学生案例讨论相结合的形式。学生需要按小组完成一次课程论文和两次课程综合案例。在知识集成与创造中加深对相关理论的理解，在实际操作中掌握开发心理测评量表以及构建岗位胜任特征模型的完整流程。同时，本课程鼓励学生以个人兴趣为导向，积极参与课程中与各行业专业人员面对面进行结构化访谈的活动，引导学生在此过程中思考个人定位与未来职业规划，拓宽对各个行业的认知。

二、案例本土化

授课教师丰富的管理实践经验造就了本课程案例的本土化与新颖性，也特别强调中国本土管理问题的特征及对应的解决路径与方法的本土性。本课程所使用的案例，既有国人耳熟能详的《西游记》等名著，更多则来自授课教师近 20 年来为中央组织部、国家行政学院、中国工商银行、中国石油、首旅集团、东软集团、华商传媒、东兴证券、东方通科技、联东集团、和泓控股、明天控股、康信知识产权等单位人力资源开发与管理体系建设优化或干部能力素质优化的测评项目，契合了中国组织管理实际，有效地缩短了学生步入社会工作的适应期。

本土化的教学实践和授课教师近年来在国内多家企事业单位中工作经验的总结，无论是理论与案例，都非常贴近中国国情及中国企事业单位实际的人力资源测评现状。在多年的教学中，本课程新增了近 20 个课程负责人亲自主持的案例，生动、精彩，贴近通识教育课程的改革方向。

三、融人文教育于无形中

本课程以中国社会发展的时序为经，以著名历史事件和著名人物为纬，分别从时代背景、贤明君主、选官制度、能臣良工、测评掠影、文明成就、测评总结七个方面对我国春秋战国、秦汉、唐宋、明清四大历史阶段人才选拔的胜任特征模型定义、主要的测评方法及对应的人才数量和质量，以及国家治乱兴衰之间的关系进行详细讲述和横向比较，创造性地提炼并验证了人力资源测评的相关理论，充分融汇了近两千年来的中华优秀传统文化，将古代的经典人才测评思想与现代企业管理有机结合起来。因而本课程特别契合中国学生认知特征，能帮助学生在读历史中深刻领悟人力资源测评的基本概念、基本逻辑和基本理论。

在课程讲授之外，授课教师还鼓励学生在课程论文中探寻古籍中承载的人力资源测评智慧，并引导学生取其精华去其糟粕，化有形于无形中，注重对学生人文精神的培育与提升。

四、创新课程体系

1. 教学策略方面新颖独特

本课程遵循学习者"感觉—思考—行动"的认知路径，全部采用问题和案例导读式编排，使学生始终在感受中思考，在思考中完成学习，有效提升了学习的效果。

2. 创新课程理论体系

本课程基于授课教师近年来的研究成果，创造性地提出了人力资源测评的三维胜任和二维协同模型，兼具应用性、实践性和理论的创新性，特别强调学生实践能力的提升。

3. 语言朴实，大道至简

授课教师本科、硕士、博士、博士后先后跨了化学、体育学、教育学、心理学、管理学多个学科和专业，并先后兼任过多家大型企业人力资源总监或管理顾问，担任过报社专栏主持人、同声传译等，语言干净利落，风趣幽默，善于用小故事诠释复杂的大道理。

五、常改常新

在课程建设过程之中，本课程不断对教学内容以及配套材料进行及时更新，保证了理论的前沿性和案例的新颖性，不讲陈词滥调，做到了常改常新。

1. 教案和课件常新

本课程的生命力源自心理学和教育学的传统经典理论及其最新研究进展与管理前沿的有机结合，所以为保证课程的前沿性和时效性，课程负责人每年会对教案和课件进行适时更新，保证每年更新的内容比例在20％以上。

2. 课程案例常新

本课程每年约有60个学生选修，约可分为10个小组，根据课程要求，每个小组在学习的过程中至少需参加两次企事业单位的访谈式见习后形成课程案例。学生们所提交的作业是丰富的课程案例来源，课程负责人每年会以其中两名学生提交的最优秀的课程案例为基础，与相关合作单位进行深入合作，拓展成可供后来学习者学习之用的课程案例。

3. 配套教材常新

本课程采用授课教师所编写教材，根据使用情况，授课教师对已经出版的教材进行了多次修订。

4. 发表教改论文

基于学生课程案例与前沿理论的发展，本课程授课教师发表了多篇教改论文，对教学改革内容与策略进行了深入思考。

六、丰富媒介

(一)视频课程

1. 课程简介

本课程已经建设并开通了课程网站。目前该课程的相关内容已经上传高等教育出版社指定网站以及学校的 BB 平台。

该视频课程预期受众的定位：管理学类专业本科、硕士、博士和 MBA(工商管理硕士)、MPA(公共管理硕士)等管理学类专业硕士，企事业单位各级各类管理者，以及对该专题感兴趣的其他人员。

课程目标包括但不限于三个方面：一是普及人力资源测评的基本概念和基本理论；二是使有一定理论基础的受众，初步掌握人力资源测评的基本知识和基本技能；三是为组织的人力资源管理和组织成员的自我管理之间构建简洁、高效的沟通平台。

2. 视频课程目录(如表 5-2 所示)

表 5-2 "人力资源测评"视频课程目录

专题标题	内容概述	总学时	讲授	实践
理论依据与基本概念	通过案例导读形式介绍人力资源测评中的个体差异与心理测量的概念及相关理论	4	2	2
测评演进与当前进展	从个体和组织的关系角度切入，简要回顾百余年来人力资源测评的演进过程与当前的研究进展	4	2	2

续表

专题标题	内容概述	总学时	讲授	实践
三维胜任特征模型的构建	在对前人相关研究并实证案例综述的基础上，提出岗位胜任、团队胜任、组织发展和文化胜任的三维胜任特征模型，并通过"跟我学"的案例解读方式诠释其内涵及构建过程	6	2	4
测评工具开发与遴选	从"如何问正确的问题"角度切入，简要回顾当前人力资源测评争论的焦点和本质，对选拔和培训之间的本质功用进行了区分，进而通过"跟我学"的方式解读测评量表的开发、情景测试的设计等测评工具的开发和遴选问题	6	2	4
测评组织与评价要点	基于问题识别—测评目标的确定—测评工具的开发和遴选—测评实施的程序公平—测评结果和测评报告的框架，采用多案例形式诠释人力资源测评的组织和评价要点	6	2	4
人力测评多视角体验	分别从主试者、被试者和咨询者三个角度，采用角色扮演的形式，基于对真实案例的全程解读，在体验中提炼并总结本教程主要内容	6	2	4

(二)配套教材

1. 教材简介

本课程采用授课教师独立编写的教材《人力资源测评》(第二版)，由高等教育出版社于 2017 年 8 月出版。全书共 8 章，包括人力资源测评概论、胜任特征模型构建、心理测评量表及其开发、情景测试及其开发、投射测验及其开发、其他测评工具及其开发、人力资源测评的组织与实施、人力资源测评在人力资源管理中的应用。本书具有理论与实践并重、本土化特征明显等特点。第八章采用"跟我学"的方式，通过本土案例，较为全面、系统地诠释了人力资源测评的主要内容。案例兼具经典性及代表性，可操作性、实用性强，其中心理测评量表的开发及人力资源测评在人员甄选、绩效管理与薪酬方案设计中的应用等部分内容，主要取材于编著者近年来为国内外多家企事业单位所做的管理咨询工作内容，具有一定的原创性。该教材可作为人力资源管理专业本科生、研究生教学用书，或其他管理学类专业学生、实际工作者自学用书，也可供人力资源管理从业者培训使用。

2. 教材目录(如表 5-3 所示)

表 5-3 《人力资源测评》(第二版)教材目录

一级目录	二级目录
第一章　人力资源测评概论	第一节　人力资源测评及其基本理论 第二节　西方人力资源测评纵览 第三节　中国人力资源测评纵览
第二章　胜任特征模型构建	第一节　胜任特征模型概述 第二节　胜任特征模型的构建流程与方法 第三节　岗位胜任特征模型示例
第三章　心理测评量表 及其开发	第一节　心理测验、心理测量与心理测评 第二节　心理测评相关概念 第三节　心理测量基本理论 第四节　心理测验的编制
第四章　情景测试及其开发	第一节　面试 第二节　文件筐测试 第三节　角色扮演 第四节　无领导小组讨论 第五节　评价中心技术
第五章　投射测验及其开发	第一节　投射测验的分类 第二节　笔迹测试及其开发 第三节　罗夏墨迹测验 第四节　主题统觉测验 第五节　其他投射测验
第六章　其他测评工具 及其开发	第一节　传记资料 第二节　背景调查 第三节　推荐信 第四节　工作样本
第七章　人力资源测评的 组织与实施	第一节　测评目标与内容的确定 第二节　测评工具的选择与组合 第三节　测评人员的基本要求 第四节　测评组织实施及控制 第五节　测评报告的撰写
第八章　人力资源测评 在人力资源管理中的应用	第一节　人力资源测评在招聘与选拔中的应用 第二节　人力资源测评在培训与开发中的应用 第三节　人力资源测评在绩效管理与薪酬方案设计中的 应用

第三节 课程育人效果

从教改立项实施以来的课程教学效果来看，该课程初步达到了"拓宽学生的知识视域，发展学生的理性思维和批判精神，引导学生探寻管理的意义和创造的价值，竭力促进学生公民意识和社会服务精神的培养"的目标。

一、学生评价良好

在5分制的评价体系中，本门课程评价结果常年位于优秀之列，均高于全校平均分。总体来说，学生对该门课程教学的评价是教学效果好，既学到了人力资源测评的理论、方法和工具，又能在实践中巩固理论知识，学以致用。通过该门课程的学习，激发了学生对中国历史和传统文化的兴趣，促进了团队沟通与合作，培养了学生的读书热情，启发了对人生的感悟。特别是在教师认真负责的教学态度和幽默风趣的教学风格上，学生普遍感觉非常满意。

具体来说，学生分别从"教师教学的突出优点""本课程中最大收获""教师教学需要改进方面""对改进本课程的设置和教学环节的建议""对本课程教学内容改革方面的建议"五个方面对该门课程提出评价意见，具体如表5-4所示。

表5-4 "人力资源测评"课程评价意见

题目	评价意见
1. 教师教学的突出优点	态度认真、负责；知识渊博，教学与实践经验丰富，教学理念先进、理论联系实际；授课风趣、幽默、充满激情、富有感染力、条理清晰、重点突出，教学形式丰富多样，善于调动学生学习的主动性和积极性，课堂气氛活跃
2. 本课程中最大收获	了解了中国古代和现代的人力资源测评相关知识；学习了基本的测评工具，并在小组合作中得到初步应用；加强了实践能力和团队沟通与合作能力；学会思考问题的方法；培养了对读书的兴趣；拓宽了知识面，开阔了眼界；启发了对人生的感悟，如人生规划、做人的道理等
3. 教师教学需要改进方面	教师普通话水平有待提高；部分授课内容偏难；课业负担偏重；多讲一些案例；提前提供课程讲义；专业知识讲解尚不够细致

续表

题目	评价意见
4. 对改进本课程的设置和教学环节的建议	建议专业课授课时间在上午或下午 2～5 点，以提高学生学习效率；改成两节课制；分小组讨论对于辅修同学来说很难在时间上与主修同学一致
5. 对本课程教学内容改革方面的建议	内容量大，建议减少内容、降低课程难度；增加与实际的联系；强化课程的系统性

二、社会评价突出

1. 同行专家及校内督导评价

学校教学督导尹冬冬教授等人多次旁听此课程，反馈效果好，在学校的教学通报上评价均为优秀课程。

2. 社会评价

本课程授课教师近十年来多次受邀参与中央和国家机关司局级干部选学课程讲授，讲授内容主要涉及本课程中"理论依据与基本概念""测评演进与当前进展""三维胜任特征模型的构建""测评组织与评价要点"等专题内容。所授课程受到学员的广泛好评，北京师范大学全国干部培训基地主持的课程质量评估调查显示，本课程授课教师所授课程评分均超过 96.5 分，课程讲稿已被全文收录到《中国干部大讲堂》(2012 年版)中。

在北京师范大学全国干部培训基地组织进行的课程质量评估小组成员和学员课堂讨论交流中，选学干部对上述课程的评价可以概括为以下三点：

第一，主讲人教学态度认真，治学严谨，注重理论与实践相结合，对学员个人成长提供了极大帮助。

第二，主讲人教学内容信息量大，系统性强，强调教学内容的针对性和前沿性，适合社会大部分管理岗位工作人员。

第三，主讲人教学方法得当，运用现代化教学手段，教学过程中既有感受、思考，也有体验、行动，独具鲜明特点。

三、应用价值较高

本课程相关内容已整理成相关主题文章发表，累计有 25 篇，其中核心部分《领导力自我测评与管理策略》入选《干部选学大讲堂——中央和国家机关司局级干部选学课程选编（第 1 辑）》第 159—183 页（根据本人 2010 年为中央和国家机关司局级干部自主选学班学员授课录音稿整理），党建读物出版社，2012 年 5 月出版。

四、成果奖项丰富

1. 获评奖项

本课程先后获评北京师范大学教育教学成果一等奖、北京师范大学通识教育优质课程、北京师范大学通识教育公开课、精品视频公开课程。同时，该课程配套教材《人力资源测评》获 2007 年北京市高等教育精品教材立项资助，由高等教育出版社于 2009 年 3 月出版，并于 2017 年 8 月再版，目前有超过 50 所大学本科生使用该教材。此外，本课程还获北京师范大学 2009 年校级教改课题优质通识教育公选课程资助，对应的教材《人力资源测评通识教程》已于 2012 年由北京师范大学出版社出版。

2. 课程成果（表 5-5）

表 5-5 "人力资源测试"课程成果

成果类型	成果数量	成果名称
正式发表教学论文	4 篇	1. 李永瑞，黎翔，刘欣. 管理类本科专业实习定位与操作模式的探索[J]. 首都经济贸易大学学报，2010（4）：119-122. 2. 李永瑞，于海波，柯江林，等. 化繁为简，在随手可及中解读组织行为学[J]. 中国大学教学，2011(11)：48-49. 3. 李永瑞等. 管理类课程实验教师胜任特征模型探讨[J]. 实验技术与管理，2010，27(8)：193-196. 4. 李永瑞，黄佳，王梦雨. 终身职业发展与高校人才培养体系改革[J]. 中国人事科学，2019(3)：64-76.
出版教材	2 部	1. 李永瑞. 人力资源测评[M]. 北京：高等教育出版社，2009. 2. 李永瑞. 人力资源测评[M]. 北京：高等教育出版社，2017.
课程运行报告	1 份	全部内容共 200 页
其他有关成果	30 篇	在国内正式刊物上发表或在国内外学术会议上报告与课程内容直接相关的案例研究和随笔 30 篇，主要为课程内容更新部分，具体如下：

续表

1. 李永瑞，王凌霄．中国奥运冠军退役后跨界就业成败的影响因素研究[J]．首都体育学院学报，2022，34(2)：132-140，169.

2. Li Yongrui, Wang Lingxiao. What factors determine the success or failure of 'cross-border' career development of Chinese retired Olympic champions? A qualitative comparative analysis[J]. The International Journal of the History of Sport, 2021，38(7)：779-804，DOI：10.1080/09523367.2021.1953993.

3. 李永瑞，吴璇，陈罕，等．香港科技大学创立并腾飞的团队策略——基于创始人自述传记的文本分析[J]．四川师范大学学报(社会科学版)，2018(4)：126-133.

4. 张瑶，崔彤彤，李永瑞(通信作者)．医院行政人员胜任特征模型构建[J]．中国医院，2016(4)：44-46.

5. 李永瑞，吴璇，葛爽．当前干部建设的关键点[J]．中国国情国力，2015(11)：31-33.

6. 李永瑞，李茜，王蔺茜，等．团队领导者心智模式与其TMT成员进退关系——来自楚汉相争刘邦集团和项羽集团的对比研究，见中国企业管理案例与质性研究论坛(2012)暨第六届中国人民大学管理论坛论文集(该论文入选案例研究前10名).

7. 李永瑞．领导力自我测评与管理策略[M]//中共组织部干部教育局．干部选学大讲堂——中央和国家机关司局级干部选学课程选编(第1辑)．北京：党建读物出版社，2012.

8. 李永瑞．左宗棠的格局和担当精神[J]．中国卫生人才，2012(12)：57.

9. 李永瑞．别把绩效管理搞歪了[J]．中国卫生人才，2012(11)：53.

10. 李永瑞．鉴史镜人[J]．中国卫生人才，2012(9)：59.

11. 李永瑞．管理者如何自知亦知人[J]．中国卫生人才，2012(8)：51.

12. 李永瑞．管理者莫自困樊篱不自知[J]．中国卫生人才，2012(7)：59.

13. 李永瑞．领导者要有敬畏之心和慎独之行[J]．中国卫生人才，2012(5)：54.

14. 李永瑞．刘邦的经验和诸葛亮的教训[J]．中国卫生人才，2012(4)：59.

15. 李永瑞．西游团队成员选拔中的三维胜任特征模型[J]．中国卫生人才，2012(3)：54.

16. 李永瑞．用人单位如何破解"三不"难题[J]．中国卫生人才，2012(2)：55.

17. 李永瑞等．创业团队成员选拔和调配的三维胜任特征模型：来自《西游记》的案例启示[C]．中国企业管理案例与理论建构研究论坛(2011)暨第五届中国人民大学管理论坛论文集(中)：415-428.

18. 李永瑞，刘欣，毕妍，等．知识产权代理机构关键职群胜任特征模型探析[J]．中国人力资源开发，2011(6)：26-28.

19. 李永瑞，王倩，刘欣，等．三维胜任视角下的团队成员选拔和调配[C]．"中国公共领域的认知与决策"学术研讨会论文集(2011年5月20—21日，广州，中山大学)：88-106.

20. 李永瑞，柳颐北，夏立恒．管理性向特征及其影响因素：对两家优秀民营企业创始人及其高管团队的个案调查[J]．管理案例研究与评论，2011(2)：138-147.

21. 李永瑞．李世民：心怀天下 善借他力 敬畏留名[J]．软件工程师，2010(10)：41-44.

22. 李永瑞．读管仲，评品成功组织变革六要素[J]．软件工程师，2010(9)：41-44.

23. 李永瑞．鲁肃：全局思维与组织化推进能力[J]．软件工程师，2010(8)：42-45.

24. 李永瑞．曾国藩缘何成为成功者的精神导师和学习楷模？[J]．软件工程师，2010(7)：45-49.

续表

25. 李永瑞. 诸葛亮的悲剧：自见不明、独智添愚[J]. 软件工程师，2010(6)：36-40.
26. 李永瑞. 读西游，跟观音学团队成员选拔与熔炼[J]. 软件工程师，2010(5)：26-30.
27. 李永瑞、黎翔. 50 后两院院士高等教育传记特征与政策建议[J]. 北京师范大学学报(社会科学版)，2010(4)：34-40.
28. Li Yongrui, Liu Yibei, Xia Liheng. A case study on managerial aptitude characteristics of top management team of chinese private enterprises in their interception period[C]. 第 29 届国际应用心理学大会论文集(2010 年 7 月，墨尔本).
29. 肖智泓，黄珊，杜军，等. 幼儿园主班教师胜任力模型的构建[J]. 学前教育研究，2010(3)：28-33.
30. 李永瑞. 人员选拔中人格问卷可用性之争[J]. 心理科学进展，2010(1)：170-176.

参考文献

[1]Derfler-Rozin R，Pitesa M. Motivation purity bias：expression of extrinsic motivation undermines perceived intrinsic motivation and engenders bias in selection decisions[J]. Academy of Management Journal，2020，63：1 840-1 864.

[2]Jiang H，Xia J，Devers C E，et al. Who will board a sinking ship? a firm-director interdependence perspective of mutual selection between declining firms and director candidates[J]. Academy of Management Journal，2021，64：901-925.

[3]De Corte W，Lievens F，Sackett P R. A comprehensive examination of the cross-validity of pareto-optimal versus fixed-weight selection systems in the biobjective selection context[J]. Journal of Applied Psychology，2022，107：1 243-1 260.

[4]Folger N，Brosi P，Stumpf-Wollersheim J，et al. Applicant reactions to digital selection methods：A signaling perspective on innovativeness and procedural justice[J]. Journal of Business and Psychology，2022，37：735-757.

[5]Nyberg A J，Cragun O R，Schepker D J. Chief executive officer succession and board decision making：Review and suggestions for advancing industrial and organizational psychology，human resources management，and organizational behavior research[J]. Annual Review of Organizational Psychology and

Organizational Behavior，2021，8：173-198.

［6］Lee J M. Founder CEO succession：The role of CEO organizational identification［J］. Academy of Management Journal，2020，23：224-245.

［7］Joshi A，Hambrick D C，Kang J. The generativity mindsets of chief executive officers：A new perspective on succession outcomes［J］. Academy of Management Review，2021，46：385-405.

［8］Haythornthwaite R，Banga A. The former and current chairs of mastercard on executing a strategic CEO succession［J］. Harvard Business Review，2021，99：32-37.

［9］Daouk-Öyry L，Sahakian T，van de Vijver F. Evidence-based management competency model for managers in hospital settings［J］. British Journal of Management，2021，32：1 384-1 403.

［10］Çitaku F，Ramadani H. Leadership competency model-drenica：Generalizability of leadership competencies［J］. International Journal of Organizational Leadership，2020，9：156-162.

［11］McCartney S，Murphy C，Mccarthy J. 21st century HR：A competency model for the emerging role of HR analysts［J］. Personnel Review，2021，50：1 495-1 513.

第六章
"工作分析与组织设计"课堂教学："理论＋实践"多维立体化课程的改革与创新

尚　哲

"工作分析与组织设计"课程描绘了微观视角下对工作岗位分析的多种方法，以及宏观视角下对组织再设计的规律和演变。通过来自心理学、管理学的理论与工作场所实践的相互促进和融合，以及阅读国内外中英文教材，进一步深化缺乏工作经验的学生对于工作分析和组织设计的理解。本课程在教学设计中融入了我国民族企业案例，突出爱国主义教育和民族自信，并助力理解组织的发展变化。在教学实践中，通过双语教学、专家讲座、学生辩论等多元化的教学方式，不断提升教学效果。

第一节　课程改革背景

《中共中央关于制定国民经济和社会发展第十四个五年规划和二〇三五年远景目标的建议》中指出，要"重视促进人的全面发展和社会全面进步，强化建设高质量教育体系"。习近平总书记 2020 年 9 月 11 日在科学家座谈会上指出，要加强创新人才教育培养。"人才是第一资源。国家科技创新力的根本源泉在于人。十年树木，百年树人。要把教育摆在更加重要的位置，全面提高教育质量，注重培养学生创新意识和创新能力。"可见，注重培养学生的创新意识和创新能力，不断提升教学质量是大学教育的重点之一。

北京师范大学政府管理学院组织与人力资源管理系深入学习贯彻落实党中央和习近平总书记的育人指示，深耕人力资源管理专业教育的质与量。在人力资源管理六大模块基础课程建设中，系里的教员们线上线下双管齐下：线下利用资深教员的丰富经验与年轻教员的研究特色，针对课程的开发不断研讨，在理论研讨和实践案例的分析方面投入精力，使得教学与研究相结合，以研究辅助教学，以教学启发科研；线上形成团队力量，由学院党委书记于海波教授领衔，由系里全部 10 位教师制作的慕课课程"人力资源管理导论"，以精致简短、深入浅出的教学风格，融合了本专业近 20 年来横亘国际人力资源的学理与国内人力资源本土化实践的教学内容。

"工作分析与组织设计"课程是人力资源管理专业的核心基础课程和必修课程，主要针对高年级本科生开设。它是在本科生掌握了管理学原理的基本理论、组织行为学的行为理论的基础上，描绘微观视角下工作分析的多种技术方法与宏观视角下组织设计的类型与规律、功能和发展演变的一门课程。由于该课程的专业性、实践性、应用性程度较高，传统教学模式中抽象的理论知识与实际工作应用常常脱节。因此，本课程需进行丰富多样的内容设计，多角度调动学生的学习积极性，提升学生的理论素养、实践能力。

2019—2020 年，北京师范大学政府管理学院组织与人力资源管理系教师对"工作分析与组织设计"课程进行了内容与形式上的改革，打破传统的教学模式，回归学生在课堂中的主体地位，并增加了行业内青年专家讲座的新知识传递方式。本章主要展示该课程在授课探索中的方法与经验。

第二节　课程内容设计

掌握工作分析与组织设计的概念、流程和应用等基础理论知识是学习本门课程的基础，本课程在教材结构化知识的基础上，将微观的工作分析与宏观的组织设计融合，辅以主流价值观的牵引，并吸纳前沿理论，采用讲授与案例教学相结合的模式，对学生的认知和理解进行引导。

课程形式包括课堂内的教师讲授、业界专家讲座、学生互动，以及课堂外的学生实践等。课程内容在参考教材的基础上，将理论与案例结合，并借鉴吸收了心理学、组织行为学等跨学科研究的相关成果。本课程的理论和实践多维立体化体系如图 6-1 所示。

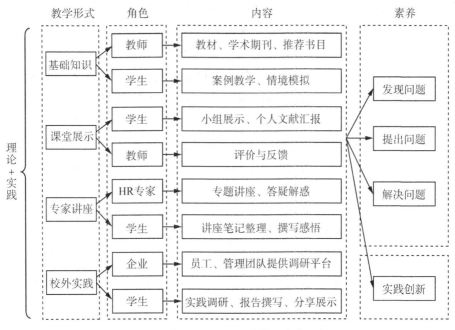

图 6-1　理论＋实践多维立体化课程体系视图

一、微观宏观相结合，多学科融合

作为人力资源管理专业本科生教育系列课程中必不可少的一环，工作分析是在对人才资源的管理过程中，包括人力资源规划、人员招聘与选拔、培训与开发、绩效管理、薪酬管理这几个模块的基础工作；而组织设计是在对上述几个模块的综合提炼的基础上结合组织战略规划而进行的对组织架构的分析和调整。本课程从微观视角对工作分析方法的选取、具体步骤予以细化，从宏观视角突出了战略背景下的组织设计。

1. 微观视角下的工作分析与心理学学科相结合

工作分析是人力资源管理的基础和基石，是人力资源管理工作的重要技术，是对企业、政府等各种形式的组织中的微观岗位的工作分析。在微观视角下，"工作分析与组织设计"课程通过对组织的岗位进行分析，运用工作分析相关理论和方法收集、整理、分析组织内各个岗位的信息，撰写工作分析报告，并把结果应用于招聘与选拔、员工培训、薪酬与绩效等模块，有助于人力资源管理的优化。

除了访谈法、问卷法、观察法与日志法这几种基本方法之外，工作分析的 7 种主要的技术方法可分为工作导向的工作分析方法与人员导向的工作分析方法两大类。在逐一讲述这 7 种方法的过程中,结合心理学学科对人类普适性的个体行为及其背后的规律等内容,来理解这 7 种工作分析方法之间的区别及其各自的特点。

首先,针对工作导向中的职能工作分析方法(FJA),需要对职能进行等级评定,并划分为对岗位所需要的理解能力、数学能力、语言开发能力等几个维度进行评估。这部分与心理学中"个体的能力"有关,能力是人完成某项活动所必需的心理特征,它反映了个体在某一工作中完成各种任务的可能性。从个体的认知能力出发,结合工作岗位类型,给学生们进行知识概念的介绍,帮助其对工作场景的理解。比如,会计这个岗位对于快速而准确地进行算术的能力具备较高的要求,而装修设计师岗位,对于空间位置变化和想象物体形状的能力要求具有一定的门槛。

其次,受尊重个体差异的人力资源管理思想的影响,在进行工作分析的过程中,不单单关注工作岗位本身的特点要求,更要人岗匹配,即考虑到岗位胜任者的个人特点,扩展由岗位和人互动作用的效果。针对人员导向中的临界特质分析系统(TTAS)中涉及的动机特质与社交特质,对应于心理学学科中的需求与动机的关系,例如,人类的归属需求与亲和动机。再比如,个体在社交中的情绪觉察能力和情绪控制能力。

最后,人员导向中的工作要素法(JEM),对任职人员的个性特点有所要求,包括自信、主动性、独立性、外向、内向等个性特点的描述。而这个部分对应心理学中的人格,结合了人格基本定义:个体所有的反应方式和与他人交往方式的综合,是指一个人所拥有的可测量的人格特质,具体在不同场景下都能够持久稳定表现出来的特点。例如忠诚、尽责心、主动性等。在这个部分,引入经典的人格特质的分类,例如卡特尔的 16PF、麦尔斯-布瑞格斯类型指标(Myers-Briggs type indicator,MBTI)以及学术界问卷调研中常用的"大五人格"。通过让学生们对人格的学习和对照自己所属的人格特点,进一步激发学生的兴趣,并融入工作要素法的技术方法中来理解任职人员的个性特点。

2. 宏观视角下的组织设计与组织行为学学科相结合

组织设计是人力资源管理过程中结合组织行为学的多种理论而形成的宏观视角下的对于组织架构、团队与部门、人与岗位的多重匹配、调试的展现形式,凝聚了人力资源管理的理论和实践的智慧。"工作分析与组织设计"课程描述了在政府系统、商业系统等情境下组织的特征与实质，组织的理论发展沿革，组织的结构、类型和功能，组织的发展演变，影响组织的内部因素、外部因素，组织所面对的国内市场和国际环境，以及组织的变革、组织的文化等内容进行介绍和讲解。相比较于工作分析，组织设计是宏观视角下对组织结构、组织发展的设计和引导。

在组织设计中关于组织的本质与特点的描述，结合了组织的目标、组织结构的严密性、组织发展中所需的文化的牵引性等组织行为学学科的概念，进一步加强了学生对组织设计的理解。人力资源管理研究的发展，从传统的整齐划一地采用统一标准的"集体化"思维对待员工，到现代化的组织越来越看重员工的"个性化"特点，从而发展出差异化的管理策略，比如，"一人一议"的薪酬激励方案，"个性化"的培训开发方案等。这些看似越来越复杂的人力资源构架模型和配套的管理方案，实则是越来越科学化的、更加公平的管理理念。

学术界首次出现的人力资源架构模型（human resource architecture model）是由大卫·里帕克（David Lepak）和斯科特·斯耐尔（Scott Snell）两位学者在 1999 年提出的。该模型核心观点是强调在一个组织内部并存多种人力资源管理（子）系统，针对不同的人力资本，组织在管理策略的选择中应该采用针对性的、差异化的人力资源管理方式，包括差异化的雇用模式、雇佣关系、人力资源管理系统。近年来，带有差异化的人力资源架构延展到特定的企业类型中。比如，周（Zhou）等人（2012）提出了在东方文化尤其是中国文化情境中的人力资源架构模型；詹宁斯（Jennings）等人（2018）探究了适用于家族企业的人力资源架构。

这些融入了文化情景特点的，或者是混合有其他关系特点的组织，给传统的组织设计带来新的机遇和挑战。因此，"组织设计"部分的课程设置紧跟时代浪潮，结合组织行为学和人力资源管理领域的前沿文献，让学生充分理解组织的基本特征、组织的发展历程、传统的组织设计的方法、当代的组织环境改变所带来的组织设计的新方法和新特点，以及全球化视角下的多元文化对组织设计的影响。例如，东西方文化差异影响组织面对来自集体主义文化下与个体主义文化下的员工的激励措施等的个性化制定，以及如何构建发展适合多元文化的组织氛围等议题。

职位（工作）是纵向组织结构与横向组织结构的基础。工作分析与组织设计，前者作为人力资源管理的基石，后者从战略视角出发作为人力资源管理的升华,二者融合在一门课之中,既保有了在实践方面对于工作分析这一基础技术的认识,又提升了结合组织行为学理论和人力资源管理理论进行组织设计的技能。

本课程的目标是为人力资源管理专业的本科生梳理一套广阔而系统化的组织架构设计与工作分析方法,从宏观层面组织的结构参数与组织理论发展变化史,到组织变革的基本流程与策略,再到微观的工作分析技术的比较评估,让学生学会运用多种方法对工作进行分析,从而丰富学生在人力资源管理领域的知识积累,强化技能学习,深化学生对人力资源管理与组织行为的理解,并为本科生的论文选题提供理论与素材。

3. 课程教材与推荐阅读书目

本课程在讲解工作分析部分时选用的是复旦大学出版社的《工作分析》(第三版,付亚和主编,2019年9月出版)。该教材系统而详尽地介绍了工作分析的概念、流程和应用,以及对以工作为导向和以人员为导向的多种工作分析系统的详细介绍和分析,帮助学生们对工作分析形成全面而系统的认识,理解工作分析在人力资源管理中的基础作用。并让学生根据组织环境和管理的需要,明辨恰当的、适用的工作分析工具,助力组织的发展和管理的进步。每章末的案例研究、思考题和课后练习以及拓展阅读是同学们课后基础知识复习与自我检验的重要抓手。

在讲解组织设计部分时选用的是北京师范大学出版社的《组织设计与变革》(柯江林主编,2019年2月出版)。该教材从组织设计的理念到组织结构的设计,都体现了分工与协调的组织内涵。该教材还强调了组织变革的诊断以及如何应对变革的阻力,让没有工作经验的本科生可以通过结构化的学习逐步对组织发展中的变革和组织文化的发展变化形成初步的了解和认识。

为了便于理解工作分析和组织设计与整个人力资源管理实践体系的关系,本课程选用美国管理学学者雪蒙德·A. 诺伊著的《人力资源管理:赢得竞争优势》(*Human resource management:Gaining a competitive advantage*)(第10版)、《人力资源管理基础》(*Fundamentals of human resource management*)(第7版)两本适合双语教学的英文教材。前者阐述了人力资源管理如何能够帮助企业赢得竞争优势,贴近人力资源管理实践前沿;后者则以易读、实用的写作方式简明扼要地阐述了人力资源管理的基本概念、方法和实践。课程中教师还推荐阅读《公司的概念》(彼得·德鲁克著)、《组织设计——寻找实现组织价值的规律》(李书玲著)、《第五项修炼:学习型组织的艺术与实践》(彼得·

圣吉著)等 16 本和工作分析与组织设计相关的专业书籍，鼓励学生课后拓展学习，从而开阔视野、完善知识结构、丰富理论认知、深化对工作分析与组织设计理论的理解。

二、课程内容与主流价值观相结合，突出爱国主义教育

高校立身之本在于立德树人。融合我国历史与文化，让学生成为德才兼备、全面发展的人才，是大学课堂的任务。本课程结合中国历史事件与国内外时政热点，致力于在课堂中潜移默化地向学生传播以爱国主义为核心的民族精神和以改革开放为核心的时代精神，实现全程育人、全方位育人。例如，介绍卢作孚等爱国企业家的事例，鼓励学生向优秀的民族企业家学习，以开阔的眼光、包容的胸怀拥抱世界的变化，做实干家，彰显青年的责任与担当。

除了介绍工作分析与组织设计的专业知识，本课程还十分注重对国内与国际企业管理热点事件的分享与讨论。例如，2020 年 11 月，华为正式送别荣耀；11 月 26 日，华为心声社区发布任正非在荣耀送别会上的讲话，鼓励荣耀拥抱全球化，做华为最强的竞争对手，超越华为。授课教师在课堂上分享了这一热点事件，并阅读了任正非在荣耀送别会上的讲话节选，以帮助学生从中体会民族企业家在苦难中力求辉煌、推动民族企业发展进步的情怀与格局。

三、案例教学

经济管理类学科中的社会性知识很难被结构化地表达出来，只能通过建构无限接近社会与企业真实管理情境的教学形式，引导学生进行知识与能力的自我建构。基于建构主义理论的案例教学、角色扮演、翻转课堂及行动学习等方法都是常见的案例教学方法，能够在真实或模拟的情境中激发学生的学习热情，并有利于培养学生分析及解决问题的能力与探索精神。

工作分析虽然是具体的技术方法，但在组织行为学和人力资源管理的理论支撑下，能够充分帮助没有实际工作经验的学生理解工作分析的 7 种重点方法及对应步骤。与此同时，本课程会通过布置课堂作业的方式让学生们对自己日常学习和生活中所能接触到的、熟悉的工作岗位(如辅导员、班主任、学生会主席、团委书记等)进行工作分析的实际操作，从而加深对工作分析具体方法的认识和理解。

对于组织设计，本课程通过在课堂上展示多个异军突起的国内外优秀企业案例，如通用电气、苹果公司、Facebook、字节跳动、阿里巴巴集团、腾讯集团等，让学生了解一个组织从微小到强大、从优秀到卓越的过程中组织架构发生的重大变化以及每次变化所起的作用与产生的效果等。此外，本课程会邀请参与过组织变革的业界专家前来讲座，给学生展示鲜活的案例，增进学生对书本中有关组织设计内容的理解，帮助学生加深对组织宏观架构的理解，以便未来做好人力资源一线岗位的本职工作。

第三节　教学形式设计

一、双语教学

秉持政府管理学院培养具备国际化视野与家国情怀人才的院训，本课程注重从语言与课程内容的角度开阔学生的国际化视野。

在语言方面，从 2019 年开始首次采用双语教学，教材、PPT、推荐阅读书籍与文献均为中文版本，1/3 的课程内容为英文讲授，并鼓励学生用英文进行课堂展示，培养学生使用英语进行听、说、读、写的能力。

在课程内容方面，在讲解影响组织环境的社会文化因素时，引导学生区分东西方文化中个体主义文化与集体主义文化价值观的差异，以及互赖性自我与独立性自我的差异对组织的影响，进一步促使学生理解组织在进行变革、结构设计等问题时充分考虑东西方文化的差异。

二、专家讲座

"工作分析与组织设计"课程的特点是强调理论性和应用性的结合，主题课堂讲座有助于学生理解专业知识的实际应用。邀请校外的专家，如专业研究人员、业界工作经验丰富的人士来讲授工作分析与组织设计是如何将理论应用到企业实践中的，改变了单一的课堂教学模式。

针对工作分析板块，邀请了某教育集团的现任开放平台事业部人力资源总监(human resource director，HRD)，给大家分享人力资源管理领域中工作分析的实践案例。针对组织设计板块，邀请了某互联网企业的高级项目经理，分享实践案例，以帮助学生更好地理解实践活动中的组织发展。专家们以渊博的学识、独到的眼光、睿智的见解、深入浅出的表达方式，勾勒出工作分析与组织设计在人力资源管理一线的实践场景，深受学生的喜爱。学生反馈："老师对不同类型的组织有着自己独特的见地和思考，而这些具有批判性和前瞻性的思考也是我们目前需要学习和培养的。一个半小时的讲座，收获满满，从人力资源管理的大致风格到工作分析在组织里的地位，循序渐进，引人思考。大量来源于现实生活的事例，将同学们的视野无限拓展的同时，也拉近了学校与职场间的距离。""老师带来的几个实例，让我真正从实际出发来看待一些课本上的理论知识是如何应用，也初窥到 HR 部门到底是怎样的存在。感谢这门课程让我有机会能听到这样有趣又实用的知识。"

三、学生参与——尊重学生主体，激发创新活力

1. 课堂内活动：辩论

课堂采用微型辩论的形式，组织学生针对课堂内容进行主动思考。例如，在组织理论这一部分，启发学生带着批判性的思维看待理论在历史中的作用。古典行政组织理论诞生于 19 世纪末至 20 世纪 30 年代，现代组织理论在一定程度上综合了古典组织理论和行为科学组织理论的观点，试图重新设计组织。本课程在讲解古典组织理论与现代组织理论时，提出"互联网时代，经典管理理论是否过时"的辩论话题，引导学生在当今时代批判理解经典组织管理理论，思考在进行组织设计时应如何继承、运用古典管理理论。

2. 课堂内活动：学生展示

传统的教育模式主要侧重教师的"教"，学生往往机械式地被灌输相关理论知识，死记硬背完成考试任务，出现了课堂所学与企业需求脱节、理论结合实践能力差等突出问题，学生学习的积极性与主动性差，缺乏独立思考和创新思维能力。顺应高校教学改革的潮流，本课程探索与实施了以学生为主体的研究性教学模式，鼓励学生创造性地运用知识和能力，自主发现问题、研究问题和解决问题，主要采用以小组和个人为单位的"展示（presentation）"形式，由教师指定主题，学生收集、整理与该主题相关的知识与信息，最终形成研究报告，以 PPT 方式进行展示。

（1）小组展示

以小组为单位，中英文结合展示工作分析与组织设计相关模块内容，锻炼学生收集与整合资料的能力、与他人合作的能力，激发学生自主创新的活力。

学生自由组成 3 人小组，自主选择工作分析与组织设计的话题，参考教师提供的 PPT、教材等资料，进行 15～20 分钟的双语课堂展示。设置"展示内容清晰，逻辑完整""PPT 易读性强，制作美观""展示时间节奏控制得当，表达流利""小组分工明确，通力合作"四条评分标准，采取"教师评价＋小组互评"的评定方式对展示小组打分。

在展示内容方面，鼓励学生在基础知识之上丰富展示内容，深入思考如何将教材上抽象、平面的工作分析与组织设计环节展现得更加立体、翔实。在海量的书籍、文献、互联网上收集资料是获取信息的过程，主要锻炼学生的信息收集与获取能力，而整理资料、制作展示思路和结构清晰的 PPT 是整理信息的过程，对学生辨识与整理信息的能力、逻辑思维能力提出了更高的要求。

在展示环节方面，小组成员间的合作锻炼了学生通力协作、沟通交流的能力，也增进了学生之间的友谊；双语展示锻炼了学生的英文写作和口语表达能力；制作易读性强、美观的 PPT 并进行节奏恰当、表达流利、时间把控良好的展示，既有利于学术汇报与交流，也是一项重要的职场技能，对学生求职、步入职场后都有所裨益。

最后，教师就学生展示主题的内容、展示形式进行反馈。教师反馈与学生修改是对小组展示的补充，形成"课前准备—课堂展示与评价—课后反馈"的完整闭环，促进小组展示形成良性循环，增进课堂效果。

(2)个人文献汇报

学生在管理学 SSCI 期刊上自主选择感兴趣的文章，在课堂上进行 5 分钟的文献展示，并在展示结束后提交文献阅读感想。(参考期刊范围：*Academy of Management Journal*，*Academy of Management Review*，*Administrative Science Quarterly*，*Human Relations*，*Human Resource Management*，*Industrial Relations*，*Journal of Applied Psychology*，*Journal of Occupational and Organizational Psychology*，*Journal of Management*，*Journal of Management Studies*，*Journal of Organizational Behavior*，*Journal of Vocational Behavior*，*Leadership Quarterly*，*Management and Organization Review*，*Organization Behavior and Human Decision Process Organization*，*Organization Science*，*Personnel Psychology*，*Research in Organizational behavior*)

汇报前，学生需阅读文献并进行梳理，将长篇文章浓缩成一段 5 分钟的演讲汇报，这对于学生而言是一个不小的挑战，汇报内容需详略得当、层次分明，在短时间内抓住文献的重点；5分钟的严格计时十分考验汇报者的时间把控能力；汇报结束后，教师会当场对汇报表现、文献内容进行点评，学生根据教师的点评形成一篇文献阅读感想，需包含"文章解决的主要问题""研究所用的理论""研究的理论启示""研究对工作分析与组织设计的实际应用价值"等至少4个板块的内容，帮助学生温故而知新，通过总结与回顾增强对汇报文献的深入思考与理解。值得注意的是，教师在学生汇报过程中要注意发掘每位学生的特点、长处，予以学生正面评价，增强学生的信心，鼓励学生勇于试错、大胆创新。

因此，文献汇报也是激发学生创造力的重要途径。例如，有的学生以现实的具体情境、贴近生活的问题引出研究话题，激发听众的阅读兴趣，引人入胜，最后又能将研究结论回归到工作分析与组织设计的实践之中，将枯燥、复杂的研究变得生动、贴近实际，点明研究的现实意义；有的学生能将复杂的研究变量关系转化成模型图，增强了展示的可视化程度，便于受众理解。

3. 课堂外实践

"工作分析与组织设计"是一门实操性与应用性极强的课程，在课程体系中融入企业实践，有助于帮助学生真正掌握工作分析的操作流程。本门课程中，授课教师帮助学生对接校外某信息产业的制造业企业，带领学生外出调研，深入探索企业岗位任职需求，按照课堂所学方法与步骤，针对该企业中的某一岗位形成工作分析报告，采用PPT、视频等方式分享和展示调研成果。本阶段是最考验学生在知识、能力、技能方面综合能力的课程内容。

第四节　反思与展望

人才的培养要与时代发展、技术变革紧密结合起来，课堂作为培养人才的主阵地，需要教师在教学方法上逐步探索提升。本课程采用理论与实践多维立体化教学模式，有利于加强学生对专业科学知识的理解和技能的实践应用，提高学生的团队协作、沟通、问题探索与解决、实践创新和系统逻辑思维等能力维度，具备一定的教学效果。但是，如何进一步在大学校园里让没有工作经验的本科生尽可能理解社会与企业真实管理情境，引导学生对人力资源管理内容进行深入的体会和认识，需要向前辈、同行们多多请教。同时，教师本人受限于多年的校园学习而缺乏业界工作经历，是影响课堂教学效果的因素之一，更是继续打磨课程需要仔细思考的问题。

参考文献

[1]习近平在科学家座谈会上的讲话[N]．人民日报，2020-09-12.

[2]张志学．实业报国，使命担当——卢作孚与民生公司[J]．企业管理．2019(10)：53-55.

[3]王淑娟，马晓蕾．基于案例教学的经管类研究生知识与能力建构机理研究[J]．管理案例研究与评论，2014，7(3)：260-268.

[4]苏敬勤，贾依帛．案例行动学习法：案例教学与行动学习的结合[J]．管理案例研究与评论，2020，13(3)：345-355.

第七章
基于 3C 的"招聘与选拔"
现场模拟教学研究①

于海波　董振华　晏常丽　关晓宇　李永瑞　刘思远

"招聘与选拔"课程是人力资源管理本科专业的核心课程，根据模拟体验法，设计本课程行为化教学目标，依据行为化教学目标确定教学内容，确定基于现场模拟教学方法的实施步骤和教学计划，进行教学计划的实施，采用对比试验对现场模拟教学方法育人效果进行评价，最后构建基于角色扮演的自我和集体反馈的"现场模拟"教学模式。在此基础上，总结课程育人成效，提出进一步完善的方向。

第一节　教学改革的背景和意义

一、教学改革的背景

"招聘与选拔"课程是人力资源管理本科专业的核心课程，属于人力资源管理专业技能的核心模块。该课程既具有很强的理论性，也具有很强的实践性。从未来人力资源工作的需要来看，本门专业课程的教学可以通过

① 本部分获得北京师范大学教学改革项目《人力资源招聘与选拔》精品课程""十三五规划教材教学改革项目""基于可就业能力提升的'基于项目教学'和'现场模拟教学'的管理学教学改革项目"的支持。

学习过程的设计来培养学生的人力资源管理专业核心能力，提升其可就业能力。

"招聘与选拔"课程是讲授人员招聘的基本原理、具体流程和基本方法，人员素质测评的基本原理、一般技术和常用测评工具及其操作方法和技术的课程。该课程需要学生在系统掌握人员招聘及测评原理、流程的理论基础上对具体的招聘及测评过程进行实践操作，并根据测评结果做出人员素质评价分析和选拔录用建议，传统的教学方式主要是培养学生对原理的认知和理解能力，难以培养其具体的应用操作能力、创新实践能力及可就业能力。为了更好地培养学生根据招聘及测评原理操作招聘及测评具体流程、解决具体专业问题的能力，以及根据招聘及测评的发展趋势不断改进招聘和评价技术的创新能力，提高学生学习的投入度和积极性，更加有效地培养其可就业能力，本课程尝试采用现场模拟体验式教学模式对课程教学方式进行改革。

二、教学改革的意义

第一，通过现场模拟教学提升大学生的专业素养和可就业能力。本项目在专业课程教学中采用现场模拟教学模式，即由学生组建团队模拟真实的招聘案例，设计和操作招聘和选拔的整个流程，通过这些体验式的实践环节，帮助学生在体验过程中掌握和学习招聘与选拔的方法和理论，并通过求职面试的模拟环节对大学生的可就业能力进行干预，从而达到在专业课程教学中提升大学生专业素养和可就业能力的目标。

第二，总结现场模拟教学在管理学教学中的实施模式。总结现场模拟教学方法在选拔与招聘课程教学中的实施步骤、实施措施、实施注意事项，总结这种教学方法在管理教育中的操作模式，为进一步的管理学教学改革提供参考，同时考察这种方法对提升大学生可就业能力的价值。

第三，推动以"教"为中心向以"学"为中心的管理学教学方法改革。高等教育一直在探索摆脱以教为中心的教学方法，而现场模拟教学法是以学生学为中心的教学方法，本教学模式的实施，对于推动管理学教学如何从以教师教为中心的教学向以学生学为中心的教学模式的改革，具有重要启发。

第二节　教学改革的内容和措施

一、教学改革研究的主要内容

本教学研究是在"招聘与选拔"课程教学过程中，实施现场模拟教学方法，然后应用全国教育科学"十一五"规划项目已经开发的《大学生可就业能力量表》问卷，通过学期初和学期末两次问卷调查，分析现场模拟教学方法对大学生可就业能力的价值，探索基于可就业能力提升的现场模拟教学模式。本项目的改革内容主要包括如下两个方面。

1. 构建基于可就业能力的"招聘与选拔"课程理论框架

首先，基于"招聘与选拔"课程特点，结合可就业能力的教学目的，根据现场模拟教学方法的要求，确定可以模拟和体验的可就业能力行为化教学目标。其次，根据确定的可就业能力的行为化教学目标，确定本课程的教学内容及理论框架。

2. 设计并开发模拟体验式教学模式

根据本课程所确定的可就业能力的行为化教学目标，设计并开发基于招聘全过程的全景式教学过程模式，通过学生自我设计与团队模拟，形成了基于角色扮演的自我和集体反馈教学模式；并且实施基于求职面试的大学生可就业能力开发的干预实验，检验模拟体验式教学模式对大学生可就业能力提升的效果。

二、教学研究的主要措施

1. 依据可就业能力行为化教学目标

基于可就业能力的教学目标，根据现场模拟教学方法的要求，首先确定教学内容和过程可以模拟和体验的可就业能力指标，然后通过胜任特征模型，把可演练的教学目标以行为化方式进行描述界定，得出各可就业能力指标的教学操作性目标，如表7-1所示。

表 7-1 基于可就业能力的现场模拟教学方法的行为化教学目标

能力	现场模拟教学方法的行为化教学目标
职业认同	体验招聘选拔中的管理操作过程; 更加喜欢人力资源管理操作技能
积极乐观	对自己更好地参与未来的单位面试和考试更加自信; 对自己从事人力资源管理具体实务工作更有信心
问题解决	通过模拟掌握如何设计和操作人员选拔过程; 通过模拟掌握结构化面试和无领导小组讨论等人员选拔技术
学习能力	学会对人员招聘选拔完整过程的设计能力; 提高人员选拔各种技术的实际实施能力
人际关系	团队任务中职责分配中的人际关系处理; 现场模拟中对自己在人际关系意识和能力方面的反思与完善
团队合作	小组任务中的团队建设; 小组模拟中的团队合作总结和反思
社会支持	小组作业和小组模拟中的各种社会支持的整合
社会网络	小组作业团队的构建和多样化小组的搭建

2. 依据行为化教学目标确定教学内容

根据现场模拟教学方法和确定的可就业能力的行为化教学目标,有选择地确定本课程的教学内容,并且建立行为化可就业能力目标与各教学内容之间的关系,如表 7-2 所示。

表 7-2 基于可就业能力的现场模拟教学方法的行为化教学内容

能力	现场模拟教学方法的行为化教学内容
职业认同	招聘选拔的管理过程; 人力资源管理操作技能
积极乐观	应对未来就业面试和考试的自信心; 从事人力资源管理实务工作的信心
问题解决	设计和操作人员选拔过程; 结构化面试和无领导小组讨论等人员选拔技术
学习能力	人员招聘选拔过程的设计能力; 人员选拔各种技术的实际实施能力
人际关系	团队任务中的人际关系处理; 在现场模拟中对人际关系意识和能力的反思完善

续表

能力	现场模拟教学方法的行为化教学内容
团队合作	小组任务中的团队建设； 小组模拟中的团队合作反思
社会支持	小组作业和小组模拟中的各种社会资源的计划和整合
社会网络	模拟小组的团队构建和多样化小组搭建

3. 基于现场模拟教学方法的实施步骤和教学计划（如图 7-1 所示）

根据教学内容和行为化教学目标，在充分分析现场模拟教学方法特点的基础上，在现行的教学条件下，有选择地选取合适的教学方法，建立行为化

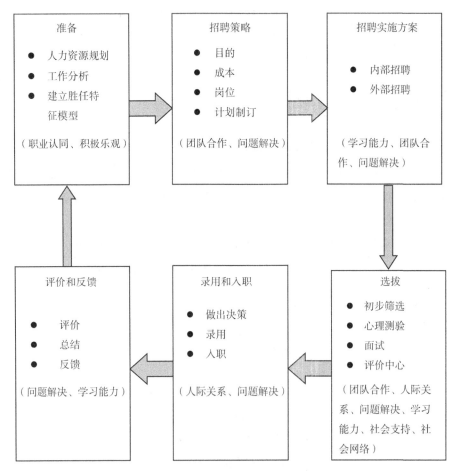

图 7-1　基于可就业能力的现场模拟教学方法的实施步骤和教学计划

教学目标、教学内容与教学方法之间的联系,建立教学方法的实施体系;从而充分发挥现场模拟教学方法的优势,形成本课程的方法体系和实施流程。在以上三个工作的基础上,确定目标、内容、方法三者统一的教学计划,并且把相应的教学对象、教学素材、教学辅助工具等方面进行详细周到的计划,从而作为各种可就业能力教学指标实施的指导。

4. 基于现场模拟教学方法的教学计划的实施

在整体的教学计划和教学日程的指导下,有计划、有步骤地实施已经确定的教学计划,在实施教学计划中基于招聘全过程的全景式教学过程模式采用多样的体验式教学方法,使大学生在参与和体验中体会各种可就业能力,从而为提高可就业能力奠定经验和练习基础。具体实施步骤如下:

(1)组建模拟招聘团队

在整个课程实施过程中,大学生要自己组建团队,寻找大家一致认可的招聘案例,并根据案例实际招聘要求确定招聘岗位角色并分配招聘工作任务。

(2)全景式体验招聘过程

学生在组成模拟招聘工作小组后,要根据招聘与选拔的6个过程的循环模型来实施,从准备工作,到设计招聘计划,再到设计和实施选拔体系以及录取决策和完善计划等。这个过程使学生逐步建立起全景式体验的招聘与选拔过程。

学生需要设计自己的简历,筛选团队所有成员的简历,自己设计选拔流程,设计面试题目,设计无领导小组讨论。学生在体验实施过程中,充分模拟组织真实的工作流程,通过体验式的实践环节,掌握和学习其中的方法和理论。

在整个学生模拟过程中,诸如设计简历等是属于个人自我设计的环节,而面试、无领导小组讨论等,则是基于团队的体验环节。学生在把握自我、与他人合作的过程中,会使整个教学过程充满活力。

5. 现场模拟教学方法育人效果评价的对比试验

本研究小组选取了53名大学本科三年级学生进行了可就业能力的现场试验。具体过程包括如下5个步骤:研究设计、选择研究对象、前测与后测、干预与反馈、后测并反馈结果。

(1)第一步:研究设计

研究小组首先对整个现场试验的步骤和方法进行了研究,决定采取前后测对比的现场试验法，在前后测都进行测试结果的反馈。然后在前后测之间的 4 个月过程中，采取了一系列干预措施，以便促进大学生可就业能力的提升。

在研究设计过程中，重点考虑了现场试验过程中可能会存在的干扰变量。这主要包括两个方面：一是研究对象的流失问题。由于试验者是同修一门必修课程的两个班级，所以保证了样本的不流失。二是其他无关要素的影响。在试验的 4 个月过程中，这两个班一直按照学校规定的计划进行学习，状态稳定，没有特别重大的事情发生。另外，在前后测中，为了减少练习效应，我们前测和后测的问卷题目相同，但排列顺序以及呈现格式都不同。

（2）第二步：选择研究对象

研究对象选取研究者所讲授的必修课程的两个班级，而且就整个学期的课程实施相应的干预策略。

（3）第三步：前测与后测

在开始试验之初，首先请每位参与者填写本课题开发的 36 个题目的《大学生可就业能力量表》调查问卷，然后对结果进行一一反馈，在反馈时给所有学生讲清楚每个维度的含义和自己在班级群体中的定位。

（4）第四步：干预与反馈

在试验开始后，研究小组采取了一系列的干预措施和反馈措施，具体涉及 11 个方面的内容。其中基于职业生涯规划的干预和基于求职面试的干预为两个主要方面。

①根据前测反馈结果，讲解大学生可就业性每个维度和每个题目的含义。

②基于职业生涯规划与发展的干预主要包括以下 5 个方面。

• 完整讲授大学生职业生涯开发的 SOOSE 五阶段的循环模式。

• 每位学生进行个人未来 5 年的职业生涯规划，并提交该规划的纸质版和电子版。

• 结合所讲授模式，每位学生对自己的职业生涯规划进行反思总结。

• 小组讨论个人职业生涯规划总结的结果。

• 研究者个体反馈每位学生的职业生涯规划结果，并进行面对面的交流。

③基于求职面试的干预主要包括以下 5 个方面。

• 布置课后作业，每位学生撰写自己的完整简历并提交。

- 提交简历后小组模拟筛选简历，并讨论筛选经验。
- 研究者反馈简历筛选总结，回答个别问题。
- 布置课后小组模拟面试作业。
- 个人和小组总结模拟面试的心得，并且集体讨论。

(5)第五步：后测并反馈结果

在4个月的干预结束后，采用本研究得出的36个题目的《大学生可就业能力量表》调查问卷，对所有干预者进行后测，并统计前后测的结果差异。其中，有5名学生因各种原因，出现了前后测无法比较的结果，所以最后可进行前后测比较的只有48人。结果统计出来后，又进行第二次反馈，反馈每位同学在其中的变化。

实施完这5个步骤后，研究小组对试验过程进行总结，对前后测结果进行比较，对结果进行讨论解释。

首先在教学开始阶段，对大学生可就业能力进行前测；然后在教学结束阶段，实施后测。通过统计分析检验现场模拟教学方法对大学生可就业能力提升的价值。同时，通过个案访谈和追踪等方法具体探讨学生在各可就业能力上的体会和经验，为下一步开发模式提供指导。

6. 现场模拟教学模式的开发

根据问卷调查结果，以及个案访谈和追踪等方法，总结现场模拟教学方法的整个实施过程和干预策略，本研究得出了现场模拟教学方法基本模式：现场模拟的基于角色扮演的自我和集体反馈教学模式。

在"人力资源招聘与选拔"课程的现场模拟教学过程中，在课堂讲授的同时，学生自由组成小组，在自学和教师指导下，选择组织和岗位、设计招聘选拔过程、确定招聘指标、设计招聘题目和评分标准、扮演考官和考生、模拟实施整个过程并撰写总结报告，重点是通过学生自己模拟考官和考生，从不同视角、不同反馈渠道不断提升自己的知识和能力，形成了基于现场模拟的角色扮演的自我和集体反馈教学模式。

三、教学改革的方法手段和技术路线

1. 采用的教学研究方法和手段

(1)问卷调查法

对于教学目标的确认，教学过程中问题的及时反映和解决，以及最后实施体验式教学后的教学效果，通过问卷调查法实现，对于效果评价还需要前后测和对比分析。

（2）访谈法

对于本课程所包含的基于可就业能力的教学内容的设计与措施，通过对大学生和教师进行访谈，来确定关键的可包括在本课程的教学内容和教学目标。

（3）专家会议法

对于行为化教学目标的确定、教学内容的确定等问题，通过教学和教育专家会议进行讨论，得出更加合适、全面的目标和内容。

（4）体验式教学法

①自我设计法。学生们根据自己的兴趣和专业学习，小组自行设计研究项目方向和题目，自行选择合适的方法并实施。同时，通过让学生们设计简历、设计流程、设计面试题目、设计无领导小组讨论问题等，使学生在整个课程实施过程中开发一个全景式的招聘与选拔的案例。

②模拟法。充分模拟组织真实的工作流程，从企业的选择，到岗位的确定，以及题目的开发、评价的实施、分数的得出、录用的决策，整个过程都充分让学生参与模拟组织的工作实践。

③案例分析法。在"招聘与选拔"课程中，每个小组整个课程过程就是在设计、开发一个组织的招聘和选拔案例。当然，其中也穿插了诸多教师自己的案例来分析讨论。

④小组讨论法。诸多的课后练习都是小组共同讨论、共同设计的。

（5）个案追踪法

对某些典型的大学生，采用个案追踪的方法，进行可就业能力的深入访谈研究，以挖掘更有实际价值的案例。

2. 技术路线

（1）"模拟体验法"的教学目标、教学内容和教学手段的确定

该部分主要通过专家会议法、问卷调查法和访谈法，来确定基于大学生可就业能力的教学计划。

（2）"模拟体验法"的教学计划的制订和实施

该部分主要通过专家会议法和访谈法、体验式教学等诸多教学设计方法，贯彻和实施制订好的教学计划。

（3）基于可就业能力的"模拟体验法"教学效果的评价

该部分主要通过问卷调查法、访谈法和专家会议法等，通过教学前后的对比分析，探讨基于可就业能力教学的成效。

（4）追踪案例与"模拟体验法"模式的开发

该部分主要通过访谈法、个案追踪法等，追踪体验式教学的大学生个案，进一步总结和提炼教学的可就业能力目标，并衡量"模拟体验法"的教学效果。

第三节　教学改革的育人效果

为了检验在"招聘与选拔"课程中采用"模拟体验法"进行教学改革对学生可就业能力培养的效果，研究小组选取人力资源管理专业学生进行前后测对比的可就业性现场试验。经过 4 个月的干预试验，取得了一定的成效。之后，研究小组对干预对象的前测可就业能力和后测可就业能力进行对比分析，结果表明，除学习能力、团队合作两个具体的一阶维度，以及人力资本这个二阶维度没有显著提升外，其他各项一阶和二阶维度、总分都有了显著的提升。这一方面表明本试验所采取的一个学期的干预措施有一定的效应，另一方面也印证了本研究所采取的基于职业生涯规划与发展的干预、基于求职面试的干预有一定的效果。

但是，人力资本方面的效果（学习能力和团队合作都是这个二阶维度的因素）不明显，其中的原因主要有如下两个方面：第一，学习能力、团队合作这两个方面的人力资本是整个个体受教育阶段乃至大学期间一直被重视的两个基本素质，学校和大学生都会采取一系列的教学和教育措施进行提升，在此背景下，仅仅在一学期内对其采取基于职业生涯和求职面试的干预效果难以短时显现；第二，这也表明本场试验所采取的基于职业生涯规划和求职面试的干预措施与这两个人力资本维度联系不够直接，不能在短时间内体现其中的递进效果。当然，这还需要未来更大规模、更科学的实证研究来进一步检验。

第四节　教学研究总结和未来方向

一、本教学改革研究的主要特色

本项目经过多年的实施和总结，其主要特色有如下三个方面。

①本教学改革研究是基于提升学生可就业能力的教学改革研究。本项目所涉及的研究内容，是研究者多年来的教学积累，从一开始就确立了教学要提升学生可就业能力这个基本目标，这也是研究者多年教学研究和教学经验的集中体现。

②本教学改革研究是基于教学过程的教学方法研究。本项目是基于研究者所讲授的"招聘与选拔"课程的实施过程进行的，在教学中一边研究一边进行实践。本项目开展的过程，也是研究者不断完善教学过程的过程，从中完善了很多，一直在持续调整教学内容和教学方法。

③本教学改革研究是基于课程特色的教学改革探索。本项目基于课程内容和目标特点进行教学改革研究，"招聘和选拔"课程更多是以实务导向的专业基础课程，其主要是培养学生的专业理念、专业思维和专业操作技能，适合采用现场模拟的教学模式。

二、成果的应用情况和价值

本项目经过多年的实施和总结，其成果应用推广情况如下。

①本项目应用的具有较高信效度的《大学生可就业能力量表》问卷已经为全国很多学者和实践者所采用。

②本项目基于现场模拟的教学经验逐步在《员工招聘和素质测评》教材中得到体现和展示。

③本项目所得出的"基于现场模拟的角色扮演的自我和集体反馈教学模式"已经逐步在各种教学研讨中进行交流，并为很多教师所认可。

三、未来教学改革的建议

本项目虽然经过多年实施取得了很多成果，但未来仍可以在如下三个方面继续完善。

①深入研究现场模拟教学模式带来的学生可就业能力不同提升的内在规律。

②进一步深入分析和归纳学科基础课程和专业基础课程对学生可就业能力的不同定位和不同价值。

③可以开展更为系统的实验干预研究，以便得到更加科学的教学实验研究结论，更好地推广教学改革经验。

参考文献

[1]于海波，郑晓明，李永瑞，等．基于生涯资本理论的大学生可就业性3C模型及其特征[J]．教育研究，2013(5)：67-74.

[2]于海波，郑晓明，许春燕，等．大学生可就业能力与主客观就业绩效：线性与倒 U 型关系[J]．心理学报，2014，46(6)：807-822.

[3]于海波．员工招聘与素质测评[M]．北京：对外经济贸易大学出版社，2009.

第八章
"绩效管理"课程教学"KSP 模型"的构建与应用研究

王　颖

　　"绩效管理"课程是人力资源管理专业的核心课程。在教育实践中，基于学生能力及素养培养的角度来进行"绩效管理"课程的教学改革，可以有效提升"绩效管理"课程的教学效果，提高学生未来就业及发展的核心竞争力，为人力资源管理专业培养有知识、有能力的人才。本章基于课程特点，创新性地构建了"绩效管理"课程教学改革的培养模型及学生能力评估框架，并以教育实践中的真实课例来进行举例分析，为绩效管理课程的内容重组和教学改革的实践提供了指导，使得绩效管理课程特色更加鲜明，教学效果更加突出，也为培养人力资源管理人才提供了理论参考。

第一节　绩效管理课程教学
"KSP 模型"构建的背景

一、问题的提出

　　《国家中长期教育改革和发展规划纲要(2010—2020 年)》指出，高等教育要深化教学改革，培养应用型、复合型、技能型人才，提高学生的科学素质和实践能力。绩效管理的教学大纲也要求"对绩效管理的主要内容有比较系统和全面的认识""能够对企业以及组织的人力资源管理问题进行诊断，增强沟通能力，提高人力资源管理专业技能"，如何设计教学内容和实践环节才能提高学生的理论和实践能力是一个值得深思的问题。然而，绩效管理课程普遍存在着以下四个问题：一是教学内容偏理论化，没有结合到企业的真正需求；二是教学方法偏传统，不能从根本上让学生掌握理论并加以应用；三是教学管理偏被动，"搭便车"现象较普遍，学生在课程里没有真正得到能力上的锻炼；四是教学主体错位，重视教师个体，忽视学生个体，教学绩效往往以教师为主体进行设置，忽视了教育对象。

本章通过文献查阅、课程内容研究、教学内容分析等方式，构建绩效管理课程改革的"KSP 模型"，从人力资源管理专业学生应具备的三个维度的知识和能力，分析如何组织绩效管理教学内容和进行绩效管理教学改革，并进一步设计了三个维度对应的教学实践措施及实例，以期提升绩效管理教学效果，培养人力资源管理专业学生的理论和实践能力。

二、"绩效管理"课程的地位

"绩效管理"课程是人力资源管理专业的必修课，也是核心课程。其内容包括绩效及绩效管理的基本概念、绩效管理的流程、绩效管理模型、绩效考核及其指标的设计、绩效管理方法等。设置本课程的目标是使人力资源管理专业的学生对绩效管理有比较系统和全面的认识，了解和掌握有关组织和个体绩效管理的基本理论与实际操作的方法，提高分析与解决实际问题的能力，并能借鉴所学原理、方法及技巧，为企业或公共部门制定绩效管理的方案，进行绩效考核的设计。

组织期待个体的绩效，而组织的绩效又是其在竞争中取胜的基本要素。因此，构建和完善绩效管理系统是人力资源管理部门的一项战略性任务。绩效管理本身在整个人力资源管理体系中处于核心的地位。首先，组织的绩效目标体现了整个战略导向，可以帮助企业实现发展目标；其次，绩效管理的结果为人员配置、招聘选拔、培训开发、薪酬管理等方面提供依据，对其他人力资源管理工作均起到促进作用；最后，绩效管理是激励组织和个人的手段，可以提高组织和个人的技能水平，带来组织和个人绩效的提升，有利于促进企业和个人的共同发展。

如何对绩效进行衡量，如何对绩效进行评价，这是人力资源管理的中心议题。"绩效管理"作为人力资源管理专业的核心课程，应重视理论和实践的综合培养，在提升人力资源管理专业学生各方面的素质和实践能力方面起到举足轻重的作用。

第二节 "KSP 模型"的构建

传统的"绩效管理"课程教学主要以授课教师课堂讲授理论及方法为主，以学生完成课后作业为辅，教学方法传统而单一，且对学生的素质提升评价较为模糊。"KSP 模型"基于人力资源管理专业学生的发展要求以及"绩效管理"课程的实际特点，概括出包括技能、知识、素养三个维度的培养模型。整个模型的结构框架如图 8-1 所示。

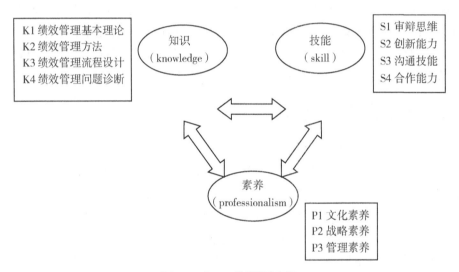

图 8-1 "KSP 模型"示意图

"KSP 模型"指在教学的过程中，要从包括知识、技能、素养三个方面对学生进行全面培养和塑造。K（knowledge）指知识，指的是一个人要完成某项工作，必须具备的知识储备，在"绩效管理"课程中具体为绩效管理基本理论、绩效管理方法、绩效管理流程设计以及绩效管理问题诊断等；S（skill）指技能，指的是在学习过程中经过不断练习而形成的能力，主要包括审辩思维、创新能力、沟通技能和合作能力；P（professionalism）指素养，这里主要指的是职业素养，即成为一个专业的管理从业人员所必备的特定素质，包括文化素养、战略素养、管理素养。知识，是熟悉一门专业领域的基础，没有知识，技能和素养也无从谈起；技能是帮助知识落地的载体，只有具备了这些能力，才能更好地发挥知识的作用；素养是更深层次的素质要求，建立在知识和技能之上，是知识和技能的内在化，是一名专业人员不自觉散发出的魅力和独到的眼光。

在现有教育体制下，学生的知识学习大多忽视实践应用，而"KSP 模型"是一个强调知识、技能和素养并存并用的学习和教育模型，与绩效管理课程的特点——理论性和应用性相吻合。此外，北京师范大学政府管理学院人力资源管理专业的最新《培养方案》中提到，人力资源管理专业要"使学生掌握学科概念框架、理论观点和分析方法""使学生具有较强的文字和口头表达能力、沟通协调能力、组织管理能力、领导能力""能胜任各类组织的多种人力资源管理岗位"。"KSP 模型"与此要求正相呼应。因此，人力资源管理的专业课程更应该以"KSP 模型"目标为参考来进行教学改革和提升，通过更丰富多样且有效的教学方式方法来培养未来人力资源管理专业学生所需要的知识、技能和素养。

第三节 "KSP 模型"指导下 "绩效管理"课程教学改革的实施

一、知识：掌握原理，打好基础

知识好比砌墙的砖，学习知识的过程就是"砖"的累积过程。绩效管理知识主要是指以教师为主体所讲授的内容，包括绩效与绩效管理的含义及相关概念、绩效管理的流程、理论基础、绩效考核体系的设计、指标及指标来源、权值设计、经典模型等。绩效管理课程的知识体系非常庞杂多样，需要教师引领学生进行知识理论的梳理和吸收，如采用包括对理论来龙去脉的延伸、概念的辨析与对比、理论知识之间的关系研究等方法，来加深学生对抽象理论知识的理解。只有掌握好绩效管理的相关原理，才能为成为专业化的人力资源管理人才打好基础。为了使学生能够更好地理解概念的内涵以及概念间的关系，可以借助案例对概念予以辨析，如通过让学生阅读、讨论企业实际背景中的案例，说明任务绩效和关系绩效的联系与区别，并结合组织公民行为的概念帮助学生加深理解。

二、技能：培养能力，着力应用

1. 审辩思维

审辩思维能力的培养对于高校学生的未来发展具有重要意义，发展审辩思维已成为很多国家和地区不同层次教育的重要任务。《国家中长期教育改革和发展规划纲要(2010—2020 年)》提出，要"注重学思结合"。只有在审辩思维，即批判性思考的基础上，通过科学的教学引导，学习者才能真正得到能力上的提升。教师在绩效管理的教学实践中，主动鼓励学生发现疑惑、提出问题，设置需要辩证思考的案例和情境。

提问是质疑的开始，是审辩思维的基础，是独立思考的重要表现。而分析论证则是得出合理结论或找到有效解决方案的前提。因此，提出质疑之后，还需要分析为什么提出这样的质疑，存在什么样的问题。在教学中，教师既要培养学生的审辩思维，又要完成学科内容的教学任务。"绩效管理"课堂中，教师需要有意识地让学生提出问题，引导学生进行思考，运用大量实例来锻炼学生质疑和独立思考的能力。并且，教师不但要鼓励学生批判质疑，而且要引导学生学会分析、比较、推理、论证。此外，还要将学科课程知识与通识课程知识进行系统规划、打通设计，共同发挥培养批判思维的作用。例如，通过让学生阅读案例，指出 W 公司的绩效管理措施存在什么问题，并从认识角度、组织环境、绩效管理体系建设以及绩效管理实施 4 个方面分析 W 公司绩效考核失败的原因。在此基础上，还应该能够提出改进措施，并对整个过程进行评估和反思，逐步修正，总结升华从而形成知识体系。案例的讨论结果，形成了绩效管理的实施应用诊断模型，于是便可以进一步使用模型进行案例诊断。

审辩思维是绩效管理中非常重要的思维，任何一项绩效指标的设定、管理措施的实施，都需要不断反思和改进。课堂中需要设置案例、引导反思，课后也需要鼓励学生运用善于发现问题的眼睛，将课外发现的问题提到课堂上，共同思考答案。例如，通过阅读案例进行提问，如果你是 H 公司的管理者，你会从张强的工作经历中得到什么体会？通过阅读文献《金东纸业绩效管理现状与改善研究》，你有什么启发？是否还有别的改善措施？

2. 创新能力

创新能力无论对于个体还是国家而言，都是竞争力的集中表现，它被认为是21世纪人才的关键特征。同时，随着经济的发展和企业之间市场竞争的加剧，管理者需要用更多新的战略、新的方法来指导企业发展。作为人力资源管理专业的学生，只有具备创新能力，才能在未来的发展中具有竞争力。然而，我国当下学生的创新能力普遍较为欠缺。为了扭转这一局面，课堂教学应着重培养学生的创新人格、创新思维以及创新实践能力。

在人类创造性心理的发展过程中，外因是创造性的环境，内因是创造性的心理结构。创造性心理结构的表达方式为：创造性人才＝创造性思维（智力因素）＋创造性人格（非智力因素），以此实现创造性的过程、产品和个体三者的统一。创新人格和创新思维被普遍认为是创造力的重要组成部分。创新人格是指高创造性个体在创造性行为中表现出的品质类型（Guilford，1950）；创新思维是指以感知、记忆、思考、联想、理解等能力为基础，以探索性、求新性、综合性为特征的心智活动，是多种思维形式特别是发散思维、辐合思维和重组思维高度结合的结果。如何培养学生的创新思维和人格，一直是教学改革的难点。教师需要营造创造性的环境，基于情境与问题引导学生积极思维，不断促进学生创新思维过程的表达。在教学中，虽然教师可以设置很多有利于学生创新的情境，但要真正培养学生的创新思维还是非常困难的，这需要学生进行长期锻炼。另外，教师需要帮助学生学会进行跨学科知识的结合来思考问题，从而激发学生的创新思维，培养其创新人格。

创新实践是创新人格和创新思维在实际解决问题中的具体表现，可以帮助学生将创新思维落地，产生有价值的创新性成果。因此，精心设计创新实践活动，让学生充分经历实践过程，是创新素养培养的重要措施。例如，在公共部门绩效管理这部分教学中，引入阅读材料《兰州试验》，兰州试验的第三方政府绩效评价在全国尚属首次，因此引导学生运用所学的知识分析兰州试验在哪些方面实现了创新。再比如，通过阅读材料《张勇的组织公平感》进行提问：为提高员工的组织公平感，我们在绩效管理中应该如何操作？你有什么新思路？在绩效指标设计阶段，组织学生为高校辅导员进行绩效指标设计等。这些环节的引入，都激发学生不断尝试各种切实可行的办法，但不过多关注学生实践结果的对错，而重视其在创新实践中的投入程度。绩效管理教学中，不仅要鼓励学生多思考，更要促使其将"金点子"落脚到实践中。倘若实践效果不理想，教师应及时进行辅导，帮助学生找出问题所在并共同解决问题，以免学生失去信心，抵触创新。

3. 沟通技能

良好的沟通能力有助于学生建立健康、积极的人际关系，同时，研究表明，沟通能力与学业成就、职业成就都密切相关。而高等教育阶段是培养学生沟通能力的关键时期，如何培养学生同理心、倾听理解和有效表达的能力，是进行教学设计需要考虑的重要内容。其中，倾听理解和有效表达是沟通的两个重要过程，需要语言能力、思维能力和社会能力的共同参与，而同理心则是促进有效沟通最为重要的一种社会情感能力。沟通能力对于人力资源管理从业者来说是最为关键的能力之一，对未来的职业发展有至关重要的作用。

同理心是指能体会他人的情绪和想法、理解他人的立场和感受，并站在他人的角度思考和处理问题的一种能力。同理心对于促进良好的人际关系的建立是必不可少的，是改善人际沟通的核心，因为它有助于培养人们之间的信任，促进更友好、更开放的关系的建立。在沟通中具有同理心，主要表现在可以尊重对方、理解对方的情绪和感受，可以将心比心、站在对方的立场上考虑问题，能够理解对方行为背后的逻辑和原因。在教学中，我们认为可以通过设定立场情境或互换学生的立场来培养其同理心。例如，通过阅读材料《新人绩效日志》，引导学生思考：如果你是这个新人，遇到以上迷茫的情况，你会如何做？如果你作为该新人的主管，你该如何培养新人？再比如，让 A、B 两位同学分别从组织绩效、个人绩效的角度分析案例《生产速冻食品的企业的绩效管理》，并试着总结和补充。

倾听的能力要求有专注的精神、注意分配能力、辨析能力及排除干扰能力，同时，在倾听的同时还能保持活跃的思维，对听到的信息进行加工和思考，从而达到能够理解其真实内容的目的；表达的能力是通过语言和非语言的途径而达到预期沟通的目标，使对方尽可能理解自己的真实意思。"绩效管理"课程改革中，提升倾听能力和表达能力需要注意以下两点：一是要改变传统的以教师讲授为中心的课堂教学模式，增加教师与学生的互动环节，让学生之间或教师与学生之间的沟通与讨论成为课堂活动的主要形式；二是提高项目制定学习、小组任务等实践活动的比例，让学生在真实的情境中打开沟通的"按钮"，学会理解与表达。例如，在绩效指标设计部分的教学设计中将学生分组，对北京师范大学教师的绩效考核指标，用三种方法为其赋权。请与小组进行讨论，三种方法有什么不同？同时，进行提问：听了 B 同学刚刚对于客观赋值法的观点，A 同学，你怎么认为呢？

4. 合作能力

合作是连接个人、组织乃至社会的纽带。特别是全球化的推进，将促使各个领域、各个国家进行合作。对于个人而言，处于合作氛围中不仅可以促使学生节约更多时间，还可以提升学习能力；对于组织而言，合作不仅可以提高团队产出，还可以使成员之间保持紧密和良好的关系；而对于社会，合作意识将会使社会更加和谐，形成文明友善的社会氛围。因此，对于年轻的学生来讲，合作是走入社会后必不可少的技能和素养。绩效管理主要通过小组合作探究，来培养学生的目标认同、责任分担、协商共赢等素质。

愿景认同是指学生认同小组或团队的目标和共同的价值信念，并用这个目标和信念促使小组或团队成员完成对应的任务。小组的愿景和目标是经过小组或团队成员的集体讨论形成的，为小组或团队的任务分配、发展提供方向，为其凝心聚力提供重要基础。只有每个小组成员都认可共同的愿景，并以之为激励自己行为的动力，才能激发出组织整体的潜力和工作效率以及个体的积极性和创造力，从而为目标的实现奠定基础。在教学中，主要通过学生自由组成小组，经过小组查阅资料和讨论确定小组选题，开题展示之后，继续进行实施推进。例如，经过绩效指标设计的学习，请同学们自由组成小组，讨论选定主体和主题，进行完整的绩效方案设计，并进行开题展示。

有了小组共同的目标，在合作的过程中必定需要成员根据自身角色和优势来分配任务。责任既要"分"，更要"担"，只有分工，无人承担和实施，那便失去了合作的意义。因此，合理的分工以及规划和任务协调能力就显得尤为重要，即一方面需要合理分配任务，设定、细化小组的目标并制定规划，另一方面则需监控进程并进行任务协调。责任分担是完成合作的重要环节，应重点培养学生的责任意识和担当精神，完成本职任务或工作。在教学中，要求学生每组推选一位组长，组长需要负责分配任务，并在班级内进行公示；同时，组长也需要监控每人的完成情况，以每周为周期向助教汇报小组的总体进展和具体的成员个人的工作进展情况。

平等协商的过程是有序合作和高效合作的前提。当小组内出现意见不一致时，通过平等和尊重的方式进行协商，选择可以接受的解决方案，有效推进小组工作进程，实现个人和组织的共同进步。在协商层面上，小组要发挥"5C"模型中的沟通素养，运用沟通技巧，将沟通和合作两大素养结合起来；在共赢层面上，绩效管理课程要求小组在完成小组任务的同时，还需要建立小组绩效指标和成员个人绩效指标，通过他评和自评的方式以及横向对比，了解小组整体和成员个人的任务完成效果，真正达到进步，实现共赢。在教学中，要求小组会议必须进行记录并提交相关记录材料。并且，请每组设计出小组总体绩效指标和成员个人绩效指标，在学期末根据指标评估成果，并提交评估报告。

三、素养

1. 文化素养

文化素养承担着价值枢纽的功能。在教学中有意识地培养学生对于文化的认同能力，有助于学生形成正确的价值观，理解、弘扬中华民族优秀文化，培养学生的家国情怀。在此基础上，还可以引导学生进行跨文化的思考和交流，以国际视野看待不同民族的文化。从"绩效管理"的教学改革来看，培养学生的文化素养需要从课堂的理论和实践教学中点滴渗入。本章结合绩效管理的教学改革实际将文化素养具体归结为文化理解与认同、文化践行两个方面。

文化理解是指对文化的基本内涵、特征及其历史渊源和发展脉络，不同文化的共性与差异及其相互影响，能进行体验、认知和反思。对于文化的理解和认同是文化践行的基础，只有对文化有理性的理解、自觉的认同，才能实现文化的传承与发展，才能将文化内化到行动之中。对于文化的理解和认同不仅仅包含对本民族文化的思考和认知，还包括对其他民族文化的包容与理解，并且能够保持鉴别、接纳的态度以及对本民族的文化自信。在教学中渗透文化意识，有助于学生传承、发扬本国优秀文化，并在与他国文化的比较中了解其他国家、地区的文化，理解、包容不同文化间的差异，从而形成跨文化视野和思维，具备跨文化交流的能力。在"绩效管理"课堂中，我们通过对两国或多国的绩效管理制度的对比，使学生理解不同绩效管理制度背后的文化内涵和原因，并且找出文化差异导致的绩效管理制度有何不同，进行对比，了解差异。通过绩效管理的各个章节，教师组织学生对不同国家进行文献的研读和案例的讨论，从而深入地将我国与他国特别是英美国家的文化和绩效管理进行比较，向学生阐明在绩效管理的学习过程中要从不同文化和背景的角度思考，培养学生跨文化理解的能力。例如，在公共部门绩效管理的教学中，课堂中发放案例《欧盟国家公共部门通用评估框架评介》，要求学生对比中国公共部门的绩效评估框架实例，找出两者差异；组织学生阅读并讨论《中外企业绩效管理的比较研究及对策探析》《探讨中外绩效管理的文化根基》《基于不同文化的企业绩效管理比较与借鉴》等论文，分小组探讨其差异的文化根源，并进行汇报。

文化践行是从文化理解、文化认同落实到具体的实践层面的过程。在教学中，"绩效管理"课程需注重国内学生与国外学生的共同交流，并且设计相关实例来帮助学生将对文化的理解转为对绩效管理的设计与实践。特别是，绩效管理通过留学生和中国学生交叉组成小组的形式，促进了文化间的交流和碰撞，使每个学生都有体会和比较不同国家文化的机会。通过实际操作和思考，将会深化学生对于绩效管理需不同文化背景的意识，提升学生进行跨文化交流的素养以及在不同文化背景下进行绩效管理实操的能力。例如，基于案例背景，要求学生思考在中外合资企业中，对于中国人和外国人的绩效考核体系需要有所区别吗？请举出实例或为他们设计绩效考核指标。

2. 战略素养

战略素养是指个体在实践经验基础上所积累起来的对战略问题进行理解、判断、预见、规划和执行的综合素质与能力。而针对管理者而言，战略素养是指能够从战略高度展望企业发展前景，着眼企业长远发展方向，确保企业发展不出现战略性、方向性的决策失误。优秀的管理者应该是组织战略的谋划者与决策者，能够深谋远虑。所谓深谋，即深度筹谋策划。管理者要始终牢记组织的战略使命，以组织发展的战略目标为导向，立足组织所从事的行业领域，结合自身发展前景，为组织指明战略目标，规划组织的战略发展路径。所谓远虑，指管理者要为实现企业战略使命和战略目标做长远考量，通过一系列战略层面的思考、谋划、选择、决策，制定战略规划，并进行周密部署。

人力资源管理专业的学生所需培养的战略素养，就是能结合组织战略制定人力资源管理策略、方法，结合组织的自身特点和人才市场环境制定人力资源规划，进行招聘、培训、绩效、薪酬、员工关系等方面的工作。绩效管理本身更注重战略目标的动态考核体系发展，绩效考核的指标来源之一也是企业的战略，并且绩效管理也正是一门着重培养学生同时考虑组织战略和实际情况的能力课程。因此，在教学中，教师需要在教学环节着重讲解战略与相关教学内容的关系，并通过实战来锻炼学生的战略素养。例如，在关于绩效指标设计的教学中，要求学生阅读文献《绩效指标体系设计中的跨层次整合》，回答战略目标是如何转化为绩效指标的。

3. 管理素养

管理素养是作为组织规范运行和发展的负责人所需具备的个体素质和能力，是指管理者的管理思维、管理能力、管理方法、管理影响力等多方面，包括科学管理、民主管理、依法管理的综合素养。管理者的素质、观念、行为方式、方法都要与时俱进，力求提高。人力资源管理专业的学生将来可能绝大多数都会走向管理岗位，学会管理方法、形成管理思维对于他们来说刻不容缓。"绩效管理"课程实质上也是一门管理方法课，在课堂上有意识地锻炼这种管理思维，对培养学生的管理素养可以起到非常大的作用。比如，从一些经典管理案例中让学生体会管理的魅力，推选小组长让学生亲身体会和提高领导力等。阅读案例《GE不玩绩效考核了，谷歌为何依然继续？》，回答问题"谷歌的绩效管理模式给你什么启发？"阅读案例《组织沉默与沟通》，思考如何减少组织沉默行为。

第四节 "KSP 模型"下"绩效管理"课程改革效果评估

在教学实践中，学生的态度、知识和技能得到了培养和锻炼。那么，如何评估这些教学改革实践是否有效？如何判断学生培养的真实情况？如图8-2所示为某学生的"KSP模型"素养评估框架。每个学生的评估都由小组评估和个人评估共同组成。

小组评估材料为小组任务计划、计划分工说明、任务完成情况。个人评估材料为个人任务材料、个人反思内容、个人课堂发言、组内分工完成情况、组内讨论发言以及组间评价发言。评估时依据"KSP模型"各素养要素和问题情境的完成要求，结合学生的行为表现，由教师采用语义分析与观察分析的方法，评定该学生的个人素养。之后，教师根据评价结果提供有针对性的迁移训练，从而达到促进学生核心素养发展的目的。

例如，在对某同学素养的小组评估中，通过对小组任务计划、计划分工说明、任务完成情况进行语义分析，发现小组计划中目标明确，小组分工合理，那么就认为这体现了技能中的合作能力。在对个人素养的评估中发现，个人任务重视文化背景分析，能够结合国家文化和企业文化，则认为这体现了素养维度中的文化素养；通过语义分析发现，某同学在小组讨论阶段的发言为"可以尝试其他方法来评估该组织的绩效"，这是该同学创新能力的体

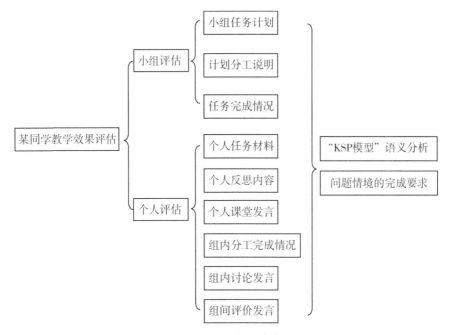

图 8-2 某同学"KSP 模型"素养评估框架

现。总之，教师通过分析和统计某同学小组任务计划、计划分工说明、任务完成情况，来给出该同学的小组评估结果；根据个人任务材料、个人反思内容、个人课堂发言、组内分工完成情况、组内讨论发言以及组间评价发言的分析和统计结果，来给出该同学的个人评估结果。

第五节 "KSP 模型"下"绩效管理"课程改革后的优势和特色分析

一、优势和特色分析

1. 能力导向

与传统的"绩效管理"课程仅对学生笔头上的能力考核相区别，"KSP 模型"下的"绩效管理"课程教学改革更能看到学生技能和素养上的提升，有助于学生发展符合社会所需要的各项能力。教学内容的重新整合和设计都是围绕着学生知识、技能、素养来展开，以培养学生能力为导向。

2. 案例教学占比大

除了教授理论知识外，"KSP 模型"下的绩效管理课程更注重在每个理论模型后接入案例来使学生更加"吃透"理论，从而能够更好地运用各种绩效管理方法。另外，每个案例的设计也是以培养学生的"KSP 模型"的知识、技能、素养为目标，选择贴近该领域最新发展动态或具有实际意义的案例，具有很好的嵌入性和延展性。案例的教学过程中，注重激发同学的学习积极性与主动性，激励同学自主创新、自由发挥、广泛参与，保证了学生的学习效果，使学生的应用能力得到提升。

3. 突出学术性和应用性

"绩效管理"是一门理论性很强的课程，有众多的绩效管理理论、绩效管理模型、绩效管理设计方法。经过对教学内容的重新组织，在讲授这些理论时，突出学术特点，对理论和模型的来龙去脉进行阐析。同时，"绩效管理"又是一门应用性很强的课程，需要"实践出真知"，理论经过应用才能加深理解和掌握。尤其是在"KSP 模型"的指导下，只有通过学术性和应用性紧密结合的方式，才能使学生的综合素质和能力得到提升。

4. 评价体系设计合理

课程评价分为平时考查（包括教学参与、个人作业、团队展示、团队作业、期末论文）与期末考核（期末开卷考试）两部分，实现了评价的针对性和过程化。尤其在小组任务中，采取了学生自己设计绩效指标，利用学生自评、互评与教授专家评分相结合的评价形式，公平合理，形成了较科学、合理和有效的评价机制。另外，针对"KSP 模型"，也有对应小组评估和个人评估相结合的评估机制，从而实现从理论和能力两方面对学生进行评价和提升。

5. 融入公共管理体系之中

本课程是在政府管理学院的指导下开设的，培养方案要求学生"拥有攻读国内外一流大学研究生学位以及胜任中央部委和地方政府机关、国有和民营企业、营利和非营利组织人力资源管理工作的厚实基础"，旨在培养具有公共管理能力的人力资源管理人才。因此，结合"KSP 模型"，绩效管理将绩效的更多应用置于公共管理的场景之下，更加偏向于提升学生在公共管理范畴内的五大核心素养，为学生的就业指引方向、奠定基础。

二、课程改革结语

"KSP 模型"下的"绩效管理"课程教学改革，改变了以往课程的枯燥性、单一性、成绩导向性，更注重学生技能、核心素养以及人格和能力的培养。课堂上，教师和学生有更多的时间去开展个性化的教学和应用，能够促进每位学生的发展。而课后，学生有更多的精力去进行个人实践和小组团队实践。在"KSP 模型"的指导下，教学总体上以尊重学生主体地位为原则，把握学生的思维特点，引入问题和情境使学生产生认知冲突，激发学生探究问题本源的欲望与好奇心，构建合作开放式的教学模式。然而，该模型下的"绩效管理"课程教学改革还存在以下两方面的问题：第一，仍然较多地停留在案例层面来进行理论的应用，无法深入企业或公共管理部门进行实地学习和考察，学生的实践能力和素养提升仍然受到一定的局限；第二，素养的提升还无法进行量化，需要研究具体的可操作性指标来引导学生，指明需要努力的方向。

总之，在"KSP 模型"的指导下，"绩效管理"课程更加具有趣味性和实用性，对学生的吸引力也大大提高，教学效果得到了很大的提升。未来，需要进一步完善教学方式，运用更加创新和前沿的方法，培养学生的各项素养和能力，使"绩效管理"课程成为真正有内容、有质量、有创新、有趣味的课程。

参考文献

[1]刘黎黎，冯美美.《绩效管理》课程的教学"绩效"分析[J]. 吉林工程技术师范学院学报，2019，35(1)：85-87.

[2]廉冰. 智慧图书馆背景下"KSP 模型"在馆员培养中的应用分析[J]. 图书馆学刊，2020，42(8)：17-22.

[3]林崇德. 创造性心理学[M]. 北京：北京师范大学出版社，2018.

[4]Guilford J P. Creativity[J]. American psychologist，1950，5(9)：444-454.

[5]瓦格纳. 教育大未来[M]. 海口：南海出版社，2015.

[6]廖吉喆. 战略素养之养成[N]. 学习时报，2019-05-06.

第九章
"薪酬管理"教学改革

王昌海

　　"薪酬管理"是人力资源管理体系中专业性较强、对操作性要求较高的重要模块，也是人力资源管理本科专业的核心课程。为达到"薪酬管理"课程的教学目标，以更好地适应用人单位的需求，必须对传统的教学方式与教学理念进行改革。本章结合真实案例，详细讲解薪酬管理方法与技能的使用；通过问题引导教学，鼓励学生自主学习并参与任务设计；指导学生开展实际调研并撰写调研报告，深化对理论和实践关系的认识。新的教学模式改变了传统教学以教师为主的"填鸭式"教学方式，发挥同学们主动学习、积极探究的力量，显著提升了课程的实践性与操作性，使学生真正成为课堂的主体和学习的主角。

第一节　课程概要

一、"薪酬管理"课程简介

1. 薪酬管理的概念

　　薪酬管理是指组织在其经营战略和发展规划的指导下，在综合考虑各种内外部影响因素的基础上，确定自身薪酬战略、薪酬政策与薪酬结构并对其进行调整与控制的过程。

2."薪酬管理"课程的内容

"薪酬管理"课程包括薪酬的基础理论与薪酬管理的基本概念、工资理论以及制定工资制度的基本原则、薪酬调查方法及其应用、岗位分析的方法及其应用、企业福利与企业薪酬战略介绍等基本教学内容。

3."薪酬管理"课程的目标

"薪酬管理"课程的教学目标主要包括以下三点:第一,通过讲解薪酬管理相关概念与理论,使学生了解薪酬及薪酬管理在人力资源管理以及组织发展中的意义;第二,通过讲解薪酬管理相关知识与方法,使学生理解薪酬与薪酬管理的基本内容并掌握薪酬管理常用的技术和方法;第三,通过开展课程相关方法的实践训练,使学生将课程所学知识与方法应用于实践,从而能够在就业后为组织决策提供方案。

二、"薪酬管理"课程的定位与意义

"薪酬管理"课程是高校人力资源管理专业、公管事业管理专业及劳动与社会保障专业的核心课程。课程教学内容既是人力资源管理职能的重要模块之一,与人力资源管理其他模块的设计与运行紧密相关;也是人力资源管理职业能力构成的核心内容。"薪酬管理"课程教学改革及教学效果的提升,对于提升学生的人力资源管理知识水平和专业技能都具有重要意义。

有效的薪酬管理具有重要意义,首先,有助于吸引和留住人才,激发组织的核心人才与科技竞争力;其次,能够协调企业人力资源的总体发展战略,进而推动和支持组织战略目标的实现;最后,能调节劳资关系,形成和谐稳定的组织关系和社会关系。

三、"薪酬管理"课程教学存在的问题

近年来,我国学者非常重视"薪酬管理"课程的教学改革与研究,对于如何提高教学设计的结构性与实践性做出了一些探索,如项目化教学等,但总体上高校在"薪酬管理"课程的教学上仍然存在一些问题与难点。

1. 教学偏重理论，缺乏操作性

"薪酬管理"是实践性和应用性非常强的一门课程，需要学生真正掌握专业的操作方法。然而，目前国内不少高校在教学过程中侧重于理论与概念的介绍，学生在课堂中能够侃侃而谈，考试中也能取得满意的成绩，但对于在实践中如何操作缺乏了解，就业后面对具体的薪酬管理问题一筹莫展，没有能力和底气改变组织中薪酬管理的弊端，只能沿袭组织中的传统做法，或者通过付出高昂的个人和组织试错成本。

2. 授课教师缺乏实践经验

目前，高校薪酬管理课程的授课教师大多数接受过系统的人力资源管理专业学习与训练，在学术上通常也都有自己的专业研究领域，但是大部分教师的学习与工作经历都在学校中度过，一些教师通过科研和咨询等对组织人力资源实际运行有了实地了解。但由于薪酬管理的敏感性、复杂性和情境性，不少教授该课程的教师难有机会开展实地设计组织的薪酬体系、开展薪酬管理、处理薪酬问题，缺少实践经验和体验，教学时只能从理论扩展到理论，无法有效地开展课堂实训项目与提升学生的操作能力。

3. 教学内容滞后，无法满足需求

"薪酬管理"是人力资源管理专业一门核心课程，当前的人力资源管理行业是一个快速发展的行业，人才的具体需求、组织的薪酬激励都在快速发生变化，这就要求课程的教学内容要及时体现这种变化。然而，教材的编制与出版需要较长周期，课程设计与调整也需要一定的时间，最终导致课堂讲授内容往往滞后于实践。此外，缺乏实践经验的教师无法获得与市场紧密结合的特色案例，不能在课堂中及时补充前沿的方法与理念，而是依赖于课本中更新缓慢的案例与教学内容，这使学生难以适应和满足用人单位的需求。

第二节　教学改革内容与措施

为了达到"薪酬管理"课程的教学目标，使学生能够更好地适应用人单位的需求，必须对传统的教学方式与教学理念进行改革，弥补国内高校在"薪酬管理"课程教学上存在的不足。基于本校教学实践的检验，我们认为以下三种教学改革与创新做法值得借鉴。

一、结合真实案例，详细讲解薪酬管理方法与技能的使用

案例教学法是在教师的指导下，根据教学目标和内容的需要，利用典型案例组织学生进行学习、研究以锻炼学生的分析、归纳、总结能力的一种准实践的教学方法。"薪酬管理"课程的案例教学，就是教师通过具体的教学案例，让学生置身于具体的事件中，积极思考、亲身探索、学习领会，以增强薪酬管理实际工作能力的一种教学方法。目前，案例教学法在"薪酬管理"课程中已经得到了广泛的应用，但仍然有大部分的课程没有得到预期的教学效果，问题的关键在于要把握好以下两点。

1. 教师应结合经验进行讲解

案例教学法要求教师既要有渊博的知识与教学经历，又要具备丰富的实践经验，能够做到理论与实践融会贯通，共同服务于课堂教学。案例教学的过程中，教师是整个教学的主导者，掌握着教学进程，担负着引导学生思考、组织小组讨论、进行归纳总结等教学工作。在案例讨论与课堂发言阶段，教师既要引导学生在薪酬管理的知识框架内思考，又要关注和发现过程中的细节，以适时地对学生进行点化与指导。而在总结与点评阶段，教师必须通过学生的发言了解讨论的效果，及时发现学生忽视的细节，引导学生将案例与理论结合起来，形成自己的观点。

在整个案例教学过程中，教师围绕一个案例进行详细的讲解与操作演示，这要求教师必须熟悉薪酬管理的所有部分并且了解每一项工作的具体操作细节。教师只有具备实践经验，对薪酬管理相关方法与操作细节非常熟悉，才能够将理论内容与实践操作融合在一起，才能够在吸引学生兴趣并激发学生参与积极性的基础上，向学生传授基础理论与实际操作要点，从而加深学生对薪酬管理相关知识与方法的理解和掌握。

2. 案例应精心选择与设计

案例教学的核心在于案例资料的选择，为使案例教学法在"薪酬管理"课程教学中取得好的成效，教师一定要精心选择和设计案例。

(1)案例要具有适应性

首先，案例要与教学内容相适应，即按照专业人才所必须掌握的基本

知识、理论与技能的要求，选择和设计案例。"薪酬管理"课程教学选择的案例要有利于学生掌握薪酬与薪酬管理的基本知识以及相关的方法。其次，案例要与教学目标相适应。案例教学的目的不在于寻找正确的答案，而是重视案例分析的思考过程。学生在复杂案例的分析过程中，经过不断地思考、归纳和领悟，可以形成一套独特的、适合自己的思维方式和学习方法。另外，通过典型案例剖析，应清楚地展现想要说明的理论知识和想要演示的方法与流程，以达到预设的教学目标。最后，案例要与学生偏好相适应。案例教学的一大优点就是能够吸引学生的兴趣，激发学生的参与积极性。但要想学生发自内心地感兴趣，所选择的案例最好与学生的喜好和时代特征相适应。

（2）案例要具有新颖性

"薪酬管理"是建立在实践基础上的一门课程，不论是宏观上国家分配制度的变化，还是微观上企业薪酬体系与薪酬理念的调整，都会对薪酬管理的方法和手段产生影响。因此，教师所选择的案例也应该反映这种变化。教科书上的案例往往具有滞后性，教师应该结合自身实践经历或者凭借对市场的关注来选择更为新颖的案例，为学生介绍前沿的、被广泛应用的薪酬管理理念与方法。

【教学实例】

利用要素计点法进行岗位评价

在课堂教学中，通过教师给企业开展薪酬咨询的实际案例，展示薪酬管理中如何运用要素计点法来进行科学规范、操作便捷的岗位评价。本案例分析将详细介绍实用的操作细节，以帮助学生掌握并学会这种方法。

第一步：讲授要素计点法的概念与操作流程。在课程开始时，向学生介绍要素计点法的概念及操作步骤，让学生初步掌握要素计点法的相关理论知识。

①概念。要素计点法指通过对岗位进行特征分析，选择一组通用性评价指标并详细定义其等级，将所评价岗位依据各个指标进行打分后汇总得出岗位总分，并以此标准衡量岗位相对价值的一种方法。

②操作步骤。确定评价范围，进行职位分析，选取报酬要素，建立指标

等级定义，赋予指标权重，确定要素等级的点数，标杆岗位试测，方案修正，方案推广。

第二步：结合实例进行操作示范与详细讲解。运用接触过的实例（对某集团招聘与培训专员一职进行评价），进行要素计点法操作步骤的演示，并重点介绍细节与难点所在。以下展示要素计点法的核心步骤（以岗位职责这一维度为例）。

①选取报酬要素。报酬要素指在一个组织中，对多种不同岗位都具有价值，并且有助于实现组织战略的一些特征。教师需要介绍报酬要素的概念及企业选择报酬要素的标准，要让学生意识到报酬要素对于强化组织战略的重要作用，重视并学会选择报酬要素的方法。

选定对这一岗位进行评价的四维报酬要素：岗位职责、专业背景、沟通协调、概念性能力。其中，岗位职责报酬要素定义表如表9-1所示。

表9-1 岗位职责报酬要素定义表

报酬要素名称	报酬要素定义
监管责任	考察被评估岗位在监督管理方面所负有的责任。从下属人员的种类和下属人员（直接下属和间接下属）的数量两个维度进行考察
决策自由度	考察被评估岗位在行使决策权时被上级授予的权限，以及其最终决策对各项工作所产生影响的广度和深度
风险影响	考察岗位任职者在履行岗位职责的过程中，由于失误而可能给公司造成的最大影响度

②建立指标等级定义。每一种报酬要素的等级数量与所有被评价职位在此报酬要素上的差异大小呈正相关，差异越大，数量应设置越多。监管责任报酬要素的等级界定如表9-2所示。

表9-2 报酬要素的等级界定（监管责任）

A	没有监督、管理人员的职责
B	在部门内有专业指导职责
C	直接监督、指导基层员工的工作
D	监督、指导二级部门主管
E	监督、指导二级部门经理
F	管理多个运营单位或职能机构

③赋予指标权重。权重代表不同的报酬要素对总体岗位评价结果的贡献程度或其所扮演角色的重要程度，如表9-3所示。确定不同报酬要素所占权重时主要有经验法和统计法两种方法。经验法是指按照管理人员达成的共识进行权重设置，统计法则是运用统计技术确定权重。教师要向学生分别说明如何运用这两种方法并进行示范。

表9-3 报酬要素及其权重分布

报酬要素	监管责任	决策自由度	风险影响	合计
权重	45%	30%	25%	100%

④确定要素等级点数。确定要素权重后，需要确定岗位评价体系的点数，并确定每种要素在不同等级上的点值(如表9-4所示)。在这一步骤中，要向学生介绍通常使用的几何方法和算术方法，并对这两种方法的内容与优缺点进行讲解。

表9-4 报酬要素等级的点数(监管责任)

报酬要素等级	点数
A	40
B	80
C	120
D	160
E	200
F	240

⑤形成综合评价表。指导学生仿照上述步骤，对决策自由度、风险影响进行等级界定、权重赋予及点数确定，最终汇总形成岗位职责评价表(如表9-5所示)。

⑥岗位评价过程。同样，将专业背景、沟通协调、概念性能力三个维度按照上述步骤进行操作，形成这三个维度的评价表，最终制定招聘与培训专员岗位评价表(如表9-6所示)。之后找到每个维度的定位并进行分数计算，得出最终评价。

表9-5 岗位职责评价表

决策自由度		监管责任等级及其风险影响																							
		A 没有监督、管理人员的职责				B 在部门内有专业指导职责				C 直接监督、指导基层员工的工作				D 监督、指导二级部门主管				E 监督、指导二级部门经理				F 管理多个运营单位或职能机构			
		a	b	c	d	a	b	c	d	a	b	c	d	a	b	c	d	a	b	c	d	a	b	c	d
1	严格照规执行	100	160	230	300	200	260	330	400	300	360	430	500	400	460	530	600	500	560	630	700	600	660	730	800
2	受控制的	140	200	270	340	240	300	370	440	340	400	470	540	440	500	570	640	540	600	670	740	640	700	770	840
3	接受指导	180	240	310	380	280	340	410	480	380	440	510	580	480	540	610	680	580	640	710	780	680	740	810	880
4	接受方向性指导	220	280	350	420	320	380	450	520	420	480	550	620	520	580	650	720	620	680	750	820	720	780	850	920
5	战略指引	260	320	390	460	360	420	490	560	460	520	590	660	560	620	690	760	660	720	790	860	760	820	890	960
6	无指引	300	360	430	500	400	460	530	600	500	560	630	700	600	660	730	800	700	760	830	900	800	860	930	1000

表 9-6　岗位评价表

职位	岗位职责		专业背景		沟通协调		概念性能力		总分
	定位	分数	定位	分数	定位	分数	定位	分数	
培训专员	Aa3	180	—	—	—	—	—	—	—

注：岗位评价总分＝岗位职责得分×权重1＋专业背景得分×权重2＋沟通协调得分×权重3＋问题解决能力得分×权重4。

二、问题引导教学，鼓励学生自主学习并参与任务设计

美国当代著名认知教育心理学家布鲁纳认为，学生获得知识的关键在于内部认知过程，因此他提出了问题教学法，主张通过创设问题情境，促使学习者进行独立学习与思考，自行掌握知识并解决问题。目前，通过设置一定的问题情境引导课堂教学的方式已经得到了广泛运用。这种方式不仅能够激发学生的探究动机和兴趣，而且有助于培养学生创新方法和科学探究的能力，学生在解决问题的过程中构建知识结构并获得新知。

在"薪酬管理"的课程教学中，这种方法同样非常有效，但是在进行问题引导教学的前提下，加入对比分析教学可以获得更好的教学效果，加深学生对于课堂内容的理解。接下来以薪酬设计与薪酬激励教学为例进行说明，如图 9-1 所示。

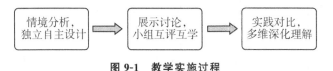

情境分析，独立自主设计 → 展示讨论，小组互评互学 → 实践对比，多维深化理解

图 9-1　教学实施过程

1. 情境分析，独立自主设计

课程开始时，教师即抛出设置的情境问题，促使学生独立思考并提出解决方案。这需要教师在真实的社会生活中进行提炼与选取，进而有意识地创设适当的情境，并将问题情境化，促使学生去探求问题的解决方案。例如，在薪酬设计与薪酬激励内容的教学过程中，教师在课程一开始就提出"如何让农场工人采摘更多的草莓"的情境问题，引导学生一起走入这个情境并发现园主所设置的工资制度中存在的问题。进而鼓励并要求学生在查阅相关资料的基础上自主设计薪酬体系与激励方案，以帮助园主解决问题并一步步提高采摘工人的生产率。

【情境问题】

如何让农场工人采摘更多的草莓

刚开始，园主一直采用计件工资率。史密斯园主每日尝试调整工资率，使得工资适当而从不慷慨：采摘工采得越多，工资率越低。但是工人互相盯着，确保没有人采摘太快从而集体放慢采摘速度并推高工资率，从而智胜园主。经济学家班迪耶拉（Bandiera）和她的同事们提出了一种新的方法来调整工资率，使工人们无法通过集体怠工来影响工资率，新的薪酬方案令劳动生产率提高了50%左右。

第二年夏季，研究员将注意力转向低层级经理的激励机制。研究员发现，经理倾向于安排朋友采摘最容易的地段。这样内部人员工作舒适却收益不高。于是，研究员设计了一项新的薪酬政策。结果，经理开始偏向最好的工人而不是他们自己的朋友，生产率再提高20%。

又一年夏季，经济学家提出一个"比赛"方案，他们公布名次表，然后给产量最高的组发奖金。这时，工人们放弃了与朋友结组的方式，转而与最能干而又肯接纳他们的工友组成一组。结果，活干得最快的工人组合在了一起，生产率又提高了20%。

问题：

（1）案例中班迪耶拉和她的同事们提出的方法，使劳动生产率提高了50%左右。请问：你会如何设计这一方法？

（2）针对基层管理者的问题，如何通过薪酬设计来解决？

2.展示讨论，小组互评互学

在学生进行充分独立思考并形成自己的设计方案后，组织学生以小组形式进行方案展示与讨论。这一环节的设置是让学生们互相取长补短，让他人指出自己忽略的问题与要点并纠正存在的不足之处。相较于教师直接点评，学生互评与互学的方式更能够让他们吸纳改进意见，并且有时学生会发现更细节的问题，进而提出更全面、更有针对性的意见。

3.实践对比，多维深化理解

在完成自主设计和学生互补的环节之后，教师提供实际采用的薪酬设计方式。通过学生方案与实践方案的对比分析，和学生一起发现他们所设计方案存在的不足，在帮助学生认清问题所在之后，教师针对具体的问题进行讲解并提出优化建议。最后，教师对整个学习过程进行总结与点评，重申课程内容的重点与学生们容易犯错的难点，还要对学生们的积极参与和探究学习进行表扬和鼓励。这不仅能够进一步激发学生们参与课程互动的积极性，而且从多个层面加深了学生对如何进行薪酬体系设计，以及如何通过薪酬实施有效激励的认识，也就实现了课程的教学目标。

三、开展实际调研，要求学生通过调研加深理论认识

相对于建设实训基地、联系实习资源等长期性的努力，组织学生进行实地调研是一种较为快速和简单易行的实践方式。学生通过对感兴趣的问题进行调研，不仅可以自己探究出问题的答案，而且能够对此问题的社会现状进行调查了解，进而基于实践和理论的双重认知提出相应的调整建议。例如，在开展薪酬战略相关内容的教学时，通过鼓励学生开展以基于雇佣关系的教师薪酬战略为主题的调研活动，让学生明确并学会判断不同的薪酬类型。

1. 理论介绍

基于雇佣关系的薪酬战略理论认为，在隐含的雇佣关系里，薪酬采取交易收益和关联收益两种形式。其中，交易收益是指员工从组织工作中得到的现金和福利形式，类似经济性报酬；关联收益则指员工从组织工作中获得的心理满足感，以及在与其他人的关联中得到的社会满足感。按照这两个维度，可以将组织的薪酬类型划分为四类，如图 9-2 所示。

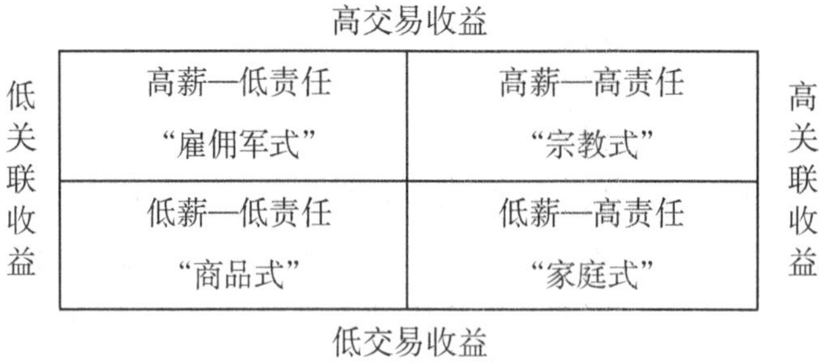

高交易收益

	高薪—低责任 "雇佣军式"	高薪—高责任 "宗教式"	
低关联收益			高关联收益
	低薪—低责任 "商品式"	低薪—高责任 "家庭式"	

低交易收益

图 9-2 基于雇佣关系的薪酬战略理论

2. 组织调研

在进行相关理论学习后，鼓励学生开展某学校教师的薪酬战略调研，且依据所学理论对该调研对象所属薪酬战略类型做出有依据、有逻辑的判断，

并基于理论和实践提出调整建议。要求学生自主选择调研地点、使用调研方法、设置调研问题并最终形成调研报告。

经过实地调研,学生们得出自己的调研结果。某学生根据其对 Z 市某校所做的调研,判断该校教师和学校之间的雇佣关系类型更接近于低交易收益、高关联收益的"家庭式"。而另一位同学根据所做调研,判断黑龙江某中学教师与学校的交易模式接近"宗教式"……结论有差异是正常的,重要的是学生在调研问题的设置、调研资料的收集以及调研结果的判断过程中,对基于雇佣关系的薪酬战略理论的理解与掌握进一步加深,并且在理论基础上结合现实提出了调整教师薪资战略的建议。这一过程不仅锻炼了学生开展调查研究的能力,同时也促使学生通过与人沟通交流得到需要的研究资料,更让学生在实践的过程中学会让理论为我所用,真正将知识内化并转化为能力。

第三节 育人效果

新的教学方式改变了传统教学以教师为主的"填鸭式"教学,不仅让学生成为课堂的主角,发挥了他们主动学习、主动探究的力量,而且极大地提高了课程的实践性与操作性,让学生不再"高分低能"。具体而言,"薪酬管理"课程教学方式的改革达到了以下育人效果。

一、分散考试压力,学生成绩得到提高

传统的教学方式偏重于理论学习,课程的考核方式也多为期中、期末考试,考试内容多为客观题,而且高校课程设置往往将考试集中在放假前的某一周,这导致学生经常在考试周熬夜复习与背诵理论知识。学生从平时轻松的学习状态进入魔鬼考试周,学习压力骤增,高压与熬夜也对身心健康产生了十分不利的影响。最重要的是这种方式并不能收到真正的学习效果,学生的能力并不能得到真正提升。而新的教学方式注重过程学习,将课程考查分散在平时,如参与课堂讨论、薪酬设计方案展示等,大大缓解了期末考试的压力。并且新的薪酬管理课程教学更加注重学生真正学有所得、学以致用,而不仅仅是掌握理论内容,因此考核方式大多转化为主观题考查或调研报告等较为开放的形式。这样一来,学生无须死记硬背,只需在课程中用心学习并认真完成平时作业即可。在这一过程中,学生的专业素养得到了提高,成绩自然也就随之提高。

二、提高学习主动性，加深对知识的理解

传统的教学方式以教师为中心，教师在课堂上滔滔不绝，而学生只是被动地接受知识。新的"薪酬管理"课程教学模式通过各种方式激发学生的参与兴趣，让学生成为课堂的中心，引导学生积极主动地查阅资料以辅助学习，鼓励学生在讨论交流中集思广益、在自主思考中拓宽思维深度、在实地调研过程中运用所学。在这一过程中，学生凭借渴求知识与寻求答案的强大内驱力推动自己持续学习和不断努力，最终不仅提高了学习效率和学习质量，而且形成了一套适合自己的学习方法和思考方式，为今后的学习与工作打下了良好的基础。

三、注重实践教学，学生综合能力提升

新的教学方式主张选取真实且新颖的案例进行详细讲解，鼓励学生开展实践调研并根据实际提出调整方案，在课堂讲授过程中注重锻炼学生分析问题、解决问题的能力等，这些教学改革与努力都在尽力提升薪酬管理课程教学的实践性和可操作性，以培养学生从事实际工作的能力；同时，新的教学方式不忽视基础理论知识，以情境问题引导教学，提倡独立思考与自主创新，这些能够帮助学生夯实理论基础，锻炼敢于提问且自信交流的能力。总的来说，对标实践并注重基础的教学方式，对于提升学生的综合能力具有重要的促进作用。

参考文献

[1]刘昕.薪酬管理[M].第6版.北京：中国人民大学出版社，2021.

[2]米尔科维奇.薪酬管理[M].第11版.北京：中国人民大学出版社，2014.

[3]史蒂文·克尔.薪酬与激励[M].北京：机械工业出版社，2005.

[4]巴里·格哈特.薪酬管理——理论、证据与战略意义[M].上海：上海财经大学出版社，2005.

第十章
"培训与开发"课程教学研究：基于名企实践的教学改革

关晓宇　杨子萱

在"以学生为主体"的教学理念指导下，以知识、理念、技能和能力四个方面为切入点，以名企实践为主要教学模式，通过翻转课堂与案例融入教学等方式调动学生学习的主动性和积极性，并在实际教学过程中，挖掘课程思政元素，充分发挥"培训与生涯规划"课程"第二课堂"的作用，将思政教育"润物无声"地融入课堂教学中，据此开展人力资源管理专业本科生"培训与开发"课程的教学改革。在此基础上，对在校本科生开展调查，对学生课程体验的综合性评价结果进行总结，不断提高名企实践和职业生涯规划课程体系的匹配度和融合度，并进一步完善和优化教学路径。

第一节　课程概要

一、"培训与开发"课程概述

培训与开发是现代组织人力资源管理的重要组成部分。随着社会的不断发展，组织对人才的需求也逐渐显现，组织的成功越来越依赖于员工学习和转化新知识、新信息的速度和质量。只有不断地对员工进行培训、开发员工潜力、提升员工自身素质，才能更好地帮助组织达成战略目标，维持组织生命力，赢得竞争优势。

员工培训是组织为了让员工更好地适应组织的需求与发展，对员工的价值观念、知识技能、素质素养和行为规范开展的学习活动。员工开发是现代人力资源管理与传统人力资源管理的最主要区别，"开发"是对泰勒的人力资源五原理（作业标准化、培训与甄选、奖惩与晋升淘汰、管理人员与操作人员的合作均分责任、管理的政策性）的发展、延伸与深化。员工开发是为了挖掘组织内部已有人力资源的潜力，将其转化为能为组织带来更大价值的人力资本，以寻求更好的发展。

对员工进行培训与开发是为了更好地提升员工的知识和技能，激发员工的创造力和行动力，帮助组织完成战略目标。不同的是，员工培训主要体现在关注员工现在的知识素养，目的是让新员工快速适应组织节奏，掌握工作所需的必备技能，让老员工更好地接受组织变化，紧跟组织步伐；而员工开发则更关注未来，关注员工需要掌握哪些技能以便未来更好地为组织达成战略目标，并且更好地适应社会发展和工作需求。

总的来说，员工培训与开发是组织为了帮助员工达成组织战略目标，通过各种方式帮助员工掌握现在或者未来工作所需要的知识素养和专业技能，同时对其价值观念和行为规范进行塑造和约束，提升员工自身竞争价值和工作绩效，最终实现组织和员工双赢的一种计划性活动。

"培训与开发"课程主要通过介绍培训与开发领域的最新理论，结合全球知名企业在培训与开发方面的经典案例，构建培训与开发领域完整的框架体系，更新培训与开发理念，进行高效的培训管理，使学生掌握培训与开发方法，培养学生的职业胜任力。

二、课程目标

"培训与开发"课程将国内外优秀企业的实践案例融入课堂教学，帮助学生理解和掌握培训与开发的理论知识和主要方法。课程内容主要包括：培训管理 ADIE 模式（培训需求分析、学习理论与培训项目设计、培训成果转化、培训效果评估），培训与开发的一般方法和针对不同群体的有效方法，以及培训与开发的未来发展趋势。教师在学生知识的掌握过程中，不断对学生加以引导和激励，使学生全面了解和掌握相关知识和方法的目的。通过案例分析和小组讨论等方法，使学生具备设计培训与开发项目的能力，以及分析和解决培训开发与管理问题的能力，并能对教学案例中存在的问题提出可行的解决方法。同时，树立课程思政"浸润"理念，充分发挥"课程思政"隐性教育的特性。本课程结合时代发展和学生特性，深挖课程思政元素，融合"培训与开发"课程知识和思政教育要求，搭建思政教学资源库，"浸润"式引导学生塑造正确的思想价值观。通过本课程的学习，学生应确立正确的关于如何学习的态度和观念，具备独立思考的能力，勇于质疑和反思，树立正确的人力资源开发理念。

第二节 课程改革内容和措施

一、教学设计

1. 翻转课堂

"培训与开发"课程是极具实践性的现代人力资源课程，而传统的课堂授课方式和教学措施很难让学生深入地理解其理论与实践的结合方法。因此，本课程以名企培训与开发的优秀实践案例为主要教学资源，通过"翻转课堂"的教学设计来实现教学改革目标，帮助学生更好地将理论知识与组织实践相结合，提升学生的职业胜任力。

翻转课堂是指在互联网技术支持下，教师先根据学生的教育水平布置课前基础知识学习任务；课堂上，教师再对重要理论知识进行讲解，同时根据学生在准备阶段遇到的问题进行答疑，并鼓励学生进行课堂讨论，开展角色扮演、小组展示等活动；课后进行学生自评、学生互评和教师点评环节，对课堂知识进行总结和回顾。如图 10-1 所示为翻转课堂学习评价设计图。

图 10-1 翻转课堂学习评价设计图

通过翻转课堂的方式，课堂的中心由"授课教师为主导"转向以"学生为主导"，改变传统课堂中教师授课、学生听课的方式，这要求传统讲授型的教师完成自身角色的转换，在课前引导学生积极参加课程学习，在课前学生对理论知识有自己的思考和理解，在课堂上教师通过对学生课前疑惑的解答，充分利用课堂时间，达到课程时间效益最大化。同时，翻转课堂的教师需要承担以下几种角色：引导团队互动与讨论的导演和主持人、激发学生思想碰撞的催化师、归纳总结的点评人。在翻转课堂上，教师要做到包容和鼓励，善于观察和倾听，并对学生的努力和成果进行帮助和提升，而不是做滔滔不绝的演讲者和最终拍板的仲裁人。

如在"培训项目设计"这一教学环节，本课程设计了"90分钟工作坊的室内课程培训"活动，本课程以7人小组为单位，课前布置题目，让学生以团队的形式进行活动准备，并在课堂上进行角色演练。其中，课堂时间分配如下：0～5分钟授课教师简单介绍；6～20分钟对同学课前疑惑进行答疑；21～35分钟对教学案例进行讲授和讨论；36～65分钟进行角色扮演；66～85分钟教师点评；86～90分钟对课程理论知识要点进行回顾。

2. 课程思政建设

现有的"培训与生涯规划"课程大纲大多侧重于专业知识和技能的教授，缺乏对思政元素的融入。因此，在课程思政的思想引领下，本课程主要通过讲授法、体验式教学法和团队学习法，讲授培训的ADIE模式以及职业生涯开发的五阶段模式，讲授和练习人力资源开发的基本技能和基本方法，并结合中国特色的组织文化和优秀民族企业案例，帮助学生学以致用、学以成人。

在上课前，授课教师可以选取有特色的思政教学案例，通过课前案例引出课程专业知识。课程教学中，将学生分成学习小组，通过角色扮演、小组展示等活动，鼓励小组每位成员围绕课堂教学内容进行讨论，分享经验和观点。通过小组学习方式，培养团队合作意识和沟通能力，增强大学生的集体荣誉感。课后，可以整理相关的学习资料，让同学们了解校史校风和杰出校友事迹，如黄文秀校友返乡扶贫为党为公的事迹。通过校史和优秀校友的事迹学习，引导学生树立正确的职业价值观，注重集体荣誉，"浸润"式培养学生的家国情怀。此外，还应积极利用互联网资源，通过各类传播渠道对学生进行长期思政教育，创建教师引路、学生自学、资源支撑的互联网课程思政教学环境。如利用学习强国、中国大学慕课、长江雨课堂、企业微信等互联网教学方式，引导学生正确认识国际形势，提高政治认同和文化自信，实现"课程思政"和"专业知识"的"双轨制"学习完美融合。

二、教学内容

1. 引入名企案例，营造知识讲授部分"组织情境"

在完成阶段性的理论教学后，教师在教学过程中，引入企业实践案例视角，引入契合的教学案例，安排学生对案例进行讨论和思考，展开以解决实际问题为导向的理论知识综合应用训练，帮助学生建立科学管理思维。

同时，在选取适合的培训与开发教学案例时要尽量做到以下几点：一是选取的培训与开发案例要具备一定的典型性或者新颖性，最好选取学生了解和熟悉的企业案例为分析对象，以便更好地提高学生的课堂积极性激发共鸣性；二是教师在展开案例教学活动时，应采用不同渠道收集案例，获取最新企业案例，避免案例资料的陈旧无聊，不具备教学价值；三是积极到企业实地调研，关注我国优秀企业的实践案例，对反映"培训与开发"课程的实践性案例进行收集整理分析，并加入教学资料库，实现理论前沿本土化，完善教学资源。例如，引入华为、阿里巴巴等企业员工的培训与人才开发案例，并根据学生现阶段的知识专业水平设计适合的思考和讨论题目，充分发挥学生的主观能动性，积极讨论，引发学生对培训与开发理论知识的兴趣，有助于学生进一步理解现代管理实践中包含的管理理论。通过案例教学法，引导学生对理论知识和实践运用的思考，逐步提升学生发现问题、认识问题和解决问题的能力。

【培训案例】

华为大学案例教学法

华为大学（Huawei University）于 2005 年正式挂名成立，旨在把华为打造成一个学习型组织，是国内企业大学的标杆之一。其中，案例教学是华为大学进行学习项目设计与实施的主体内容。案例教学需要讲师大幅减少单方面的灌输式宣讲，而是主要引导学员开展对工作场景及问题的直接讨论。学员从中贡献自己的观点，制定决策，并将其迁移到自己未来的实际工作中。

如图 10-2 所示，华为的案例开发分为两类：小型案例开发和大型案例开发。小型案例开发主要由公司一线员工撰写，首先在个体层面上引导学员对自身工作经历进行总结提炼，其次通过参与华为大学学习项目来加强团队层面的经验交流，再次通过公司的案例平台实现公司层面个体之间的经验分享。小型案例的结构包括 3 个部分：标题、摘要、正文。其中，正文内容有统一的 STARR 结构框架：

情境（situation）：案例事件的背景概况，具体包括时间、地点、人物、缘起等；

任务（task）：界定该场景中出现的主要问题及需要完成的关键任务、例如对华为具体项目痛点的识别与挖掘；

行动（action）：分析和解读所面临的问题，解构任务，问题的对策方案与解决过程；

结果（result）：行动所取得的效果和影响；

思考总结（review）：事件复盘与经验总结。

大型案例开发用于华为大学及各部门 HR 的培训教学工作，主要由华为大学项目管理与案例学习方案部的专职案例开发人员统筹开发。案例取材于华为项目一线的真实场景，聚焦于工作实践中的典型难题或亟待解决的重大问题。在进行素材收集前会有较长时间的"顶层设计"，以保证案例编写的内容体现特定的教学目标，在教学实施使用过程中能引发争议、激发学员的讨论。为此，华为大学在开发大型案例时要求"案例以描述客观事实为主，不包含作者的分析和个人观点，分析是学员的任务"，STARR 结构框架中的思考总结部分替换为思考题，通过思考题引发学员的深度思考。案例的思考题与案例本身密切相关，学员不能仅凭经验就对思考题的答案做出判断，而是需要熟读案例并进行深度思考才能做出回应。

在华为大学，案例贯穿华为公司整个培训与人才发展工作的过程之中，为华为大学实现部门自身目标和助力公司整体发展起到了关键作用。同时，华为大学应用和借鉴了大卫·库伯（David Kolb）的"经验学习圈"模型，通过案例在课堂上让所有参加学习的学员都经历一个"经验学习圈"的完整过程，从而为学员在行动中反思提供了可能。

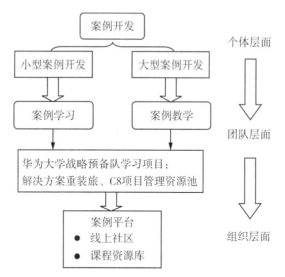

图 10-2　案例导向的多层次体系：以华为战略预备队学习项目为例

在华为大学的培训案例中，华为大学结合自身企业需求和 STAR 法则，制定了符合公司培训需求的 STARR 法则，并借鉴了"经验学习圈"模型，是很好的"理论＋实践"模式。在课堂教学中，授课教师在向学生引入华为大学优秀培训案例的同时，可以鼓励学生思考和讨论理论知识在中国本土化情境下的运用，以实际案例激发学生的讨论热情，并鼓励学生对企业培训方式提出改进意见，引导学生进行深度思考，让学生更多地接触现代人力资源培训与开发的现实性问题，锻炼学生的系统分析能力。这种教学模式既能够帮助学生积累案例经验，又能锻炼学生的思维能力，开拓他们的思维。

2. 强化实践体验，发挥学生主观能动性

"培训与开发"是具有较强实践性的现代管理学课程，因而不能只是单纯地将理论知识传输给学生，而是要将现代管理学理论知识与组织实践操作结合起来，以帮助学生理解理论知识在实践中的运用。因此，高校可以和企业合作，开展"学校主体、行业指导、企业参与、学生参观"的实践教学活动。

(1)实践型教学，构建以学生职业胜任力为导向的培养体系

培养学生职业胜任力是当前高校的重点教学目标，哈维依（Harvey）在研究美国的企业管理者与大学培养的关系时指出，高校的就业准备就是培养学生积极学习的意愿和解决问题的能力，培养学生的适应能力和领导才能。因此，结合现代管理学理论，对于学生的培养不能只看重知识能力，要采取

"学中做—做中学"的教学方式，培养学生的实践能力。

高校和企业合作，为学生提供实践机会，让学生直接或间接地参与到社会实践中。首先，可以利用教学实习和生产实习等机会让学生深入企业的人力资源管理实践，运用所学理论和方法对企业人力资源管理过程中的实际问题进行分析，提出解决问题的措施。其次，可以让学生参与到教师的相关研究课题中，通过收集文献与企业培训等活动，就某一主题写出有见解的小论文。实践型教学是一种重要的实践教学活动，它可以让学生真正走进社会、了解社会，参与到管理实践中去，以加深对管理知识和技能的理解，提升职业胜任力，为未来走向社会打下扎实的实践基础。

（2）校企文化结合，邀请行业专家到学校举办讲座

学校与企业进行合作，邀请行业内有关员工培训和员工开发的专家到学校举办讲座，通过校园文化与企业文化的交流融合，让学生和企业专家有面对面交流的机会。在条件允许的情况下，让学生参与到企业对员工的培训开发项目中，通过收集文献与企业资料，参与到培训与开发的项目过程中，帮助学生从"纸上谈兵"走向"实践理论"。

三、教学方式

随着互联网技术的不断发展，课堂教学方式也随之发生改变，教师的教学方式不应局限于黑板粉笔的传统课堂，而应该合理运用现代化技术手段，打造"互联网＋课堂"的新型授课方式。

本课程结合互联网技术，通过构建"优秀企业人才培训开发案例资源库"丰富教学资源。同时，在教室的选择上，选择移动性较强的活动教室，并配备智能设备，打造不同教学情境，帮助学生更好地开展课堂活动。

1. 打造"互联网＋课堂"模式，实现学习资源有效共享

随着我国高等教育的不断普及，高校学生数量逐步增加，也凸显出大班授课的种种缺点。大班授课形式容易出现学生课堂参与的积极性低、注意力不集中等问题。而保证学习活动成功实施的重要条件是学生对课堂的参与度和接受度较高。本课程通过打造"互联网＋课堂"教学模式，以互联网平台为依托，创建优秀企业案例，实现了网络优秀学习资源的有效共享。

互联网平台有丰富的、多层次的学习资源，授课教师可以设置"优秀企业人才培训开发案例资源库"，将优秀企业案例、教学课件、教案资料和思考题等提前上传至案例教学库，帮助学生在课前做好学习准备，完成"翻转

课堂"课前自学任务。同时，通过互联网的智能设备，教师可以根据课堂教学内容和课堂情况，改变课堂活动，如问题抢答环节；或是结合图片、视频、网络等教学资源，创设多种教学情境，将枯燥的理论知识以动态的、直观的方式传递给学生，调动学生多感官对课堂的共同参与，提高学生学习积极性，维持学生课堂新鲜感，培养学生主动参与课堂教学的良好学习习惯。

2. 使用活动教室，打造不同学习情境

虽然互联网平台拥有丰富的教学资源，但对学生的教育仍需依赖课堂教学，因此授课教师可以对教室进行改造，尤其是对于有关培训开发这类需要学生之间进行大量互动的课程，不应再局限于传统的黑板粉笔教室，而是可灵活选择桌椅均可自由移动的活动教室。

桌椅的可移动性保证了案例教学法在不同课堂情境下对于不同讨论形式的要求。例如，需要学生对某一案例进行简单讨论时，可以采用两人"同伴讨论"的方式；当需要进行团队式的活动时，桌椅可以自由移动，形成4~8人小组讨论形式，这个规模的团队活动方便学生更充分地交换意见，并且减少"搭便车"等现象；同时，教室的桌椅摆放可以采用"六边形""圆形""矩形"等类型，保证参与者感到平等，且便于学生之间互动和教师观察学生的上课反应。

同时，结合无线投屏、课堂答题器、电子白板等智能教学设备，根据不同教学内容需求，打造不同学习情境，帮助学生更好地融入课堂教学，开展教学活动，提升学生课程参与度，让学生更好地将理论知识与实践活动相结合。

四、课程考核

"培训与开发"课程具有很强的实践性，课程考核不能仅依靠传统的考试途径来检验学生对知识的掌握程度。况且课程考核只是一种检验手段，考核的最终目的是帮助学生更好地提升综合素养，促进学生全面发展。因此，本课程教学团队从多角度、全方位对学生进行考核。考评的主体包括教师、学生本人、班级同学。同时，考评内容将所有教学环节纳入其中，包括平时考核和期末考核。

1. 平时考核

平时考核包括课堂实践活动(课堂表现、团队活动、案例讨论、角色扮演等)和研究学习报告(培训开发新问题、新趋势报告和个人展示)。这部分的成绩由授课教师、学生本人和班级同学共同打分。对平时学习情况的考查，更加体现了"以学生为主"的课堂教学理念，引导学生积极参与课堂，与同学互动，与教师互动，将理论知识与不同的教学情境相结合，重视学生的课堂表现。

2. 期末考核

期末考核包括客观题、简答题和案例分析题。其中，主观性的案例分析题是期末考核的主体部分，期末案例分析题主要结合国内外优秀企业员工培训开发案例，考查学生对理论知识运用于实践的能力和思维创新能力。客观题和简答题主要考查学生对理论知识的掌握程度和准确程度，并将平时成绩和期末考核的成绩权重比例由 2∶8 逐渐提高到 3∶7，直至现在的 4∶6，避免了只按期末考试成绩就决定学生整体成绩的终结式考核方法，减少了学生靠死记硬背应对期末考试的现象；同时减少了教师主观印象和课堂不确定因素对学生考核成绩的影响。

第三节　育人效果

本课程将知名企业的人才培训开发实践案例引入课程教学，并结合"翻转课堂"的教学设计，取得了良好效果。"培训与开发"课程的育人效果主要体现在以下五个方面。

第一，平台资源方面，本课程以互联网为依托，通过建立"优秀企业人才培训开发案例资源库"，将与课程相关的名企案例、优秀教材、国内外优秀期刊、图片和视频等上传至资料库，既增加了学习的趣味性，又能帮助学生更好地在课前收集学习资料，实现课堂的最大化利用。同时，以国内外优秀企业培训案例为教学素材来教授知识理论的教学方式，提升了学生将理论运用于实践的能力。

第二，活动组织方面，首先，在课堂上，本课程将"以教师为中心"的传统授课理念改变为"以学生为中心"，并且在使用名企教学案例进行教学的过程中穿插小组讨论、团队作业和角色扮演等各种活动，丰富教学情境。"名企案例＋组织情境"的教学方式，让学生更好地融入课堂，汲取知识。其次，本课程还和知名企业合作，通过参观企业培训活动、邀请行业专家举办讲座等方式，让学生对现代化管理学理论在实践中的运用有更直观的体验，更好地培养了学生的职业胜任力。

第三，课堂氛围方面，教师与学生积极互动，鼓励和引导学生思考并踊跃发言，对企业培训开发案例中存在的问题提出质疑和解决方式；鼓励学生互相交流和讨论，营造轻松和谐的氛围，打破学生在课堂上的紧张感和拘束感，锻炼了学生的表达能力，提高了学生的团队协作能力和沟通交流能力，并加强了学生的自信心。

第四，创新能力培养方面，本课程鼓励学生自己主动探索、主动思考、主动实践。在课堂前，教师引导学生自主收集相关资料，并对资料提出自己的思考和见解；在课堂上，教师通过建立不同的教学情境来培养学生的反思、质疑能力；在课堂外，根据学校的办学定位和国家对创新人才的培养模式，教师积极引导学生参与科技、文体和社会活动等第二课堂，将课堂理论知识运用于科研活动和实践创新中，创造具有实践意义的科研创新成果，激发学生的探索意识和对知识的应用能力。同时，通过校企合作项目，教师带领学生参与到企业培训开发项目的设计与优化开发中，鼓励学生将企业案例转化为科研创新成果，将理论知识与实践相结合，提升了学生的科研胜任力。

第五，课程考核方面，作为具有较强实践性的课程，"培训与开发"课程注重学生平时的课业表现和对实践案例的主观分析能力，转变了期末考试终结式的考核方式。具体考核方式包括平时考核和期末考核，且对平时考核和期末考核合理分配分数比重，建立了内容多元、方式多样的考核方式，着力培养学生的职业胜任力和课堂参与积极性，促进学生发展、教师提高。将教学考察贯穿于教学活动的始终，有利于提高学生课堂参与度，提高学生的综合素质。

参考文献

[1]范冠华. 美国大学人力资源管理专业教育的实践及其启示——基于学生胜任力开发的视角[J]. 比较教育研究，2012，34(9)：59-64.

[2]郭丽芳，梁文群，马家齐，等. 人力资源管理课程"四型一体"教学模式探索[J]. 教育理论与实践，2017，37(30)：43-45.

[3]叶宇平，何笑. 智慧教育引领教学方式新变革[J]. 高教发展与评估，2020，36(4)：87-96，111-112.

[4]石金涛，顾琴轩，唐宁玉，等. 现代人力资源开发与管理[M]. 第2版. 上海：上海交通大学出版社，2001.

[5]Harvey L，Locke W，Morey A. Enhancing employability，recognizing diversity：Making links between higher education and the world of work [J]. American Journal of Evaluation，2002，25(3)：375-380.

第十一章
"职业生涯管理"课程教学研究：
基于自我测试与反思的体验式教学

关晓宇　　汪雨菲

　　职业生涯管理对于每个人来说都是必修的课题，通过"职业生涯管理"课程的学习，学生可以掌握对自身职业生涯进行规划管理的方法，同时也能够获得并提升在组织层面进行职业生涯设计的能力。本课程以体验式教学作为重要授课方式，一方面通过带领学生进行阶段性的自我测试，充分了解他们的学习状况，也帮助学生完成知识的查漏补缺；另一方面引导学生在学习过程中不断反思，巩固学习成果。本课程还希望基于这样的教学模式加强学生思想道德方面的培养，帮助学生树立积极正确的价值观，为将来走入社会打下良好的基础。

第一节　课程概要

一、课程改革背景

　　职业生涯管理是对个人进行开发，并监控和实现个人职业生涯目标与策略的过程。其起源于1908年美国波士顿大学教授帕森斯所倡导的职业指导活动。经过百余年的发展，职业生涯管理理论不断丰富，涉及的研究领域也不断扩大。职业生涯管理包含两个层面：个人层面和组织层面。就个人层面而言，对自身的职业生涯进行管理是对自己负责的表现；就组织层面而言，作为未来的人力资源管理者，掌握帮助组织员工进行职业生涯规划的方法具有重要意义。

我们正处在职业生涯的一个特别的过渡时期，个体职业生涯发展与组织职业生涯管理所依托的社会政治经济背景发生了巨大变化，并深刻地影响着个体和组织对职业生涯管理的态度。在纵向上，随着人类寿命的不断延长，越来越多的人将有机会迎来百岁人生。长寿时代的生活和工作打破了原有的教育期、就业期和退休期三阶段的简单划分，多阶段的职业人生将会出现。在横向上，传统的长期稳定的雇佣关系逐步瓦解，员工跨越不同雇主的边界，为追求职业发展而改变组织，进入无边界职业生涯时期。这些变化表明，传统的职业生涯管理方式方法需要做出改变，以适应新的发展趋势。

本课程改革旨在通过课堂讲授法、体验式教学法和团队学习法，讲授职业生涯管理的基础理论和经典模式，使学生掌握职业生涯管理的基本技能和基本方法，在长寿时代和无边界职业生涯时代更好地权衡工作与休闲、职业与家庭、财务与健康之间的关系，进行多阶段职业人生的重新设计规划。

二、课程内容及目标

通过对本课程的学习，学生应当理解和掌握职业生涯管理的基础理论知识和主要方法。主要包括：职业生涯管理的基本理论、职业生涯管理的测量工具、自我职业生涯管理和组织职业生涯管理。本课程要求在知识讲授过程中不断对学生加以引导和激励，如引导学生进行体验式的自我测试，根据自身对知识的掌握情况来制订学习计划和拓展提升能力，以全面了解和掌握相关知识和方法。本课程还希望通过以体验式教学法为特色、多种方法相结合的教学模式，使学生具备做好个人职业生涯规划和从组织角度进行职业生涯设计的能力；通过案例分析和生涯人物访谈等方法，使学生具备分析和解决职业生涯开发与管理问题的能力。此外，本课程希望学生不仅能通过学习获得知识与技能的提升，还能够在亲身体验的基础上树立正确的关于如何重塑职业生涯的态度和观念，同时树立正确的职业生涯开发理念。

第二节　改革内容和措施

一、教学方法改革——基于自我测试和反思的体验式教学法

1. 体验式教学法

体验式教学法是指在教学过程中为了达到既定的教学目标，从教学需要出发，根据学生的认知特点和规律，引入、创造或创设与教学内容相适应的具体场景或氛围，以引起学生的情感体验，帮助学生迅速而准确地理解教学内容，促进他们的心理机能全面和谐发展的一种教学方法。它所关心的不仅是人可以经由教学而获得多少知识、认识多少事物，还在于人的生命意义可以经由教学而获得彰显和扩展。这种方法以"在体验中发展"为指导思想，以学生主体发展作为教学的出发点和归宿，以给学生创造条件和机会为关键，让学生作为主体去体验，在体验中完成学习对象与自我的双向建构，最终实现主体的主动发展。该方法也强调学生的情感体验，关注体验过程本身对学生态度与行为方式建构的价值。

体验式教学法具有三方面的特点。首先是主动性，要求学生发挥主动性，对自己的学习负责，真正成为教学过程的主体。其次是亲历性与个体性，学生在活动的亲身体验中建立感性认知，并在此基础上表达感受、态度和进行价值判断，有利于培养学生独特的、健康的情感态度和价值观。最后是学以致用，这种方法能够及时为学生提供一个应用自身理论知识的平台，从而有效实现理论与实践的结合。

体验式教学法区别于传统的以教师为主的讲授方式，在学生的培养方面有着重要意义。首先，体验式教学法是解放个性的一种途径。在课堂中应用体验式教学法，可以允许学生根据自身的想法和兴趣自主进行学习，借助体验来真正确立学生在教学过程中的主体性，使学生享有更充分的思想和行为的自由和发展以及更多的选择机会。其次，体验式教学法也是个体知识建构的基础。学生如果仅仅靠聆听教师讲授来获取知识，在课后可能只能回想起教师着重强调的知识点，或者一些零散的知识点，很难对学过的知识有全面、系统、详尽的认识和理解。而通过体验式教学法，学生可以深入参与到学习过程中，将知识付诸实践，自主探索将这些知识有效应用到问题解决中的途径，从而逐步构建个人的知识体系。最后，体验式教学法还是个体品德

形成的催化剂与心理健康的保障。通过沉浸式的体验，学生不仅能够学到知识，还能够学到许多行为规范、道德准则等，形成优良的品格，并保持健康的心理状态。总体来看，引入体验式教学法能够进一步落实课程理念从"知本"向"人本"的转变，更加强调学生在学习中的自主性，让学生通过亲身实践巩固所学知识，加强记忆，同时促进其品格培养，从而取得更好的教学效果。

2. 体验式教学的具体方法

(1)自我测试

自我测试是体验式教学法关键的组成部分之一。在这里，"测试"一词存在多种理解。这种测试可以针对学生的学习成果，也可以针对其特质特点，如在职业生涯管理中常用的职业性向测试。通过自我测试，学生能够对自身情况有一个更深层次的了解，加速对课堂所学内容的消化，并结合自己的实际情况调整学习重点与学习节奏。同时，结合学生的自我测试结果，教师也可以对教学效果进行初步评估，从而有针对性地调整教学方法与内容等，提升教学质量。

(2)反思

在体验式学习过程中，反思也起着十分重要的作用。在体验式教学模式下，教师引导学生进行学习反思，有助于帮助学生对自身学习效果进行客观评价，提升学生对经验的归纳和概括能力，从而将学习体验转换为新的经验。通过各种形式的不断反思，如陈述、讨论、书面汇报、演讲、辩论等，学生能够建立起新的认知体系。体验式教学需要反思，这样学生才能从体验中提炼出知识，对经验进行概括、归纳与提升。若在体验式教学过程中忽略了反思的作用，则不利于培养学生自身的逻辑思辨能力。学者吉利斯和艾勒提出了 4C 反思模式，即连续性反思(continuous reflection)、关联性反思(connected reflection)、挑战性反思(challenging reflection)以及情境化反思(contextualized reflection)。其中，连续性反思是指在体验开始之前、体验进行过程中以及体验完成之后进行连续的反思，从而进行整体回顾并从经验中提炼出知识收获；关联性反思是指把直接经验与学习目标关联起来，特别是把具体经验与课堂上学习到的抽象理论概念联系起来，加强对理论的理解；挑战性反思是指从全新的视角运用批判性的方式来审视自身经验，进而提出某些假设并对其进行检验；而情境化反思是指思考自己的经验情境与实际应用情境之间是否存在有意义的关联，自身的收获能否应用到实际环境当中去。参照 4C 反思模式，教师可以更好地引导学生在体验中总结学习收获。

二、改革措施

1. 教学设计

在教学设计方面，本课程改革遵循国家有关的课程改革要求，结合新的教学方法，力求将改革效果落到实处。2018 年出台的《教育部关于加快建设高水平本科教育全面提高人才培养能力的意见》提出了建设高水平本科教育的指导原则：坚持立德树人，德育为先；坚持学生中心，全面发展；坚持服务需求，成效导向；坚持完善机制，持续改进；坚持分类指导，特色发展。在上述五条原则中，第二条原则对本课程的指导意义最大。坚持学生中心，全面发展，就是以促进学生全面发展为中心，既注重"教得好"，更注重"学得好"，激发学生学习兴趣和潜能，激励学生爱国、励志、求真、力行，增强学生的社会责任感、创新精神和实践能力。因此，本课程明确新的教学目标就是要灵活应用基于自我测试和反思的体验式教学法，强调学生的自主性，促进学生价值观、态度、能力的全面发展。

同时，本课程在"以学生为主体"的教学理念指导下，从知识、理念、技能和能力四个方面入手，旨在调动学生学习的主动性和积极性。在具体实施过程中，始终贯彻"教学相长、学问结合、师生互动；理论联系实践、知识与操作相结合"的原则。具体包括以下内容：

①不断更新教学内容，逐步建设高水平教材，在引进国内外优秀教材的基础上，不断充实教学内容。职业生涯管理涉及很多方面，不仅仅局限于理论知识，还包括许多操作性的实务技巧。除此之外，这一领域吸引着众多学者进行研究，时常存在新的发现与未来发展趋势的变化。因此，在进行教学设计时应当综合国内外一流教材，及时更新并引入领域内的前沿成果，逐渐完善高水平教材建设，丰富本课程的教学内容。

②不断完善教学手段，课堂讨论与角色扮演相结合，自我测试与反思总结相结合。为了更好地培养全面发展的人才，提高学生的课堂参与度，本课程对教学手段进行改革，引入基于自我测试和反思的体验式教学法。以此为特色，构建体验式教学法与课堂讲授法、团队学习法结合的教学方法体系，从而实现教学效果提升。

③不断营造良好的学习气氛，课堂上鼓励提问，鼓励相互讨论和争论，鼓励共享个人观点；课下鼓励合作，鼓励实践和练习，鼓励创造。通过这种

方式，可以更好地调动学生参与课程学习的积极性与自主性，有利于学生知识、能力、态度等方面的全面健康发展。

④加强对学生的全面辅导，指导他们学习和进行实践及创新科研活动。教师不仅向学生传授本课程相关的理论知识，还帮助他们提升实践与创新科研等方面的能力，体现对学生多方位的关怀，同时让学生掌握更多有用的技能，有助于学生的未来发展，更好地与社会进行对接。

2. 教学内容

教学内容改革也是课程改革的关键之一，在进行教学内容改革时，需要将体验式教学法与具体的课堂教学进行结合，完成课程改革从理论到实践的转化。本课程内容分为4篇，每一篇内容都可以灵活融入体验式教学法，从而创新课堂授课形式，提升教学效果。

本课程将教学内容与4C反思模式相结合，从而实现将反思贯穿于整个课程教学。此外，针对每一篇内容还采用了不同的自我测试方法，把自我测试的方法也纳入教学内容改革中。在此基础上，本课程提出了基于体验式教学法的教学内容改革模型，如图11-1所示。

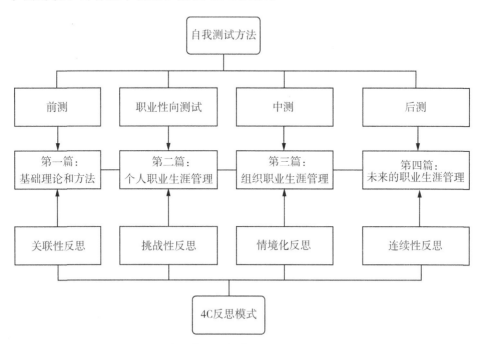

图 11-1　基于体验式教学法的教学内容改革模型

(1)第一篇：基础理论和方法

这一篇是本课程的基础，主要目标是帮助学生明确课程总体的内容框架和目标，掌握职业生涯管理的基本理论与方法，为后续学习打下良好的基础。第一篇的主要内容有：课程目标和主要内容、职业与职业生涯的概念、职业生涯理论演进、职业生涯管理的研究方法。基于这些内容，本课程希望达成以下教学要求：①明确课程目标是培养个人和组织生涯开发设计和管理者；②掌握和理解职业生涯管理的基本内容和框架；③通过历史分析等深刻理解职业生涯理论的历史演进；④通过数据分析深刻理解职业生涯管理的研究方法和测量工具。

针对第一篇的教学内容和要求，教师可以引导学生进行关联性反思，以提升教学效果。关联性反思要求个体将具体的实践经验和在课堂上学到的抽象概念关联起来，从而加深对所学理论知识的理解。在进行职业生涯理论的教学时，教师可以引入相关案例供学生分析学习。可以用一些简单的案例，例如作为理论提出基础的时代背景和研究实验等，同学们在案例的阅读过程中就能够对相应理论产生的背景原因以及过程有所了解，同时明确理论的适用对象及范围。在案例分析体验的基础上，学生就能够把这种体验与理论有机结合起来，进而更加全面深刻地理解和记忆相关理论。

第一篇是一个新学期课程的开始，学生对课程相关知识的掌握还比较浅显，对自己的学习进度规划可能也感到比较迷茫。教师可以在这一篇中引入自我测试的方法，在课程学习的全过程对学生进行前测、中测和后测。这样既能够了解学生的掌握情况，有针对性地调整课程教学重点以及时间安排，同时也能增强学生的自主参与性，让他们能够认识到自身的学习状况与不足之处，从而更加积极地投入学习强化之中。

(2)第二篇：个人职业生涯管理

现代社会的职业流动性和职业不确定性都得到了增强，在这种情况下，个体能够在较大程度上掌控自身的职业生涯也成为职业生涯管理的前提。因此，第二篇聚焦个人，主要目标是帮助学生掌握个人职业生涯管理的方法。这一篇的主要内容有：个人职业生涯开发与管理。基于上述内容，本课程希望达成以下教学要求：①了解个人职业生涯的基本理论和理念；②掌握和理解个人职业生涯开发的原则与方法；③理解和掌握个人职业生涯开发的模式与步骤；④能够操作个人职业生涯规划的具体实务。

在这一篇的学习中，教师可以引入挑战性反思的方法，带领学生从体验中总结并提炼观点，接着自我审视该观点，尝试提出具有挑战性的新假设。通过对这些新假设的验证，学生不仅可以巩固相应的课堂知识点，还能够学到课程外的知识与技能，拓宽眼界，有利于培养全面发展的人才。在职业生涯规划的具体实务部分，为了达到更好的教学效果，教师可以给学生布置体验式作业，如让学生写出自己在 5 年内的职业生涯规划。在这一作业完成后，教师可以先让学生在课堂上分享自己在这一过程中所得到的收获，进一步引导学生进行挑战性反思，用批判的眼光来看待自己总结出的经验，将这些经验进一步打磨，尝试从中发现值得研究的问题，从而进行自主的探究与学习。

此外，这一篇的主题是个人职业生涯管理，在学习如何对自己的职业生涯进行规划前，应当首先引导学生认识自己、了解自己。职业性向测试就是个体进行职业选择时的有力工具，它将个体的人格类型、兴趣和职业结合起来，帮助个体找到最适合自己的职业。在众多量表中，霍兰德职业性向测试信效度较高，得到了较为广泛的应用。在"职业生涯管理"课程第二篇的学习中，教师可以为学生提供霍兰德职业性向量表，引导学生进行自我测试，让学生增强对自身的了解，从而能够更好地进行个人职业生涯规划，加深对本章内容的理解。

(3)第三篇：组织职业生涯管理

除了对个人的职业生涯进行管理，本课程的学生作为未来的人力资源管理者，还需要掌握如何更好地帮助员工进行职业生涯规划与开发，最终实现个人目标与组织目标的统一，促进组织良好发展。第三篇立足于组织的视角，主要目标是帮助学生理解并运用组织职业生涯管理方法。这一篇的主要内容有：组织职业生涯规划的历史发展、阶段管理和具体措施。基于上述内容，本课程希望达到如下教学要求：①了解组织职业生涯的基本理论和理念；②掌握和理解组织职业生涯管理的范畴和发展历史；③理解和掌握组织职业生涯规划的具体措施和方法；④掌握组织职业生涯的阶段管理方法。

这一篇的主要内容涉及组织中的职业生涯管理，与学生的日常生活存在一定的距离，可能导致学生难以对相关知识理解透彻。针对这一难题的解决，在教学过程中融入体验式教学法能够发挥极大作用。在课堂实际体验的基础上，教师可以引导学生进行情境化反思，加深学生记忆。以组织职业生涯的阶段管理方法这一教学内容为例，职业生涯的过程可划分为四个阶段：职业探索阶段、职业建立阶段、职业中期阶段和职业后期阶段。针对不同阶段，组织应采取不同的措施来为员工提供更好的职业生涯管理支持。教师可以在课堂中引入一个组织职业生涯阶段管理案例，如怎样结合职业生涯发展阶段来帮助组织成员进行生涯规划，让学生围绕这一案例进行小组讨论，探究适当的解决方法。讨论结束后，教师组织学生思考案例中的情境与实际工作场所中的情境是否相符，在何种情况下能够把自己在体验中的收获应用到实际环境当中去，从而把单纯的知识增加转化为技能与能力的提升。

同样地，自我测试方法也可以融入第三篇的教学中。第三篇的开始标志着课程教学已经过半，教师可以针对学生的掌握情况进行一个学期中测，学生自身也能够根据测试结果明确自己半学期以来的学习效果，从而在此基础上制订合理的计划，更有效地促进后续学习效果的进一步提升。中测的形式可以相对自由，如采用学生之间交换互判或自我批改的方式，测试成绩不纳入最终考核，这样可以减轻学生的压力，也更容易发挥出真实水平。这一测试的主要目的在于帮助学生了解自身情况，进而增强他们主动自觉参与学习过程的积极性，因此相对轻松的中测形式设计能够更好地达到预期效果。

(4)第四篇：未来的职业生涯管理

基于前三篇的学习内容，第四篇旨在对整个课程的内容进行总结与提升。这一篇的主要内容有：个人与组织职业生涯的整合、职业生涯管理的未来发展与挑战。基于上述内容，本课程希望达到如下教学要求：①理解和掌握个人与组织的职业生涯发展动态整合；②理解和掌握职业生涯管理的未来发展新趋势和新挑战。

第四篇是课程的最后一篇，教师可以在完成全部教学内容的基础上带领学生对整个课程所学进行回顾。反思是进行回顾的一种有效方法，教师可以引导学生进行连续性反思：在课程回顾开始前，先反思自己是否掌握了课程的整体知识框架，是否明确知识重点；在回顾过程中，反思自己是否能够理解并记忆相应的知识；在回顾结束后，还需要反思自己在整个回顾完成后是否对课程脉络感到清晰，是否对所学知识加深了印象。设计这样的反思过程，有助于学生增强对本课程内容的掌握。

在课程最后，教师还可以对学生进行一个后测，作为前面几篇里前测、中测的收尾。后测同样可以采用相对自由的评判形式，主要目的是让学生了解自己经过一个学期的学习取得的学习成果与进步，有利于帮助学生增强自信心，促进学生积极情感态度和价值观的培养。此外，这样的后测还可以让学生明确自身目前所存在的不足，从而在期末复习阶段有的放矢，进行有针对性的强化与提升。

3. 课程考核

"职业生涯管理"课程与实践结合较为紧密，特别是在引入体验式教学法改革后，应该摒弃传统课程只注重期末笔试考核的弊端，而是要更注重过程考核，适当提高平时成绩在最终成绩中所占比例，让课程考核方式与结果更加科学有效。结合实际教学内容，本课程考核分为三部分。

(1)平时作业

平时作业由两部分内容组成，包括小组职业生涯管理项目实践和案例讨论。在平时作业的考核中，除了对最终提交上来的成果进行评分，应当更加注重过程考核，注重学生在课堂上的表现，针对学生在学习过程中取得的进步对其进行评价。平时作业成绩占学生总成绩的 20%，其中小组职业生涯管理项目实践和案例讨论各占 10%。

(2)研究学习报告

研究学习报告同样由两部分构成，分别是个人生涯规划和小组研讨。在研究学习报告的考核中，除了对学生上交的文字报告内容进行评价外，还应该重视反思的过程，让学生将自己进行个人生涯规划和小组研讨过程中的反思体现在最终提交的报告中，或者将学生在课堂反思过程中的表现纳入考核标准，通过学生的反思效果体现他们的学习态度以及收获。研究学习报告成绩占总成绩的 20%，其中个人生涯规划和小组研讨各占 10%。

(3)期末考试

期末考试题目主要由两部分构成：一部分是客观题以及简答题，主要考查基础理论知识掌握程度；另一部分是开放式案例分析，重点考核学生运用理论分析和解决具体问题的能力。期末考试采用闭卷形式，最终成绩占总成绩的 60%。

第三节 育人效果

"职业生涯管理"课程以 4C 反思模式为框架，形成了融合阶段性自我测试与反思的体验式教学方法，达到了良好的育人效果。具体表现为以下四点。

一、丰富课堂活动，营造活跃的课堂氛围

本课程在教学中分别结合教学内容、方法与目标开展了形式各异的课堂活动。例如，在第一篇和第三篇的教学中引入了案例分析，教师带领学生在阅读过后展开分组讨论，通过彼此之间思想的碰撞加深对所学内容的理解。而在第二篇中，学生会在课堂上完成一份体验式作业，即写出自己 5 年内的职业生涯规划，并且分享自己的看法与收获。丰富多彩的活动安排改变了以往教师"一言堂"的局面，有效增强了师生互动，营造出活跃的课堂氛围。这样的氛围能够调动学生的积极性和主动性，引导他们自主发现问题并解决问题，培养学生深入探究的能力，同时增强他们的表达与沟通交流能力，帮助学生树立自信心。

二、以实践为导向，促进创新型人才培养

在不断变化的社会背景下，进行职业生涯管理要求个体扎根于实践，并运用自身的创新思维来适应新趋势。大多数学生的思维具有较高创新性，同时也乐于并能够快速接受新事物、新观点，但如果长期接受传统单一的灌输式课堂讲授，学生的思维会受到抑制，这也不利于他们各方面综合能力的提升。而本课程采用的体验式教学法强调学生的亲身参与，要求学生在学习过程中发挥自主性、独立性，进而达成更好的学习效果。除此之外，体验过程还能够激发学生的学习兴趣，推动他们自主进行深入探究，发现更多实践中的问题，并尝试运用自己掌握的理论知识来解决这些问题。通过这种方式，学生能够不断探索解决问题的措施，同时加深对知识的理解。因此，"职业生涯管理"课程改革实践不仅有效提高了学生的创新能力和解决问题的能力，还通过实际案例研究和讨论活动帮助学生提高对现实工作情境的认知，培养将理论融入现实应用的技巧，从而更好地与社会进行对接，为社会输送立足实践的创新型人才。

三、突出思政建设，强调人文素养提升

教育部提出的高水平本科教育建设原则中第一条就强调了德育的地位，"坚持以文化人、以德育人，不断提高学生思想水平、政治觉悟、道德品质、文化素养，教育学生明大德、守公德、严私德。"2020 年教育部印发的《高等

学校课程思政建设指导纲要》再次强调，全面推进课程思政建设是落实立德树人根本任务的战略举措，是全面提高人才培养质量的重要任务。本课程教学过程通过真实的案例分享和分析讨论，让学生收获了在现实社会情境下进行职业生涯管理的真实情感体验，从而培养学生正确的职业生涯规划与开发观念，帮助他们树立健康正确的价值观。同时，"职业生涯管理"课程要求学生在实践活动中对自己的职业生涯进行规划，并尝试进行组织视角下的生涯设计，由此帮助学生更好地理解职业生涯管理的任务及其重要意义，提升他们的人文素养，为今后走上管理岗位打下良好的基础。

四、创新考核方式，提高学生综合能力

本课程改变了传统教学中重点关注期末考试的考核方式，更加注重对学习过程进行考核。"职业生涯管理"课程考核包括平时作业、研究报告、期末考试三部分，并且对各部分在最终成绩之中所占的比重进行了科学合理的分配，从而规避只看考试成绩的弊端，真正体现学生的过程表现情况。通过多元化的考核方式，本课程能够有效调动学生在学习全过程当中的参与积极性，提高学生课程参与度，对学生的独立思考能力、自主探究能力和学习态度做出更为全面真实的评价，同时促进学生综合能力的提升。

参考文献

[1]教育部关于加快建设高水平本科教育全面提高人才培养能力的意见[N].
中华人民共和国国务院公报，2019(3)：34-41.

[2]Eyler J, Giles D. A Practitioners guide to reflection in service-learning
[M]. Nashville：Vanderbilt University，1996：17-19.

[3]周文霞. 职业生涯管理[M]. 上海：复旦大学出版社，2005.

[4]琳达·格拉顿，安德鲁·斯科特. 百岁人生：长寿时代的生活和工作
[M]. 吴奕俊，译. 北京：中信出版社，2018.

[5]教育部. 教育部关于印发《高等学校课程思政建设指导纲要》的通知[EB/
OL].（2020-05-28）[2022-10-27]. http://www.gov.cn/zhengce/zhengceku/
2020-06/06/content_5517606.htm.

第十二章
"国际人力资源管理"教学创新：
探索与升级

王建民　孙仁斌　贾懿然　刘　源

　　结合"走出去"国家战略背景与人才国际交流的社会形势，应时开设"国际人力资源管理"课程，该课程获批北京师范大学"双语教学课程建设项目"。在对相关课程教材和现有教学方式反思批判的基础上，提出理想教材应具备的坚定"中国立场"、基于"战略高度"、具有"全球视野"、坚持"价值导向"、实现"融合技术"及采用"共享资源"六大特征，并给出课程教学目标优化、国际战略人力资源管理框架构建、国际战略人力资本管理模式探索以及科技赋能下的指导与学习新模式开发等四条升级课程内容与教学方式的潜在路径。

第一节　课程概述

　　"国际人力资源管理"课程始于 2009 年春季学期，为 2007 级本科生开设。教学中主要采用自选编辑的英文资料。从 2010 年开始，采用英文版教材，立项"双语教学改革"项目。

一、为什么设置本课程？

　　北京师范大学人力资源管理本科专业于 2002 年开始招生。2005—2006 学年，结束国外进修重返工作岗位的本专业课程授课教师，在汲取国际知名高校相关专业知识与理念基础上，结合当时国内实施"走出去"战略的企业越来越多，以及跨国公司到中国投资发展对本土人才需求量增加的社会形势，助力学生拓展国际视野，争取到国外高校深造的机会，深刻认识到开设"国际人力资源管理"相关课程的必要性。

由于当时没有合适的教材，授课教师便自编了 70 页的《国际人力资源管理》英文阅读材料，内容包括沃顿商学院的人力资源管理新视野、麻省理工学院斯隆管理学院相关课程（开放课程，*Open Course Ware*）资料以及哈佛大学商学院的案例方法等。

2010 年春季学期，为 2008 级本科生开设本课程时，采用了彼得·J. 道林（Peter J. Dowling）等编著，赵曙明等改编的英文版教材《国际人力资源管理》（*International Human Resource Management*）。

二、立项学校双语教学建设项目

"国际人力资源管理"于 2010 年获批学校"双语教学课程建设项目"，建设周期为 2010—2012 年。结合学校项目的建设目标——"探索使用原版教材和外语讲授专业课程，使学生通过双语课程的学习切实提高专业英语水平和直接使用英语从事科研的能力"，本课程团队确定了拟实现的课程目标：指导学生认识国际组织中人力资源管理实践的战略性、复杂性与特殊性，帮助学生获得在本土化的跨国公司、国际化的中国公司以及其他营利性或非营利性国际组织中，全部或部分运用英语作为工作语言，从事战略人力资源管理工作的素质与能力。

教学中主要采用彼得·J. 道林等编著的英文版教材，还引用了 MIT 斯隆管理学院以及沃顿商学院的沃顿知识在线的案例资料。教学内容分为三大模块。第一模块，理论知识，主要来源于教材；第二模块，案例研究，教材案例或学生自主选择案例；第三模块，团队展示。学生课下分组研究、课堂分享，显示了学生的自学能力和创造能力。采取全过程化评价方式考核学习效果，力求客观、公正地反映学生的学习情况。平时成绩占 60%，其中出勤及课堂参与占 20%，由教学助理评价；个人作业占 20%，由教学助理评价；团队课堂展示占 20%，由授课教师、教学助理和同学集体评价。期末考试占 40%，其中案例分析占 24%，短文写作占 16%，由授课教师评价。

本课程在教学中体现了五方面特点。第一，突出双语运用（鼓励英文阅读、表达和写作）；第二，充分调动学生积极性，进行分组案例分析与展示；第三，突出案例教学法，探讨前沿问题；第四，重视学生参与，培养工作能力；第五，评价体系设计合理，注重过程评价。在教学中学生和教师都有不少收获，但也发现存在一些问题：有几位同学对阅读英文版教材不适应，少部分同学在互动过程中不够主动，特别是对教材内容与中国企业和社会环境的贴合度有较大差异。本课程在以后几届的教学中，大多数同学阅读英文教材和用英语写作的能力有很大提高，但是教材不适用问题一直没有得到很好解决。

第二节　开发基于中国情境和管理实践的教科书

授课教师在"国际人力资源管理"课程的教学实践中体会到，当务之急是编写一本符合中国情境，能够服务和体现中国企业国际化发展中人力资源管理实践的教科书。

一、教科书的现实与理想之间的差距

在目前的图书市场上，可以检索到的"国际人力资源管理"教材大概有4～5种，其中主要的教材是彼得·J. 道林等专家编著，于2008年出版的《国际人力资源管理》英文版第5版，以及在第5版英文版基础上编译、修订于2012年出版的中文版。

这本教材结构合理、内容全面、文字简明，优点很多，赞同作者把"国际人力资源管理"聚焦于跨国公司在"多国情境下"开展人力资源管理活动的观点。但是，从满足针对中国本土学生教学需求的角度考虑，第5版教材的内容还达不到期望值，现实和理想之间有一定差距。

我们期望的教材，首先，内容要新。按照有关要求，目前可以采用的在国内出版、发行的英文版和中文版，均为出自12年前的英文第5版原版。这本教材2013年国外出版的英文第6版，国内出版社尚未引进。其次，符合中国情境，反映中国经济和社会管理的成功经验。旧教材主要基于欧美国家的制度环境、社会文化和跨国公司的经验。再次，案例更多，特别是反映中国企业国际化发展的案例。最后，有助于为发展于中国的跨国公司和国际化发展的中国企业培养国际人力资源管理专业人才。

二、教科书应该反映中国制度环境和管理实践

国际人力资源管理以及其他管理学门类分支学科，研究和解决的问题具

有高度情境化特点。秉持一定价值观的学者，从自己认为的"客观"立场出发，在自己所处的政治、经济和文化环境中，对按照不同商业模式运营的企业进行观察、分析，从具体事件到一般特征，概括提炼，理性升华，提出概念框架、理论模型、实践方法和管理技术等，形成一定的范式，有助于解释、预测或解决企业管理实践中出现的问题。但是，如果把这种理论和方法，移植到另外一种不同的政治、经济制度和文化的情境中，难免出现南橘北枳的现象，原有的理论基础和实务方法，有可能失去解释现象、分析问题和解决问题的效力。

长期以来，国内流行的管理学各分支学科的教科书，包括《国际人力资源管理》，大多数是西方国家出版的教材的翻译本、编译本，或者参考西方国家教材编写的版本。这类教材中的案例，大多数是讲述欧、美、日等国家的企业或员工的故事；同时，因为引进、出版滞后等因素的影响，这类教科书中的案例早已时过境迁，失去原有的分析、讨论价值。

中国相关专业的学生和从业人员，需要学习和掌握有科学意义和实用价值的学术逻辑，需要了解和借鉴跨国公司卓有成效的管理经验，但同样重要的是需要认识和总结中国经济社会和企业管理实践，特别是 40 多年来发生的重大事件和典型案例。所学习的学术逻辑应该对解释、分析和预测中国制度环境中的管理实践，特别是对分析和解决中国企业实施国际化战略中遇到的人力资源管理问题有理性作用和工具价值。学有所用，用有所学，从学习者转变为专业工作者，教科书是教育与培训的物质基础。

三、理想的教科书应该具备的特征

理想的《国际人力资源管理》教科书，应该具备 6 个方面的特征。

第一，坚定"中国立场"。坚定"中国立场"是指立足于中国政治、经济和社会制度环境，针对国际化发展的中国企业和在中国发展的跨国公司的国际人力资源管理需求，理性思考，分析问题，提出解决方案。对现有教科书中的概念框架、理论模型和方法技术，持开放和"拥抱"态度，只要适用于中国制度环境和中国本土市场主体的内容都可以接受和应用。

第二，基于"战略高度"。基于"战略高度"是指国际人力资源管理的理论和实务，都在如何实现企业国际化发展战略目标，在激烈的、白热化的国际市场竞争中赢得一个又一个胜利的基础上展开讨论和作业。人力资源规划以企业国际化发展战略规划为出发点和落脚点，各项人力资源管理活动都要支撑和服务于企业战略目标的落实与实现。

第三，具有"全球视野"。无论国际化发展的中国企业，还是在中国发展的国际企业，所面对的都是全球化的市场竞争，开展的人力资源管理活动都具有国际化特征。因此，教材中所呈现的概念、理论和方法都应该打上"全球化"或者"国际化"的底色。

第四，坚持"价值导向"。"价值导向"是指投入企业国际化生产和经营活动中的"人力资源"是经济学意义上的"生产要素"——人力资本；投入生产和经营活动中的"人力资本"只有实现剩余价值最大化，才能够体现获取和使用的价值。国际企业中人力资源的招聘选拔、培训发展、绩效考核、薪酬福利等实务活动，都应该以基于"成本—收益"逻辑以实现人力资本使用价值和剩余价值最优化、最大化为目标。

第五，实现"融合技术"。这里的"融合技术"是指国际人力资源管理课程的教学内容，应该体现人工智能、信息技术与教育教学技术的融合发展，反映人力资源管理实务中应用的大数据、人工智能等新工具、新技术和新方法。

第六，采用"共享资源"。在当今数字化信息爆炸和人工智能广泛应用的时代，一门管理类课程的教导与学习活动，仅仅依赖一本纸质版教材所包含的内容远远不够。教材文本应该能够起到引导指示作用，把学习者指向可获得、有价值、可共享的学习资源，丰富教学内容和学生选择。在教材的每一个章节，都应该列出可免费或付费获取的音频、视频、文本共享资源网址或数据库。

第三节　升级课程内容和教学方式的初步设想

从十多年的"国际人力资源管理"课程教学与创新探索中我们体会到，这门课程应该在课程内容和教学方式上进一步发展，实现"升级换代"式变革具有必要性和可行性。基于自身认识水平和工作能力，我们提出四个方面的初步设想：一是秉持"知中国，服务中国"理念，优化课程教学目标；二是上升到战略高度，构建国际战略人力资源管理框架；三是基于人力资本范式，探索国际战略人力资本管理模式；四是迈向智能时代，开发科技赋能的指导与学习新模式。

一、秉持"知中国，服务中国"理念，优化课程教学目标

"知中国，服务中国"，这是南开大学创建人张伯苓校长 1928 年提出的办学宗旨。

在"国际人力资源管理"这门课程的探索与创新研究中，我们把"知中国，服务中国"理念引入课程教学目标中，以期培养学生坚定中国立场，服务国家建设的意识。

为此，在教材开发和教学活动中，有关概念框架、理论基础、分析方法和实用技术等知识，都应从适用于中国制度环境，反映中国故事，解决中国企业国际化和跨国公司中国发展中遇到的问题为出发点。例如，改革开放以来，以华为公司、联想公司等为代表的中国本土公司、中国企业家和中国优秀员工，在实施国际化发展战略中取得了一个又一个胜利，创造了无数值得汲取和分享的"中国故事"。中国企业国际化的成功，也是国际人力资源管理的成功。

二、上升到战略高度，构建国际战略人力资源管理框架

组织内的人力资源管理，基于组织战略、服务组织战略、成就组织战略。人力资源是组织实现战略目标的第一资源、第一生产要素。以企业国际化经营中的人力资源管理为研究对象的课程，应该从理性和现实的维度提升到战略高度。讨论规划、获取、配置和使用等涉及人员的问题，开展相关的实践活动，都应该围绕企业的国际化发展和竞争战略展开。构建"国际战略人力资源管理"概念和理论框架，具有必要性、现实性和必然性，亟待落实。

"国际战略人力资源管理"理论模型，应该由国际战略人力资源规划、国际战略人力资源跨文化管理、国际外派员工的招聘与选拔、国际外派员工的生活服务与管理、国际外派员工的培训与发展、国际外派员工的绩效管理、国际外派员工的薪酬与福利、国际外派员工的劳资关系与公共关系管理、国际外派员工的回归与再配置等部分组成。其中，如何支撑企业国际竞争和发展战略，制定中高端管理和技术人员的储备与实战规划，如何认识和有效开展跨文化的国际化管理，如何解决好国际外派员工的个人生活和家人服务，以及国际外派员工结束任务回国后的生活、工作、家属安排等问题，不同于国内人力资源管理，也有别于目前的国际人力资源管理，需要重点讨论。

三、基于人力资本范式，探索国际战略人力资本管理模式

基于人力资本范式，国际人力资源可以理解为企业开展国际化生产经营活动中投入的生产要素——人力资本，即国际人力资本。在经济学意义上，人力资本是指"凝聚"在人体中的知识、技能和能力。"凝聚"的过程，是人力资本的生产过程，即教育与培训活动，需要"投入"人力的和非人力的要素才能够获得"产出"。"人力资本是生产与经济过程之中，用于进一步生产，由人的使用产生的力量推动生产进行，以实现产出最大化目标的生产要素。"

企业国际化生产经营活动中投入的国际人力资本，具有"资本性"，即作为资本一般的性质。所谓资本一般，可以这样定义：生产于经济过程之中并用于进一步生产，以最大化剩余劳动产品或剩余价值的生产要素。"资本性"有三个要点：一是资本是生产出来的，即通过投资形成的；二是资本是中间产品；三是资本是生产中必不可少的因素。围绕着人力资本拥有者的客体——知识、技能和能力——而发生的主体之间的权利义务关系，即人力资本产权；可以定义为"在人力资本的生产、积累和使用中形成和不断发生的交易主体之间相互认可或强制实施的各种行为关系，即既有经济性又有法权性的权利关系"。人力资本产权具有六项权能：所有权、占有权、使用权、运用权、收益权和处分权。在企业人力资本管理中，主体之间围绕客体发生或存在的产权关系具有五方面的特征：①所有权的独立性；②占有权的单一性；③使用权的合约性；④运用权的垄断性；⑤收益权的市场性。

按照国际人力资本产权逻辑，探索国际战略人力资本管理模式，具有可行性和现实性，有重要的实践意义和应用价值。从人力资本的"成本—收益"分析角度出发，更能够体现国际企业人力资本——专用性的国际管理人力资本和技术人力资本——的价值和使用价值，有助于在管理中增强国际人力资本的剩余价值贡献意识。

实施国际化发展战略的企业人力资本，是企业实现国际化战略目标的第一战略要素。国际人力资本的价值体现，重在使用权和收益权，不在于所有权。是否直接获得完整的使用权，即把这个人招聘到企业中来，直接地支配其人力资本的使用，在信息化、数字化时代，在许多情况下不仅没有必要，而且可能事倍功半。项目制合作，跨国远程协调与工作，同样可以获得人力资本的使用价值，达到预期目标。

四、迈向智能时代，开发科技赋能的指导与学习新模式

北京师范大学研究机构发布的《面向智能时代：教育、技术与社会发展》的研究成果认为，智能时代教育创新与变革有"十大趋势"，分别是"新技术重塑教育生态、新范式引领学习革命、新需求激发创新能力、新环境呼唤数字素养、新市场革新人力结构、新业态丰富服务供给、新投资驱动产业升级、新实践聚焦公平优质、新治理鼓励多元协同、新财政亟待兼容技术"。研究者认为，通过对未来教育的研究获得"五大启示"，即以全人发展为根本，以主动学习为中心，以能力提升为抓手，以优质供给为导向，以优化治理为保障。有专家提出，信息化引领教育变革，"科技赋能教育，教育赋值科技，科技与教育共塑未来"。

这项研究提出的观点，对我们思考和创新国际人力资源管理课程教学模式有启发作用。大学教师要积极拥抱新知识、新技术，用最新的教育科技赋能教学工作，开发出适应新时代、新阶段、新要求的课程教学模式。在我们初步设想的课程学习理想模式中，教师主要发挥思想启迪、前沿引领、方向指示、信息获取和利用等指导作用，让学生自主选择，利用智能技术和终端设备开展个性化学习与研究，探索、发现，提交体现创新创造价值的学业成果。教师可以采取智能终端或者人工值班方式随时在线，及时答疑解惑、指导引领。传统的线下面对面课堂教学方式可以减少但有必要保留，对于观点分享、思想启迪、情感交流、密切关系有重要作用。

第四节 对课程未来发展的展望

我们对创新"国际人力资源管理"课程教学的探索，虽然获得了一定的认识，积累了一些经验，但还处于起步阶段。任何创新创造活动，都不是轻而易举的事，需要个人和团队付出持久的努力，同时还需要得到有关机构、组织乃至国家的支持。

展望未来，我们充满希望。随着中国人工智能和信息技术高水平、高质量发展以及应用领域的扩大，教育教学新技术和智能终端开发的步伐必然加快。高校教师使用智能终端和共享资源创新教学模式，将成为必要性和必然性趋势。我们专业团队，计划加快工作节奏，研讨近期和远期创新模式，制订工作计划，早日实现优化课程教学的目标。

参考文献

[1]Peter J. Dowling，Marion Festing，Allen D. Engle. International human resource management(Fifth edition，2008)［M］. 赵曙明，程德俊改编. 北京：中国人民大学出版社，2010.

[2]赵曙明，刘燕，彼得·J. 道林，等. 国际人力资源管理［M］. 第5版. 北京：中国人民大学出版社，2012.

[3]逄锦聚：知中国 服务中国［N］. 光明日报，2012-09-11.

[4]南开大学迎来建校百年 践行公能校训 知中国服务中国［DB/OL］，央广网，2019-10-17.

[5]王建民. 战略人力资源管理学［M］. 第3版. 北京：北京大学出版社，2020.

[6]王建民. 企业人力资本管理：产权特征［J］. 经济管理，2002(15)：57-61.

[7]北京师范大学未来教育研究中心. 携手共话智能时代教育创新与变革——2020中国未来教育高峰论坛成功召开［EB/OL］，京师飞渡微信公众号，2020-12-06.

[8]赵曙明，陶向南，周文成. 国际人力资源管理［M］. 北京：北京师范大学出版社，2019.

第十三章
基于 OBE 教育理念的"战略管理学"
课程项目式教学探索与实践

王　颖

　　"战略管理学"课程作为人力资源管理专业核心学位基础课程，在综合培养应用型、创新型管理人才方面发挥着重要作用。OBE 教育理念指出，高校对人才的培养应当以学生学习效果为导向，基于应用性、创新性人才培养目标进行"战略管理学"课程教学改革实践，实现理论教学、案例教学、实践项目的多种教学手段的有效结合。本课程在该理论指导下，构建了战略管理学项目式教学模式组织框架，通过线上线下教学结合、拓展教学途径、增加实践项目等多样化战略管理教学改革设计，为战略管理学项目式教学实践与探索提供理论和实践指导，促进学生将所学理论和方法应用到解决实际问题当中去，也为学生后续细分专业学习奠定扎实基础。

第一节　教学改革背景

一、课程改革问题的提出

　　当今国际竞争的关键在于人才，作为人才培养的重要产出环节，高等教育是培养适应我国经济社会发展应用型、创新型人才的重要阶段。《国家中长期教育改革和发展规划纲要（2010—2020 年）》要求我国高校科学定位、特色办学，在课程教学中要以社会需要为导向，在夯实基础理论知识体系的同时，重点培养学生知识的实际应用能力。2015 年 5 月，《国务院办公厅关于深化高等学校创新创业教育改革的实施意见》明确提出，要促进专业教育与创新创业教育有机融合，在传授专业知识过程中加强创新创业教育，总体上指明高校教学内容设计及施教形式均要以塑造各专业学生职业实践能力、创新能力为重心。

为适应时代需要，各培养单位纷纷开展育人方法的探索与革新工作，众多新兴教育理念应运而生。成果导向教育（outcome based education，OBE）理念，是一种以教育产出效果作为教学评估主要导向的教育模式，已在国内外不同学龄阶段教学改革中有所应用，是人才培养课程建设的重要指导框架。本章基于 OBE 教育理念，阐明"战略管理学"课程在人力资源管理专业教学体系中的课程定位及教育目标，详述当前课程建设中的现存问题，并进一步在这一理念指导下构建"战略管理学"课程项目式教学改革的实施框架，以期优化"战略管理学"课程内容设计、提升教学效果，促进应用型、创新型人才培养目标的达成。

二、课程定位及教学目标

自 20 世纪 60 年代作为一门正式的学科诞生以来，"战略管理学"课程经过多年的发展与完善，理论体系已趋于成熟，在综合培养应用型、创新型管理人才方面发挥着重要作用。1996 年国家教委管理类专业教学指导委员会充分肯定"战略管理学"课程的重要价值，将其列为管理类各专业培养计划的十三门主干课程之一，对培养学生的战略性思维和分析、解决企业战略过程中具体问题具有重要的指导作用。

1."战略管理学"课程定位

战略于个人是生活目标和人生方向，于组织是长期生存之本。在现代企业管理中，战略管理越来越成为最高层次的综合性管理。"战略管理学"课程主要教授如何对企业进行系统的、全局的整体性思考，确定企业的使命及愿景，全面分析企业外部环境和内部环境，设定战略目标，综合谋划实现该目标的战略措施并及时进行有效控制。"战略管理学"课程具有较强的操作性和创新性，性质上更强调对长远性、全局性理念和思维模式的训练，是培养人力资源管理专业学生在不同行业企业中的战略决策与分析能力的关键课程。"战略管理学"课程的这一特性正好吻合了培养应用型、创新型人才的时代需求。

北京师范大学人力资源管理专业培养方案中,"战略管理学"课程被确立为核心学位基础课程,归属主干课程体系,一般开设于本科学生第二学年的秋季学期,于"管理学基础""宏观经济学""心理学基础"等先修课程之后开设,有助于学生进一步学习工作分析与组织设计、招聘与选拔、培训与开发、薪酬管理、绩效管理、领导力开发与组织等后续相关课程,在整个专业培养方案和课程体系中具有重要地位。

2."战略管理学"教学目标

在现实生活中,企业的战略管理状况将直接关系到企业的生死存亡,可见"战略管理学"是一门实践性非常强的应用型课程。因此,在教学过程中如何让学生充分熟练地掌握企业战略管理的现实功能,增强高校学生分析和解决实际企业战略管理问题的能力,同时将双创教育融入"战略管理学"课程中,实现理论教学、案例教学、实践项目的有效结合,是"战略管理学"教学探索与教学改革的重要议题。

根据布鲁姆目标分类理论,结合"战略管理学"课程实际,我们将课程目标分为知识、能力、态度三个领域,并相应设计了三个层次。第一层是知识层,教师通过教学让学生了解战略管理的基本框架和主要内容,掌握战略管理学的基本理论、思路和方法,学会战略管理学的思维方式及分析工具。第二层是能力层,学生通过"战略管理学"课程的学习,理解宏观、微观环境对企业经营战略的影响,能在复杂多变的环境中分析出企业发展中所面临的机会和威胁,并运用战略管理的理论和方法对企业发展战略进行综合分析和正确决策,有效锻炼学生的战略思维能力和战略实践能力。第三层是态度层,教师在教学过程中要激发学生的学习兴趣,调动学生的积极性和能动性,让学生积极参与课程,主动了解当前国内外企业战略管理的前沿和典型的成功与失败的经验。

三、OBE 教育理念下"战略管理学"课程教学的主要问题

1. OBE 教学理念

OBE 教育理念即成果导向教育,亦称能力导向教育、目标导向教育或需求导向教育,是指教学设计和教学实施的目标是学生通过教育过程最后所取得的学习成果。这一理念最早在 1981 年由威廉·斯巴迪(William Spady)在《成效基准理念的教育》一书中提出,强调应当关注社会对人才的实际需

求，围绕学习产出来合理安排教学时间和教学资源。因此，OBE 教育理念主要关注以下四个问题：①想让学生取得的学习成果是什么？②为什么要让学生取得这样的学习成果？③如何有效地帮助学生取得这些学习成果？④如何判断学生已经取得了这些学习成果？因此，OBE 理念下的教学活动是围绕明确的学习成果来组织的，教学中以学生为主，从教学目标的制定、教学内容的完善、教学计划的实施到教学结果的评价都应当围绕学生能力来组织。

2."战略管理学"课程教学面临的主要问题

长期以来，"战略管理学"课程一直在教学改革的道路上不断探索，经历了由纯理论讲授向案例教学转型的发展过程，这无疑是一次颇具推动性的有益尝试。但当前学生们在实际场域中应用战略管理理论解决企业或项目战略问题的能力提升效果仍显不足。"战略管理学"课程教学仍存在以下问题亟待改善。

(1)教学内容偏重理论

相对于其他课程来说，"战略管理学"课程强调从企业的长远发展、全局发展出发来进行战略决策，因此该项课程的学习需要综合许多学科知识，内容涉及面广、难度较大，教学内容安排不合理将会给学生在知识理解上增加更大难度。该课程目前的教学内容，基本上都是围绕企业经营战略管理的过程，按照战略管理概论、战略分析、战略选择、战略实施与评价这四项主题来开展的。然而，作为一门应用性较强的课程，当前主流教学模式主要以教师讲授相关理论知识为主，学生成为被动接受知识的主体。无论是教学内容，还是课程考核的方式，均以理解和记忆相关理论为主，不符合 OBE 教育理念对人才培养的应用性要求。

(2)教学模式缺少创新

企业经营战略管理本身是一门对实践技能要求比较高的学问，需要学生能运用战略理论知识解决现实中的企业战略问题，这就需要开展多种课程教学模式，锻炼学生的应用能力。目前，高校各管理类专业在"战略管理学"课程教学模式上其实并没有多少创新，依然采取教师讲、学生听，平时作业加期末考试的做法。课程教学模式单一、单调，毫无主动性可言，没有激发学生的学习兴趣，也没有体现 OBE 教育理念对人才培养的科学性要求。

(3)教学方法相对陈旧

"战略管理学"课程也是一门非常艺术化的课程，每个人可能有自己对企业战略的理解和选择、实施战略有所差异，需要以更加生动、灵活的教学方法进行教学。但不少高校目前该课程的教学方法还是停留于"满堂灌"的做法，虽然有的高校在该门课程中建立了案例教学库，尝试案例教学法以调动学生学习积极性和独立思考能力。但是，课上案例教学法为保障教学时间，教师所提供的案例往往精简至千字以内，学生在进行案例讨论的过程中很难全面掌握案例企业的相关信息，这导致学生对案例企业的讨论多以材料给出内容的主观判断为主，案例分析环节往往因难以深入核心而流于表面化。

（4）缺少课程实践环节

"战略管理学"课程的目标不仅要使学生掌握管理理论知识，还要使学生能够把战略管理理论和实践有效结合，能够运用战略管理理论知识分析和解决企业管理中的现实问题，培养学生学以致用的能力也是未来管理类专业教育改革的主流导向。然而，目前"战略管理学"课程实践环节相对较弱，除了毕业实习等必需的实践教学环节外，诸如模拟实训、实地调研等其他形式的实践环节则相对较少，进而使得学生分析问题和解决问题的能力不强。

第二节　教学改革措施

一、OBE 教育理念下"战略管理学"课程项目式教学模式构建思路

1. 项目式教学模式引入的重要意义

项目式教学模式是指以项目为主线，以学生为主体，以教师为引导者，将课程内容有机划分为若干子项目，学生通过完成项目任务的形式，达到理论学习与实践操作的无缝对接和有机结合，有效实现 OBE 教育理念中以"学习效果为中心"的终极目标。

项目式教学模式是一种实践性较强的教学方法，同时也建立在一定的理论基础之上。建构主义学习理论认为，学习不是教师单向灌输知识的过程，而是学生通过实践与反思来建构自己知识的过程。因此，面向实践的"战略管理学"课程项目式教学与这一理论内核具有天然的一致性。在这一教学模式下，教师引导学生选择创业项目，学生则是承担为目标企业制定战略规划

的任务主体，这种情境创设充分发挥了学生的主体性和学习的主动性。同时，通过团队协作来完成整体任务，有助于促进战略管理知识体系的建构。因此，基于 OBE 教育理念在"战略管理学"课程中引入项目式教学模式，能够充分调动学生学习的主观能动性，最大限度提高学生利用理论知识解决企业实际战略问题的实践能力。

2. OBE 教育理念下项目式教学模式的构建

在"战略管理学"课程中引入项目式教学，是促进传统"教授范式"向新型"学习范式"转型的进一步尝试。从课程推进的进程来看，"战略管理学"项目式教学可划分成四个阶段(如表 13-1)，各个模块在依从教学整体过程的大趋势下，交替穿插融入每节课程当中。

表 13-1 "战略管理学"项目式教学模式构建的四个阶段

任务分工	实施路径			
	建构知识体系	发布课程项目	发布实践项目	考核项目完成情况
教师	设定教学目标；设计课程教案；改编课程案例	构建课程项目；明确项目目标；布置项目任务	搭建项目情境；指导战略选择；监督进展情况	考核个人成果；考核团队成果
学生	学习课程内容；阅读经典教材；完成案例学习	选择分析主体；了解战略背景；撰写分析结果	组建项目团队；确定创业项目；进行创业实践	个人—提交项目报告；团队—课堂展示组间提问
任务对象	个人	个人	团队	个人+团队

(1)建构知识体系

根据 OBE 教育理念，结合"战略管理学"课程本身的教学目标，教学内容的建设应该对培养目标进一步分解，细化到每章、每节内容，注重加强学生对依据企业战略规划制定的逻辑，完成"战略管理学"课程知识体系的整体建构。

对于人力资源管理专业本科生来说，"战略管理学"课程的学习效果在很大程度上取决于教学过程中对该课程的课程体系内容设计是否合理。根据建设应用型、创新型人才培养目标的教学要求，在课程内容选取上，要坚持从能力本位出发，理论知识的讲授以"必需、够用"为准则，主要强化实践性教学环节，通过项目的引导、任务的完成来培养学生的职业能力和素质，以达到提高学生实践能力和创新能力的教学目标。

在课程体系设置上，本课程设计重构原有的章节式的知识体系，结合一般企业的战略管理过程以整合教学内容和进程，即按照"概念导入—战略分析—战略选择—战略实施"的设计思路，把涉及的知识和能力分为4个模块，进一步构建每一模块的理论知识点和工具方法，且每个章节分别设计1~2个课程案例，引导学生理解并掌握具体内容。如表13-2所示。在课程内容上遵循"精""新"原则，重点讲解核心内容，概念导入模块讲授战略管理的概念、价值、特征与理论，让学生基本了解战略管理内涵；战略分析部分主要讲解外部环境分析、内部资源能力分析方法；战略选择部分重点聚焦业务级、公司级战略的教授；战略实施部分主要讲解成功实施战略的五个关键要素内容。

表 13-2　战略管理学课程教学内容重构

模块	内容		案例/课上练习（节选）
模块一： 概念导入	战略管理导论	战略管理发展历程； 为什么学习战略管理	李开复：向死而生； 七日旅店管理公司战略； 阿里巴巴的使命
	战略的内涵	战略概念及比较； 战略的特征	
	战略管理概述	战略管理的内容和理论	
模块二： 战略分析	宏观环境分析	外部环境组成和特点； PEST 分析工具	迈克尔·波特的公司破产； 小家电企业 PEST 分析； 商战之电商风云：价格之争； 浅谈运用波士顿矩阵分析李宁的战略选择
	行业环境分析	行业环境组成和特点； 五力模型分析工具及其发展	
	内部资源 能力分析	资源、价值链分析、核心竞争力； SWOT 分析、波士顿矩阵、GE 矩阵分析工具	
模块三： 战略选择	业务级 竞争战略	成本领先战略的特点及实用性； 差异化战略的特点及实用性； 集中化战略的特点及实用性	进击的可乐们； 招商银行上市之路； 海尔的多元化之路； 永和豆浆实现种、产、销一体化； 吉利汽车的开发之路
	公司级 竞争战略	多元化战略的概念、动机、适用条件； 一体化战略的概念、动机、适用条件； 密集成长战略的概念及类型； 紧缩型战略的概念、优缺点及类型	

续表

模块	内容		案例/课上练习（节选）
模块四： 战略实施	战略实施 关键要素	组织结构、领导、激励、制度、文化	
	战略控制 与评价	战略控制与评价方法	

（2）发布课程项目

在"战略管理学"课程的教授过程中，利用案例是提升学习效果的有益方式，通过随堂案例分析课程项目及期末综合性课程项目的练习，学生们可以在巩固知识及分析技巧、积累实践经验方面得到锻炼。但是案例教学优势的发挥在很大程度上取决于案例教学的组织形式，只有进行合理的组织才能达到案例教学的真正目的。本课程在设计时将随堂课程项目与期末课程项目相拆分，并收到了较好的实践效果，如表 13-3 所示。

随堂课程项目任务发布于每周课程知识性讲授内容之后，在案例的选择上格外注重"理论与实践统一"和"即时性"，即依据当堂所学内容选择最新的本土化、国际化案例作为项目内容，学生可在课堂上运用所学内容分析公司运作中亟待解决的问题，提出相应的战略解决方案。同时鼓励学生进行分析和交流，采用多种案例研习形式，以个人案例研读、小组集体讨论、教师点评等形式，充分调动学生参与的主动性与积极性。

在各模块教学内容完成之后，将发布期末综合性课程项目，指导学生围绕战略分析、战略选择与战略实施三个主题，检索各种网络资源及其他资源确定拟分析目标主题及公司，详细描述企业战略选择背景并进行案例分析，即根据所学知识，分析企业战略选择动机、这样做带来的好处和坏处，或者预测未来走势。

表 13-3　战略管理学课程项目任务设计

项目性质	编号	具体任务（节选）
随堂 个人项目	项目一	分析德胜洋楼战略及其产生过程；如何理解德胜洋楼战略与外部环境、与竞争对手的关系？
	项目二	以北京市机动车限购政策为例，分析宏观环境是通过什么途径影响企业的。

续表

项目性质	编号	具体任务(节选)
随堂个人项目	项目三	无锡尚德与保定英利战略决策者有何差异?两家企业如何相互影响?关注英利的后续发展,分析无锡尚德失利的原因。
	项目四	分析《非诚勿扰》的竞争优势(资源、能力);持久的资源或能力需具备什么特征?
	项目五	某品牌包饰折扣特许加盟店SWOT分析是否有不当之处?如何进行战略选择?
	项目六	格兰仕成本领先战略的实施途径分析;进军空调市场初期可否实施低成本战略?
	项目七	分析招商银行差异化战略与创新之间的关系。
	项目八	天天洗衣为何开展多种业务?如何带来收益?
	项目九	分析自建牧场与奶牛大学战略选择并分别评价其优势及劣势。
期末综合性个人项目	三选一	1. 环境(内部或外部环境)对企业战略决策的影响; 2. 成本领先战略、差异化战略、国际化战略、多元化战略、一体化战略(任选其一)的实施条件、优势和劣势; 3. 企业战略如何成功地实施?或者如何失败的?

(3)发布实践项目

为了能够让学生全面理解课堂知识在实践中的应用价值,本课程还增加了创新创业实践项目的设计,这一项目自2005年发起至今已超过15年,积累了大量的教学经验,同时仍不断在教学引导、项目组织等方面持续优化,"校内公司"受到了《新京报》、新浪网等媒体的广泛报道。

实践项目要求学生们自由组成6~8人团队,并合理构建为期一个月的创业项目,根据各自团队选定行业的整体发展情况,与竞争对手进行分析对比,从而确定小组创业项目及后续各项经营战略。具体课程组织过程中,依托课程讲授进度引导学生推进创新创业项目运营进程,组织阶段性中期阶段汇报指导学生进行关键决策点决策。项目结束后,项目组根据任务分工由相应成员以PPT形式演示项目成果,相似项目组之间可以相互提问交流,以项目驱动的形式组织教学,最后再由项目导师进行深度点评,形成对战略管理知识系统的整体性反思。

不难发现,学生组建的创业项目运作模式也在不断伴随时代发展而有所转变,大致经历了"零售思维""客制化思维""互联网思维"三个大阶段的演化过程。项目发起早期，学生创业项目商业模式多为校内零售，例如，基于前期调研结果前往周边市场批发高需小商品进行校内摆摊售卖，一年一度的战略管理学创业实践一度成为北京师范大学的风景线。而后，客制化模式的创业项目逐渐浮现，例如"BeNearU"项目团队主要基于客户需求生产定制化帆布包及文创商品。随着对"互联网＋"理念认知的不断深入，学生创业项目在全面运用线上渠道推广的同时，对所提供产品的理解也不断深入。创业项目不仅仅是提供某种"商品"，也可以是一种"服务"，如"最后一公里"项目团队，旨在通过线上渠道整合信息的方式，解决校园内外卖、快递等业务到学生手中最后一公里服务缺失的问题；此外，"叫醒""催睡""陪上自习"等收费服务也层出不穷。

将创新创业实践项目纳入战略管理学教学体系，对于人力资源管理专业学生来说颇有裨益。首先，将课堂所学战略管理知识运用于实践项目具体情境当中，有利于加深学生理解并提升其实际应用水平；其次，从个人职业发展层面来看，此次战略管理学课程中创业实践项目也成为学生未来求职简历中的一段特色经历，为学生增加实习经历外的别样砝码；再次，创业实践项目还有可能为学生职业选择开辟新的航向，部分优秀的学生将战略实践项目持续运营到了课堂之外，后续成功申请"国家创新创业实践项目"创立摄影工作室、打造北京师范大学爆款棒球服等，并在毕业后选择创业继续运营战略管理学的实践项目。

(4)考核项目完成情况

课程评价具体由三方面组成，即平时评价、项目评价和期末考试评价，三项成绩的权重分别为40％、20％和40％。通过考核方式的多样化、考核内容的全面性，以及理论与实践相结合、学生自主学习和课堂实践互动相结合等方式，使课程的考核机制更加完善。这样的评价体系，不仅在知识层和能力层对学生有了一定的把控，而且改善了学生的学习积极性，从态度层改变了学生的学习行为，提升了学生的理论理解能力和实际管理能力。

平时评价由出勤、课堂表现、随堂课程项目、期末综合性课程项目四部分构成，每部分所占权重比为25％。观察学生的学习态度、学习热情，并考查日常讨论、随堂作业等各个学习环节的参与程度，根据实际表现打分。项目评价主要由期末综合性课程项目、创业实践项目、实践结果构成，引入自评、团队互评、教师评价三个维度，分别占比30％、30％和40％，主要考查学生课外拓展项目的完成情况、团队协作能力以及学生参与创新创业项目的努力程度和经营结果。期末考核试卷注重理论与实践结合，强调主观性、应用性题型占试卷总成绩的 60%，主要关注知识的掌握程度、解决问题的思维水平和实际能力、案例分析能力等。

二、OBE 教育理念下"战略管理学"教学改革探索与实践

1. 革新线上线下相结合的教学实施方式

基于应用型人才培养目标，为进一步培养学生的实际操作能力，"战略管理学"课程倡导互动式教学模式，反对传统的填鸭式教学。"战略管理学"课程内容更新速度快、信息量大，教师在授课时受课堂学时的限制，不可能面面俱到，所以要借助线上线下相结合的教学方式，将理论学习与实际能力培养紧密结合起来。传统教学方式以教师讲授为主，而以成果为导向的OBE 教学理念则强调师生共同参与，把"以教为中心"转变为"以学为中心"，这就要求教师能通过教学过程，激发学生的学习兴趣和学习主动性。

顺应时代发展，结合目前流行的慕课、北京师范大学 BB 网络教学平台等线上学习工具来开展教学，能在一定程度上引导学生主动参与到课程学习中。在课程初始，学生通过线上学习进行基础知识的储备和预先消化吸收，教师利用线上慕课进行重点知识的梳理，进一步针对每个教学单元设计课堂教学大纲及案例，有助于学生及时回看，温习知识点。在线下教学过程中，教师首先对学生在自主学习过程中提出的共性问题进行解答，然后针对学生认识中存在的分歧组织讨论或辩论活动，让学生根据现场情况自主地发现问题、分析问题、解决问题，在此基础上再结合本章节的学习重点和难点进行讲授。

在这种教学实施方式的引导下，无论课堂教学还是课后，都充分体现了师生互动。一方面，教师在课堂教学过程中不断通过问题、案例等引导学生积极思考、讨论、发言，使学生积极参与课堂教学，成为课堂教学的主体。另一方面，这种学习方法可以使整个课堂围绕核心问题展开，既加深了学生对知识的理解，培养和锻炼了学生的判断决策能力、管理思维能力，同时也提升了学生的表达能力和解决问题的能力，还增强了学生的团队合作精神和人际交往能力。

2. 拓宽教学途径，建设案例教学库

在战略管理教学过程中，教师积极拓展教学途径，努力提高教学效果，结合战略管理理论深奥难懂的特点，在讲授企业战略管理课程时除了采用传

统案例教学法之外，还采用"现实案例＋基本理论""视频资料＋基本理论"等多种混合式教学方法，提高学生的学习兴趣，加深学生对理论知识的消化与吸收。例如，用鲜活的事例代替枯燥的专业术语，促进学生由逻辑记忆向形象记忆转变，加深对知识的理解；在讲授完基本理论知识后，播放与理论知识相关的专家学者讲座视频或电影电视剧片段，如《电商风云：价格之争》，在学生观看完视频后，再带领学生进行知识的印证、对比，以促进学生消化和加深印象。

同时积极开辟多元化教学途径，要求学生利用互联网、数据库及文献资料，综合分析环境对特定企业战略决策的影响、特定企业实施某公司层战略的发展过程、特定企业战略实施的具体结果。对于学生作品中优质的分析结果，授课教师与学生可合作改编将其纳入案例教学库，以每年修订、调整的方式对"战略管理学"课程案例进行更新、维护，改变过往仅由教师自主设计案例的授课方式。未来可进一步推进案例教学库的应用，结合线上教学模式建立战略管理课程的案例库教学资源平台，允许学生登录查看案例，并通过小组讨论、结果共享的形式完成企业战略管理课程项目任务，实现教学活动与战略管理实践性活动互动，提高学生的战略思维和分析解决问题的能力。

3. 增加创新创业实践项目

OBE 教育理念在实施时，强调学生学习的结果，即是否能够使用学习产出。为进一步培养和锻炼学生的创新创业能力，授课教师在"战略管理学"课程教学中设计了"融入模式"的载体——创业团队，将"双创教育"融入相关通识课程或专业课程中，使之贯穿整个教学过程。

创新创业项目推进过程中，授课教师不断引导学生团队整个项目与教学模块相结合，激发学生主动学习、主动探索精神；通过与小组同学的交往、交流和相互协作，实现对学生沟通能力、表达能力、团队协作能力、领导力的培养。项目结束后，所有团队共享和展示创新创业实践项目成果，其他同学共同分析、点评其战略实施情况，总结不足之处和改进方案，评估该团队对战略管理知识的应用程度和经营结果收益性。通过创业团队这个载体，教师引导学生充分应用所学知识，加强学生对战略管理知识的应用，在一定程度上实现了"真题真做"。

值得注意的是，创新创业实践教育与"战略管理学"课程在培养学生战略思维和理论知识方面存在诸多交叉点。创新创业实践，本质上就是一种战略管理活动，从组建创业团队、创新创业项目的概念阶段、分析阶段进行创业机会识别、项目可行性分析，到初创阶段产品定价策略的制定，再到项目执行阶段营销方案、生产规模、竞争策略的选择以及生产要素间的平衡，均需要战略管理学相关知识的支撑，与战略管理学的教学内容能够深度耦合。需要学生运用战略管理思维设计出详细的组织结构、进行内外部环境分析，为其项目产品定价、制定战略并分析实施过程可能遇到的问题，否则就会出现创业成功率低、项目变现能力差的问题。这与战略管理所授内容与思路是一致的，对于学生理解战略管理的精髓颇有益处。

第三节　教学改革总结

　　培养学生的战略性思维和分析、解决企业战略管理问题的能力，是新时代企业战略管理类课程改革的重要目标。因此，加快"战略管理学"课程由纯理论教学向理论与实践相结合的模式改革，是提高高校应用型、创新型人才培养质量的途径。OBE教育理念的提出为课程改革和评价提供了新的视角，从注重课程资源的投入转变为注重学生学到了什么，其人才培养的理念、内容和设计与人力资源管理学科有很高的契合度，并能弥补现有教学模式中的实践性差、创新应用能力不足等诸多问题。

　　基于OBE教学理念，教学设计需要反向思考和确定需要什么样的教育教学环节，聚焦学生的最终学习成果，对课程进行教学改革。而引入项目式教学模式是OBE教育理念下顺应时代改革需求的重要创新。项目式教学模式不仅有助于学生理解和掌握企业战略管理理论与方法，而且有助于培养学生的企业管理实践能力、团队协作能力、理论认知能力及思维创新能力。通过建构知识体系、发布课程项目、发布实践项目、考核项目完成情况四个阶段的项目式构建思路，革新线上线下相结合的教学实施方式，拓宽教学途径，建设案例教学库以及增加实践项目等方式进行"战略管理学"课程的教学改革与探索，能够使学生在掌握企业战略管理相关理论知识的同时，进一步提升学生的知识运用能力，提高教学质量，实现应用型、创新型人才培养的目标。未来教学改革可进一步尝试加大校企合作力度，联动高校与优秀企业建立实践基地、邀请企业家进入课堂，增强学生对战略管理的学习与实践，进一步提高"战略管理学"教学质量。

参考文献

［1］Willam G S. Outcome-based education：Critical issues and answers［M］. Arlington：American Association of School Administrator，1994.

［2］王慧青，尹少华.《企业战略管理》课程案例教学改革探讨［J］. 中南林业科技大学学报(社会科学版)，2013，7(5)：203-205.

［3］聂晶晶. 采用项目式教学模式提升教学效果——以"商业空间设计"课程为例［J］. 中国大学教学，2017(8)：73-75.

［4］刘海燕. 向"学习范式"转型：本科教育的整体性变革［J］. 高等教育研究，2017，38(1)：48-54.

第十四章
"领导力开发"课程教学研究：
历史人物比较

李永瑞

　　领导力因为组织管理有效性的应然性需求而存在，它是领导者准确并清晰定义未来，有针对性地整合并内化相关资源，积极影响广义（组织外部）和狭义（组织内部）追随者的决策和行为，从而实现个人价值和组织效益最大化的能力。它可细分为准确并清晰定义未来（战略定位）、全局并动态整合资源（优势积累）和利导并刚柔影响行为（目标同一）三个维度和要素。课程围绕中西古今、融人文教育于无形，通过三角互证的实证研究，采用"跟我学"的模式，"学""习"并重，全面提高学生思想的高度、心胸的宽度和眼界的广度。

第一节　课程概要

一、课程简介

　　人人都是领导，人人都需要领导力。领导力是个体职业生涯规划或组织确定发展目标，个体或组织整合资源并内化为核心竞争要素，积极影响他人决策和行为，有效促进个人职业生涯发展或组织目标实现的各种能力体系的总和。领导力能最大限度地激发个体工作的积极性、主动性和创造性，并力促个体职业生涯发展与组织目标演进的契合。

"领导力开发"课程由基础理论篇和实证案例篇组成。前者包括领导学与领导力概论、组织管理与决策模式概论两章，后者由领导力与生涯规划、领导力与职场成长、领导者职责与角色、领导力与组织管理、领导力与自我调适 5 章组成。具体讲授过程中采用理论与实践综合、师生互动的形式，分 8 个专题展开。

二、教学目标

本课程综合应用案例研讨与理论分析的方式，在全面深入诠释领导、领导力与领导力理论相关概念和内涵的基础上，围绕领导角色、团队建设、组织变革等 8 个专题讲授了不同层级管理人员领导力提升的目标、路径和有效方法等。通过本课程教学，教师应引导并帮助学生从历史的角度系统理解领导力与组织兴衰成败之间的逻辑关系；学会使用相关管理工具对现代组织的管理现状进行诊断，并提出合理、可行的解决方案；了解领导力训练的初步方法，并初步学会根据组织管理现状权变地调适和优化自己的领导能力，以促进组织绩效的有效提升。

三、教学内容和学时分配

本课程教学内容和学时分配如表 14-1 所示。

表 14-1　教学内容和学时分配

章节序号	教学内容与重点和难点	学时分配	教学要求
第一章	图强谋盛、领向导人（领导内涵）	4	教师主讲
第二章	准确定位、以效定绩（领导角色）	4	案例分享
第三章	三维胜任、时序两美（团队性向）	2	案例课堂
第四章	知彼解己、全局思维（团队建设）	4	案例课堂
第五章	澄清目标、优化路径（组织变革）	4	教师主讲
第六章	三商共进、财智并兴（领导思维）	4	案例课堂
第七章	公共中心、名实相契（领导心智）	4	教师主讲
第八章	利导差异、移情换位（沟通管理）	2	案例课堂
机动、考试		4	

四、案例使用情况

本课程案例使用详情如表 14-2 所示。

表 14-2　案例使用详细情况

序号	案例名称	案例字数	案例来源	教学方法
1	中日甲午兵败鲜为人知的另类原因	2 400	案例教材	课堂讨论 PPT 展示
2	"李约瑟之谜"和"钱学森之问"成因之我见	47 500	原创	课堂讨论 PPT 展示
3	诸葛亮的悲剧：自见不明，独智添愚	10 000	原创	阅读
4	团队领导者心智模式与团队成员进退关系	15 000	原创	阅读
5	曾国藩缘何成为成功者的精神导师和学习楷模	10 000	原创	阅读
6	李世民：心怀天下　善借他力　敬畏留名	9 000	原创	阅读
7	王安石的人格缺陷：知而不行，化友为敌	4 000	原创	阅读
8	巴西的启示：如何在竞争中胜出？	5 000	原创	阅读
9	苏东坡的启示：是什么造就了全能大家？	8 000	原创	阅读
10	读《西游记》，跟观音学团队成员选拔与熔炼	12 000	原创	阅读

五、先修课程要求及教学策略

"领导力开发"课程的先修课程主要有"组织行为学""心理学基础"等，班级中学生人数最好在 30 人左右，教学策略与方法建议多采用案例式和角色扮演混合模式。

在课堂讲授中，本课程根据学生兴趣将其分成若干小组（5～7 人为一组），布置课外案例准备作业。一般两周后以小组为单位进行展示。

在社会实践环节，根据学生兴趣，本课程分别安排他们与著名企事业单位优秀领导者进行面对面的沟通，并根据实际情况，安排部分学生到相关企事业单位见习。

六、考核方式

本课程的考核方式分为平时考核和期末考核两个部分。平时考核占学期总成绩的 40%，其中课程论文占 20%，案例作业占 20%。期末考核占学期总成绩的 60%，考试形式为闭卷。

第二节　改革内容和措施

领导力研究由来已久，但进展有限。迄今为止，困扰领导力研究取得突破性进展的一些关键问题主要包括：关键概念的界定依然含混不清，理论供给和现实存在契合不足，研究方法顾此失彼等方面。展望未来，领导力理论的研究突破，需要在路径和方法上另辟蹊径，因为既有的领导理论，不论是经典的特质论、行为论和权变论，还是变革型、魅力型、交易型、家长式等新型领导理论，都不能全面、深入地刻画和描述领导活动所面临的新问题和新趋势，缺乏应有的解释力和预测力。所以，"领导力开发"课程致力于从新的视角洞见领导力的本质——人们对于领导的复杂性认识越深刻，就越有望能构建出更契合实际的领导力理论模型。

一、理论与实践并重

本课程在讲授上始终秉承一种教学模式，即通过案例来构建理论，用案例来解释、验证并修正理论。因此，本课程不仅系统地介绍并点评了西方的领导学理论，还对我国自春秋以来的相关领域的传统智慧进行了系统的梳理，在理论上具有完整性和系统性。同时，本课程还特别强调中国本土领导问题的特征及对应的解决路径与方法，实现了理论与实践的完美结合。

本课程名为"领导力开发"，顾名思义，就是从心理学、教育学、人力资源管理、组织行为学和领导学等角度，讨论领导力和组织管理的基本概念、理论及其两者之间的因果关系，以及领导者如何有效提升领导力并对组织实施有效管理。本课程在内容上可以分为基础理论讲解部分以及实证案例部分。

在基础理论讲解部分，本课程主要就领导学概念及其学科属性、领导学的基本要素、领导学研究的缘起与演进、领导力形成及其表现形式，组织概念及其属性、组织管理及其有效性、组织管理中的决策模式、组织管理研究缘起与演进等领导力、组织管理与决策相关的概念、理论进行综述，旨在为学习者提供一个清晰并详尽的研究背景，主要通过理论解读案例的方式来阐述。

在实证案例部分，本课程主要就生涯规划与领导力、职涯成长与领导力、领导者职责与角色、领导力与组织管理、领导力与自我调适五个部分，挑选经典案例进行深入挖掘与分析讲解。以事件、人物或两者兼而有之的实证案例为主线，以理论解析为辅的方式进一步解析领导力和组织管理的内涵以及两者之间的因果关系，助力各层级人员领导力的自我提升。

二、案例本土化

众所周知，当今人类正面临五大危机，即天人关系中的生态危机、国际关系中的战争危机、南北关系中的单方面发展与贫困危机、不同文化圈之间的文明冲突危机、西方文明中万能工具理性与狭隘价值理性之间的矛盾造成的价值观念危机。要破解当前人类共同面临的这些危机，我们可以从中国传统文化中天人合一的宇宙观、仁者爱人的主体观、阴阳交合的发展观、兼容并包的文化观、义利统一和为贵的价值观中去寻找答案。

不仅如此，当前我国管理实践中面临诸多问题，也需要在领导和管理领域有自己的独到创见。中国在走向现代化的过程中，不可能照搬西方国家的经验，只有从理论与实践的结合中寻求自己的发展道路。对中国古代精英人物的研究和评价，其出发点和归宿都应关注和展示历史人物的"当代价值"，也就是将历史作为一种对现实的勘探，通过揭示历史人物和历史事件背后的真相，驱使真理认识与价值目标的统一，从而展示其社会价值，以警示、教育和激励世人。然而，符合这一标准的研究目前并不多见，亟须进一步发掘和提升。

正如现代管理大师彼得·德鲁克所说，像中国这样的发展中大国，很多东西可以引进，资金可以，机器可以，甚至先进的技术也可以，唯有一样东西——管理者不能引进。中国应该培养属于自己的管理者，这些管理者深深地根植于中国的文化、社会和环境当中，熟悉并了解自己的国家和人民。在全球经济一体化时代，只有构建中国特色的管理学理论并为管理者所应用，才能培育真正强大的中国企业。

通过对中国历史数据的研究和分析来凸显中国历史人物的当代价值，发掘中国传统文化的智慧，重塑中华文明在领导学研究中的应有地位，就需要激活历史数据，借助人物对比，采用规范案例研究来构建本土领导理论，主动回应世界难题，并提供切实可行、简单有效的解决之道。

因此，本课程的案例均植根于本土化的教学实践和授课教师近年来在国内多家企事业单位的工作经验的总结，无论是理论还是案例，都非常贴近中国国情及中国企事业单位管理现状。

三、融人文教育于无形中

著名华人学者许倬云说："在管理与领导力这个领域，我们通常是从现在的公司案例中推导出可以学习的经验和一般原则。然而，法人公司的历史尚不足 200 年，而我们有 2 000 年的数据躺在那里无人问津。我们为什么不能使用那个更庞大、更复杂，而且有着更明显的革命与变革轨迹的数据库呢？那会帮助我们更好地理解领导力与组织的种种现象。"因此，为了更好地理解领导力与组织的种种现象，一要从现在的公司案例中推导出可以学习的经验和一般原则；二要用好用活至今无人问津，但有着更明显的变革轨迹的人类 2 000 年来的活动数据，也就是要通过案例，从历史的视角去探索领导力的真知灼见。

但是，自领导学研究开启以来的 170 余年间，中国传统文化对领导学理论的贡献，与中华文明的辉煌和中华民族悠久的历史极不相称，也与日渐崛起的中国经济和国际地位很不相符。其主要原因有两个：一是中华民族文化自信渐遭践踏后，迄今仍在重建中；二是既有研究对历史的当代价值发掘和凸显不足。发掘历史的当代价值，凸显历史与现实人生等相关变量之间的因果关系，不仅事关中华传统优秀文化在领导学研究本真地位的应然回归，也是当前我国各级各类学校和培训机构培养既能"修己"，又能"安人"人才的必然选择。

一个国家、一个民族的强盛，总是以文化兴盛为支撑的，中华民族的伟大复兴首先是中华文化自信的复兴。国无德不兴，人无德不立，借鉴规范的案例研究方法，以中国古代历史人物的对比为研究主线，进而澄清中华优秀传统文化讲仁爱、重民本、守诚信、崇正义、尚和合、求大同的时代价值，构建中华文化的独特创造、价值理念、鲜明特色，增强文化自信和价值观自信，这不仅是弘扬中华优秀传统文化之必然，也是破解人类共同难题的应然选择。早在 1988 年，75 位诺贝尔奖获得者在日内瓦聚会时就发表了一个共同宣言：如果人类 21 世纪要生存，就必须回到 2 000 多年前中国孔夫子的思想方法上去。随后，1997 年 10 月在俄罗斯举办的"中国·中华文明与世界——历史·现在·未来"的学术研讨会上，与会学者一致呼吁："中国文明和文化对全球文明和文化应当做出自己应有的贡献"。

而为了有效汲取中国历史智慧，凸显历史与现实人生等相关变量之间的因果关系，展现其鲜活的生命力和灵魂，需要基于现实问题导向，采用规范的案例研究方法，选择正确的研究导向，通过对历史数据进行归纳、总结和提炼，对相关历史人物进行对比研究与评价，继而回应现实问题并提炼相应的本土领导力法则。

因此，本课程充分融汇了近 2 000 年来的中华优秀传统文化，将古代经典的领导学思想与现代组织管理有机结合起来，契合中国文化，符合中国学生认知特征，化有形于无形中，注重对学生人文精神的培育与提升。

四、语言朴实，大道至简

本课程授课教师在本科、硕士、博士、博士后阶段先后跨化学、体育学、教育学、心理学、管理学多个学科和专业，并曾先后担任报社专栏主持人、同声传译、外企公关部经理，兼任过多家大型企业集团人力资源总监或管理顾问等，授课语言风格干净利落、风趣幽默，善于用小故事诠释复杂的大道理。

在课程所用案例中，既有管仲、商鞅、诸葛亮、鲁肃、李世民、苏东坡、王安石、曾国藩这样的历史人物，也有类似阿成、阿忠这样我们生活中随处可见的普通人物，以全面广泛诠释相关理论或个人或组织成长与发展的指导意义。

作为一个教育工作者，本课程教师认为包括教育在内的一切社会支持系统都应该对个体可能的成长与成才抱有积极、乐观和全力支持的态度，人人都是领导，人人都需要领导力。教师在课程案例讲述中一直秉行着"语言普适，大道至简"的原则，力争不同层次的学习者都能有所收获。

五、丰富配套教材及学习资源

(一)理论基础教材——《领导力与组织管理》

1. 教材简介

本课程选用李永瑞编著的《领导力与组织管理》，其由基础理论篇和实证案例篇组成。前者包括领导学与领导力概论、组织管理概论两章，后者由生涯规划与领导力、职涯成长与领导力、领导者职责与角色、领导力与组织管理、领导力与自我调适五章组成。

2. 教材目录

《领导力与组织管理》教材目录详如表 14-3 所示。

表 14-3 《领导力与组织管理》教材目录

一级标题	二级标题
第 1 章 领导学与领导力概论	1.1 领导学概念及其学科属性 1.2 领导学基本要素 1.3 领导学研究缘起与演进 1.4 领导力形成及其表现形式
第 2 章 组织管理概论	2.1 组织概念及其属性 2.2 组织管理及其有效性 2.3 组织管理中的决策模式 2.4 组织管理研究缘起与演进
第 3 章 生涯规划与领导力	3.1 直面未来，自信人生二百年 3.2 走出感性，突破自设之樊篱 3.3 画外看画，慎决跳槽与创业 3.4 主动出击，将消极化为积极 3.5 准确定位，做机遇偏爱之人 3.6 直面危机，多维度夯实自己
第 4 章 职涯成长与领导力	4.1 了解自我，入行跟人做对事 4.2 尊重差异，融入团队借他力 4.3 走出感性，清零归一立标准 4.4 关注细节，铸就成功之品性 4.5 顶天立地，反求诸己成伟业 4.6 点面共进，会当击水三千里

续表

一级标题	二级标题
第 5 章 领导者职责与角色	5.1 牢记职责，引领组织节节升 5.2 转换角色，莫学诸葛自专擅 5.3 传递压力，组织上下一条心 5.4 建造团队，结构时序两全美 5.5 影响行为，善用权力多学习 5.6 尊重需求，唯有源头有活水
第 6 章 领导力与组织管理	6.1 洞悉时势，全局思维，跟鲁子敬学战略管理 6.2 知人之智，挺忍之明，跟曾国藩学团队建设 6.3 尊重人性，循序渐进，跟管夷吾学组织变革 6.4 敬畏留名，克己修行，向李世民学直面神责
第 7 章 领导力与自我调适	7.1 领导者的智慧：鉴古察今，与时俱进 7.2 苏东坡的魅力：格局宏大，人格独立 7.3 王安石的教训：知而不行，化友为敌 7.4 压力管理要诀：降低期望，提升能力

（二）案例提升教材——《领导力开发经典案例》

1. 教材简介

本课程在案例部分选用了《领导力开发经典案例》一书，书中收录了诸多领导力的经典案例，这些案例均为授课教师在为各级各类学生，以及各种在职培训班成员讲授领导力相关课程时反复使用的案例。经过教学实践检验，这些案例很受学生们的欢迎，且与领导力相关主题十分契合。

2. 教材目录

本教材共 11 章，目录详见表 14-4。

表 14-4 《领导力开发经典案例》教材目录

第 1 章 融贯中西古今智慧，破解领导研究难题	1.1 发掘中国历史智慧，重塑民族文化自信 1.2 聚焦精英人物得失，求索三角互证数据 1.3 遵循案例研究路径，回应现实领导问题 1.4 鉴史镜人清正同一，知行并举有为不为
第 2 章 厘清理论发展脉络，把脉研究范式创新	2.1 准确定义领导内涵，以效定绩优劣自现 2.2 百年演进主客换位，交互日炽更赖本真 2.3 建构本土领导理论，完善全球知识体系

第3章 对比中日发展历程，校准组织变革路径	3.1 资源耗竭难以为继，创新驱动迫在眉睫 3.2 知正行敏日本腾飞，他山之石可以攻玉
第4章 深化变革三商共进，财智并兴圆梦中国	4.1 民族复兴求富强，实事求是路正康庄 4.2 全球视野格局担当，深化改革百舸竞上
第5章 愿景驱动内圣外王，解析联想创新做强	5.1 年过不惑反求诸己，挑战人生跨界创业 5.2 联想定位高科产业，光南院士倾心相助 5.3 资源整合财智并兴，精选伙伴破茧成蝶 5.4 百花竞放各归其位，蛇吞大象梦想成真
第6章 英特尔之华丽转身，格鲁夫偏执加理性	6.1 众人欲睡我独起，砸碎铁窗开天地 6.2 蛇打七寸抓关键，晓理动情谋同一 6.3 跟格鲁夫学偏执，果决理性巧转型
第7章 施振荣无为无不为，王安电脑欲聚则全散	7.1 抛却名利创宏碁，风雨万日谈笑退 7.2 振荣心智高远真，宏碁思维反胜正 7.3 未来不演王安剧，宏碁法则化知行
第8章 技术先进市场无情，钵星陨落血泪现身	8.1 柏林格奇思妙想，高尔文批准立项 8.2 钵星本有好胎相，孕育不良难产房 8.3 技术先进产品王，用户青睐看销量
第9章 解构组织成长基因，香港科大经典范本	9.1 功成不忘华族人，志同道合中国心 9.2 三维胜任构序美，聚贤纳才互竞励 9.3 教授治校正知行，优化制度夯根基 9.4 他山之石可攻玉，兴学善政皆范本
第10章 西楚霸王唯我独尊，高祖刘邦聚智增慧	10.1 遗传环境铸个性，刘邦项羽相对立 10.2 喜怒代言胸宽窄，善赐映射志高低 10.3 绩效无边全动力，清正同一齐步行 10.4 心智转型迈卓越，聚智增慧创伟业
第11章 解谜约瑟管理变革，求问学森思维创新	11.1 约瑟迷华著巨史，学森忧国发惊问 11.2 百花齐放各假设，百家争鸣无定论 11.3 管理变革解约谜，思维创新答森问

（三）教材与学习资源

1. Academy of Management Journal/Academy of Management Review/Administrative Science Quarterly/American Journal of Sociology/American Sociological Review/Journal of Applied Psychology/Journal of International Business Studies/Organization Science/Research in Organizational Behavior/

Strategic Management Journal 等权威学术期刊上发表的相关主题文章。

2. John Adair. Develop your leadership skills. KoganPage，2010.

3. Michael G Rumsey. The Oxford handbook of leadership. Oxford：Oxford University Press，2013.

4. P Alex Linley，Susan Harrington & Nicola Garcea. Oxford：Oxford handbook of positive psychology and work. Oxford University Press，2010.

5. 罗纳德·哈里·科斯，王宁. 变革中国——市场经济的中国之路[M]. 徐尧，李哲民，译. 北京：中信出版社，2013.

6. W L 贝尔斯. 左宗棠传[M]. 王纪卿，译. 南京：江苏文艺出版社，2011.

7. 艾米·蔡. 大国兴亡录——全面透析罗马、唐朝、蒙古等8个历史上超级大国的起落兴衰[M]. 刘海青，等译. 北京：新世界出版社，2010.

8. 钱穆. 中国历代政治得失(新校本)[M]. 北京：九州出版社，2012.

9. 李平，曹仰锋. 案例研究方法：理论与范例——凯瑟琳·艾森哈特论文集[M]. 北京：北京大学出版社，2012.

10. 何炳棣. 读史阅世六十年[M]. 北京：中华书局，2012.

11. 戴维·迈尔斯. 社会心理学[M]. 原书第11版. 侯玉波，张智勇，乐国安，等译. 北京：人民邮电出版社，2016.

12. 陈寿撰，裴松之注. 三国志[M]. 北京：中华书局，2006.

13. 司马迁. 史记[M]. 北京：中华书局，2006.

14. 刘邵. 人物志[M]. 梁满仓译注. 北京：中华书局，2010.

15. 陈舜臣. 诸葛孔明[M]. 东正德，译. 北京：国家图书馆出版社，2005.

16. 黄卫伟. 以奋斗者为本——华为公司人力资源管理纲要[M]. 中信出版社，2014.

17. 拉斯洛·博克. 重新定义团队—谷歌如何工作[M]. 宋伟，译. 北京：中信出版社，2015.

18. 谢德苏. 重新定义创新——转型期的中国企业智造之道[M]. 北京：中信出版社，2016.

19. 谭伯牛. 战天京[M]. 长沙：岳麓书社，2016.

20. 梁启超. 中国历史研究法与中国历史研究法补编[M]. 北京：中华书局，2016.

21. 田涛，吴春波. 下一个倒下的会不会是华为[M]. 北京：中信出版社，2016.

22. 齐锡生. 香港科大还有什么好说的[M]. 深圳：海天出版社，2014.

23. 徐淑英，任兵，吕力. 管理理论构建论文集[M]. 北京：北京大学出版社，2016.

24. Michael G Rumsey. The Oxford handbook of leadership[M]. Oxford：Oxford University Press，2013.

25. 刘峰. 领导科学与领导艺术[M]. 北京：高等教育出版社/北京大学出版社，2014.

26. 梅贻琦. 梅贻琦西南联大日记[M]. 黄延复，王小宁整理. 北京：中华书局，2018.

27. 沈志华. 大国沧桑十讲 沈志华演讲录[M]. 北京：九州出版社，2016.

28.《中国社会科学》《心理学报》《心理科学》《心理科学进展》《管理世界》《人力资源开发与管理》等学术杂志相关主题文章。

第三节　育人效果

一、学生评价良好

在 5 分制的评价体系中，本课程评价结果常年位于优秀之列，均高于全校课程评价平均分，广受学生欢迎。总体来说，学生对该门课程教学的评价是：教学效果较好，讲课逻辑清晰，内容翔实，案例丰富，能够激发学习热情和好奇心。学生在课程学习中不仅能学到领导力相关的专业知识，而且能够学习如何在生活中运用，并由此掌握了与人沟通的理论方法。在教师的讲解以及实践的锻炼下，学生学会了通过历史人物分析、诗歌影视作品欣赏，以此分析其中涉及人物的领导力，课堂专注度、参与度高。同时，教师幽默风趣的教学风格以及独特的视角内容都受到了学生的广泛认可。

具体来说，学生分别从"教师教学的突出优点""学生在本课程中的最大收获""教师教学需要改进方面""对改进本课程的设置和教学环节的建议""对本课程教学内容改革方面的建议"五个方面对该门课程提出评价意见，如表 14-5 所示。

表 14-5 学生对课程的评价意见

题目	评价意见
1. 教师教学的突出优点	幽默风趣；有自己的讲课风格；讲得特别精彩，逻辑很清晰，内容选择很好，总结得特别好；使用案例非常丰富；条理清晰，逻辑明确，客观公正，语言生动，内容丰富；讲课细致翔实；专业基础强，教学目标明确，内容充实，能抓住重点、难点；教师教学态度优良，提前准备相关课程内容，认真负责；老师在授课中，内容深且广，涵盖面广，能联系古今，结合时代背景；老师备课充分，语言流畅，思路清晰，课堂上有许多生动的案例分析；通过历史人物分析、诗歌影视作品欣赏，分析其中涉及人物的领导力，课堂专注度、参与度高；经验丰富，理论与实践结合；形式多样，能激发我们的学习热情和好奇心；善举例子，鞭辟入里；教学内容视角独特
2. 学生在本课程中的最大收获	学习了领导力相关的专业知识，并学会了如何在生活中运用，对现实有所帮助；提升了能力；对领导方法和领导有效性有了更深刻的认识；掌握了与人沟通的理论方法，学会了一些分析方法；通过实际例子了解领导力相关内容；学到了从史料记载或者案例中分析领导力的方法；专业性强，学会了更多领导力知识
3. 教师教学需要改进方面	教师普通话水平有待提高，开始上课的时候确实听老师讲话很困难；希望老师能够带我们手把手挖掘人物的领导力，我觉得这种分析的方法非常有深度，非常有益处，比单纯地知道领导力有哪些部分更有用
4. 对改进本课程的设置和教学环节的建议	内容纲举目分，条理性强，注重理论联系实际；希望作为专业选修课来设置，一些外院学生对小组作业不是很负责，搭便车现象严重
5. 对本课程教学内容改革方面的建议	希望学时可以加长一些，有很多精彩的内容老师来不及讲

二、社会评价突出

本课程的内容设计除了为北京师范大学各层次的研究生讲授外，还在中央和国家机关司局级干部自主选学专题培训班，在中央统战部、国家环保部、中国文联、国家行政学院、浙江大学、北京师范大学、厦门大学、华东师范大学、上海市委党校、中国浦东干部管理学院、中国科学院心理所、英国曼彻斯特城市大学、中央财经大学、2008 年北京奥组委、江苏省委组织部、沈阳市委组织部、中国企业文化研究会、高等教育出版社等国家机关或事业单位举办的高级管理人员培训班，以及中国电信集团、中国一汽、东风汽车、国家电网、南方电网、中国船舶工业总公司、中国舰船研究院、大庆油田、中国一航集团、中国电子科技集团、大唐电力、中海油、中国出口信用保险公司、中国国际航空公司、中铁建集团、光大银行、东兴证券、LG电子集团、拜耳医药、重工等近百家国内外著名企业集团中高层管理人员培训班上讲授过，均受到一致好评。

参考文献

[1]李永瑞，王铭，宋佳谕．群体断层激活及负面效应涌现：熙宁变法缘何从志同道合走向四分五裂？[J]．心理学报，2023，55(2)，336-352.

[2]崔遵康，李丹阳，季小童，等．中国本土精神型领导：多维结构、测量与组织主人翁行为影响验证[J]．软科学，2022-10-18.

[3]孔佳南，郭毅．"教化"构念开发及其在本土领导研究中的意义[J]．管理学报，2022，19(9)：1 273-1 279.

[4]章凯，吴志豪，陈黎梅．领导与权力分界视野下威权领导本质的探索研究[J]．管理学报，2022，19(2)：187-196.

[5]胡国栋，陈宇曦．儒家礼治秩序与中国组织的领导纳谏行为[J]．学术研究，2020(8)：89-97，177.

[6]孙秀丽，王辉，赵曙明．基于文化视角的中国领导学研究路径评述[J]．管理学报，2022，17(8)：1 254-1 264.

[7]李永瑞，吴璇，陈罕，等．香港科技大学创立并腾飞的团队策略——基于创始人自述传记的文本分析[J]．四川师范大学学报（社会科学版），2018(4)：126-133.

[8]韩巍．本土化学科建构几个关键问题的探讨[J]．管理学报，2009，6(6)：711-717.

[9]Denzi N Y，Lincoin S. The sage handbook of qualitative reaserch[M]．Thousand Oaks：Sage Publication，2011.

[10]Charmaz K. Constructing grounded theory[M]．Thousand Oaks：Sage Publication，2006.

[11]张党珠，王晶，齐善鸿．基于扎根理论编码技术的道本领导理论模型构建研究[J]．管理学报，2019，16(8)：1 117-1 126.

[12]张佳良，刘军．管理学理论构建、继承与发扬之道——来自西方经典著作和论文的质性考察[J]．商业经济与管理，2017(11)：26-39.

[13]贾旭东，谭新辉．经典扎根理论及其精神对中国管理研究的现实价值[J]．管理学报，2010，7(5)：656-665.

[14]秦宇，李彬，郭为．对我国管理研究中情境化理论建构的思考[J]．管理学报，2014，11(11)：1 581-1 590.

[15]李垣，杨知评，王龙伟．从中国管理实践的情境中发展理论——基于整合的观点[J]．管理学报，2008，5(4)：469-472.

[16]徐淑英，张志学．管理问题与理论建立：开展中国本土管理研究的策略[J]．南大商学评论，2005，17(4)：1-17.

[17]贾旭东．基于扎根理论的中国民营企业创业团队分裂研究[J]．管理学报，2013，10(7)：949-959.

[18]徐淑英，吕力．中国本土管理研究的理论与实践问题：对徐淑英的访谈[J]．管理学报，2015，12(3)：313-321.

[19]贾旭东，衡量．基于"扎根精神"的中国本土管理理论构建范式初探[J]．管理学报，2016，13(3)：336-346.

第十五章
"跨文化沟通与谈判"课堂教学
——基于模拟的课程干预教学

尚　哲

基于组织行为学与社会心理学学科基础的"跨文化沟通与谈判"课程，根据课程内容性质，融合课堂讲授、小组讨论，以及谈判实践活动等多种形式，帮助学生形成对跨文化沟通的系统化、科学化的整体性认识，并促进其在实践中的应用。教学内容包括了以东西方文化为主的跨文化沟通的特点，辅以电影、绘画、音乐等艺术作品理解多元文化，并在一线员工、中高层管理者等不同层面的沟通实践案例中理解沟通的过程和结果。一方面，通过采用心理咨询技术中的理论对沟通案例加以分析，帮助学生学习沟通话术背后的逻辑。另一方面，通过一对一谈判的模拟，帮助学生应用沟通技巧。

第一节　课程概述

一、课程改革背景

北京师范大学政府管理学院组织与人力资源管理系深入学习党中央和习近平总书记的育人指示，"重视促进人的全面发展和社会全面进步，强化建设高质量教育体系"[①]，在人力资源管理专业的传统基础课程体系的支撑下，

---

① 新华社：《中共中央关于制定国民经济和社会发展第十四个五年规划和二〇三五年远景目标的建议》，2020-11-03。

推陈出新，结合教员的研究专长，开发特色专业选修课程，着重培养本专业学生在人力资源管理领域的创新意识和创新能力。

"跨文化沟通与谈判"课程是北京师范大学珠海校区人力资源管理专业的选修课程，针对高年级本科生开设。本课程立足于中国本土市场环境，以全球化的视野，在宏观战略高度上探索微观情境下的沟通与谈判，以期建设成为多元化的管理沟通课程。

二、课程主体框架

本课程是人力资源管理专业的提升和选修课程，涉及组织行为学与社会心理学两个学科背景下的在跨文化情境中沟通的基本概念、理论、研究方法和研究问题。本课程结合课堂讲授、小组讨论以及实践活动等不同形式，帮助学生形成科学化沟通的整体性认识，掌握沟通尤其是跨文化沟通的原理和技巧，学会从心理学和组织行为的视角看待与不同文化背景的个人、团体等的沟通互动的过程和效果。了解组织行为研究中冲突管理这个领域中谈判的经典研究和前沿研究，并初步培养学生的研究能力，为更好地理解组织中的沟通行为进行拓展和提升。

通过本课程的学习，学生将能够：①提高有效沟通的意识；②个人能够在组织环境中与同级、上级、下级，在家庭环境中进行有效沟通，从而达成个人或组织的目标；③学会如何理解他人并获得支持和尊重；④学会如何处理冲突；⑤学习管理冲突领域下谈判的经典和前沿研究，并开展简单的研究设计。

教学内容大纲分为五个部分。第一部分介绍全球视角下的多元文化，主要从东西方文化的各自特点出发，举例各自文化下的代表性国家及其民众的整体文化风格及子文化风格。第一，引入东方文化特点的电影、绘画、音乐等艺术作品，启发学生理解文化的定义是什么，自己所处的东方文化的特点有哪些，让学生参与启发式的思考与互动；第二，通过历史事件展现人们在文化氛围影响下的群内互动、个体互动模式，让学生理解文化如何影响人们的行为，尤其是沟通行为；第三，介绍西方文化中的艺术作品，帮助学生理解东方文化视角下的西方文化；第四，通过视频、远程连线海外西方文化的个体，使学生与其互动，让学生理解西方文化下的个体如何理解自己的文化，并让学生分析总结东西方文化的差异；第五，在了解了东西方文化差异的基础上，帮助学生认识跨越东西方文化的合作与冲突，以及沟通行为在合作与冲突中的作用，尤其是东西方文化背景下沟通常见的冲突类型。

第二部分到第五部分逐步从一线员工、中层管理者、高管团队，再到组织的层面理解不同场景下的沟通模式和特点。

第二部分让学生从具体的管理实践的场景中理解沟通的内涵和作用。首先，引入一线员工、中层管理者角色参与的沟通实践案例，让学生从中理解沟通过程和结果。其次，掌握沟通的基本技能和方法；理解沟通过程；了解不同社会等级地位场景中的沟通技巧和沟通效果。通过一对一小组活动，增强学生对管理中的人际互动的理解，培养学生换位思考和问题解决能力。

第三部分从组织的高层领导角度理解沟通问题。首先，引入高管团队的离职案例，启发学生们思考如何应对组织核心成员的去留问题。其次，课堂上模拟不同业务部门之间的沟通冲突，例如，模拟技术高层与运营高层的沟通博弈，进一步理解团队领导视角下的管理冲突。

第四部分从组织变革、组织战略环境的视角认识沟通问题。首先，学习基于组织外部危机环境中的沟通冲突。其次，学习组织内部危机中的沟通冲突。最后，学习组织战略环境变化中的沟通冲突。

第五部分精讲谈判的过程与技巧。首先，介绍谈判的概念、过程，以及技巧。其次，采用模拟谈判的方式，帮助学生解析谈判发生、发展、演变，以及结束的过程，认知谈判双方的心理过程，让学生掌握并学会使用谈判中的技巧。再次，采用辩论的课堂形式，启发学生们讨论如何有效沟通，探讨影响有效沟通的因素。最后，引入历史上的经典谈判案例进行解析。

第二节　基于模拟的"跨文化沟通与谈判"课程干预教学

一、跨学科融合

人力资源管理专业其他专业必修课助力本课程的宏观视角。本科生掌握了先修课程"组织行为学"中的行为理论，"人力资源管理导论"中的招聘选拔、工作分析、薪酬管理等具体的应用模块，"国际人力资源管理"中国际化的中国企业、本土化的海外企业，以及其他营利性或非营利性国际组织里，对于从事战略人力资源管理活动的基本认识。有了这些主干课程的知识基础，本课程旨在帮助学生从微观视角理解、体会工作场景内外广泛存在的各种形式的沟通与谈判的本质、特点、形式，以及行为规律背后的原理。

社会心理学、咨询心理学助力本课程的微观视角。首先，从社会心理学学科理解人与人之间的互动与沟通，可以从人际关系的构建、发展、磨合与破裂、巩固与进一步发展等多个过程嵌入恰当的沟通模式。本课程吸纳社会心理学中的归属需求、从众、说服、社会规范等多个内容，深入理解沟通的目的、过程，以及结果。这部分内容推荐阅读《社会心理学（第 11 版）》（戴维·迈尔斯（David G. Myers）编著，侯玉波、乐国安、张智勇等译，人民邮电出版社 2014 年出版）。

其次，采用社会心理学中决策与判断的原理，理解并识别谈判中各种各样的非理性判断，以及影响非理性沟通的因素。比如，框架效应、锚定效应、禀赋效应等。这部分内容推荐阅读：《思考，快与慢》（丹尼尔·卡尼曼著，胡晓姣、李爱民、何梦莹译，中信出版社 2012 年出版）；《助推：如何做出有关健康、财富与幸福的最佳决策》（理查德·塞勒、卡斯·桑斯坦著，刘宁等译，中信出版社 2015 年出版）。

最后，借鉴咨询心理学的咨询话术，理解语言沟通过程中的动机与真实含义，帮助信息的接受者更加准确地理解加工信息发出者要传达的真实目的。

二、课堂模拟沟通过程、案例教学

本课程包含 12 个案例和模拟的课堂活动，让参与者体会多种组织（家庭组织、企业组织、政府组织等）中人员沟通的知识和理论，增进合作，缓解冲突，改善创新，提高主观幸福感和组织绩效。案例一部分来自历史上经典的国际谈判事件，例如，巴拿马运河案例中如何制造最佳备择方案（BATANA）；再如，美国罗斯福总统在总统竞选过程中如何利用框定效应扭转谈判局势。另一部分来自国际、国内商学院的案例库，如参考教材《管理沟通：成功管理的基石》（魏江等编著，机械工业出版社 2020 年出版）。

课堂现场的模拟活动，是根据具体的沟通主题进行设置，并在课堂上给予反馈。结合前文所述的社会心理学、咨询心理学等跨学科的内容，对具体的案例或者课堂上学生们的表现予以反馈。通过组织和引导学生的讨论，帮助学生为恰当处理组织中的管理和沟通做准备。

下面的例子展示了采用咨询中的心理防御机制的概念剖析人力资源部门辞退员工的对话过程，并启发学生展开思考与讨论。

【沟通案例】

辞退：炒人的套路不管用了？

A女士作为某民营制造业企业的人力资源总监，打算在一个月内辞退刚刚入职为期1个月的业务专员B先生。谈话内容如下：

A女士：你不懂业务。

B先生：都是客户的新业务，客户自己都不懂，我不懂正常。【解读：B先生以新手光环来推脱自己。这是合理化中的推诿（projection）心理，指将个人的缺点或失败，推诿于其他理由，找人担待其过错。以下多组对话中，B先生可能采用了合理化/文饰（rationalization）这种自我欺骗的心理防御机制（包括反向形成、合理化、仪式与抵消、隔离、理想化、分裂、歪曲）。合理化：个体无意识地用似乎合理的解释来为难以接受的情感、行为、动机辩护，以使其可以接受，以求得心理平衡。个体用一种似乎合理的解释或理由来掩饰自己，将面临的窘境加以文饰，以隐瞒自己的真实动机，从而为自己解脱，其目的是减少因挫折而产生的焦虑，保持个人的自尊。当个体的动机未能满足或行为不能符合社会规范时，尽量收集一些合乎自己内心需要的理由，给自己的行为一个合理的解释，以掩饰自己的过失，以减少焦虑、痛苦和维护自尊免受伤害。换句话说，"合理化"就是制造"合理"的理由来解释并遮掩自我的伤害。虽然这些理由往往并不是主要的或真正的原因，或是不正确、不客观、不合逻辑的，但本人却以这些理由来安慰、说服自己，从而避免精神上的苦恼，减少失望情绪。这是一般人运用得最多的一种心理防御机制。】

A女士：你不会做PPT。

B先生：这不重要。我会讲，你可以写，我给你讲得可明白了。【合理化中的酸葡萄心理，即把得不到的东西（ppt技能）说成是不好的，用来丑化失败的动机。】

A女士：你不会用表格。

B先生：我又不是财务，再说你的实习生也不会。【合理化】

A女士：你上班态度不好，经常迟到早退。

B先生：某某也迟到早退，我以为公司就这样。【合理化】

A女士：他们是商务需要，你和人家能比吗？他们陪客户喝酒出差，所以才迟到了，可你在舒舒服服地坐班……

B先生：喝酒谁不会啊，我听说他们都喝茅台，要是能喝茅台，我也愿意陪客户喝酒。【B先生采用了理想化（idealization）这种自我欺骗的心理防御机制（包括反向形成、合理化、仪式与抵消、隔离、理想化、分裂、歪曲）。在理想化过程中，当事人往往对某些人或某些事与物作了过高的评价。这种高估的态度，很容易将事实的真相扭曲和美化，以致脱离了现实。这是一个与分离（split）密切相关的概念。它是指将与客体有关的矛盾情感分割成绝对好与完全坏的两部分，然后只对好的一部分做出进一步的加工处理。理想化需要三个条件：一是构建一个理想的、完美的客体（B先生能喝酒）；二是将这种构建具体化（陪客户，能喝茅台）；三是忽略/否认这种理想化的存在（B先生对自己的喝酒能力深信不疑）。】

A女士：你不是我理想的员工。

B先生：这是我理想的工作，你是我理想的领导，我很欣赏你，从来没见过这么好的领导，是我学习的榜样，简直就是公司之光……【B先生可能知道自己是不理想的员工，但他无法接受这个观念，从而采用了反向形成/反向作用/反向（reaction formation）这种自我欺骗的防御机制（包括反向形成、合理化、仪式与抵消、隔离、理想化、分裂、歪曲）。反向形成也称矫枉过正，个体对内心难以接受的、不愉快的观念、情感、欲望冲动夸张性地以相反的外在态度或行为表现出来。本我的某种冲动被超我所抑制，自我认为这种冲动也不会为现实所接受，于是自我决定把这种冲动以相反的外在方式表现出来，以释放这种冲动，减轻焦虑。换言之，使用反向者，其外在行为与情感表现，与其内在的动机是成反方向的。在性质上，反向行为也是一种压抑过程。反向机制如使用适当，可帮助人在生活上之适应；但如过度使用，不断压抑自己心中的欲望或动机，且以相反的行为表现出来，轻者不敢面对自己，而活得很辛苦、很孤独，过度使用将形成严重心理困扰。在很多精神病患者身上，常可见此种防御机制被过度使用。此处B先生压抑了其被评价为"不理想员工"的观念，采用反向说是"理想型的工作"，从而缓解了自己的焦虑。】

本来应该有十足胜算的A女士，铩羽而归了。

再辞退：领导出马也没顶俩。

该公司业务部门的C总监，有十余年的工作经验，商务与销售出身，最多带过200人的团队，公认情商高，人缘好。还特别有责任感，凡事喜欢一马当先。

C总监首先批评了 A 女士【C总监可能出现了踢猫效应，A 成了替罪羊。C总监的失败不被其自我意识所允许，而采用了转移/移置（displacement/transference 移情）这种攻击性自我防御机制（包括转移、投射、内摄/摄入三种），将对某个对象的情感、欲望或态度转移到另一位较为安全的对象身上，而后者完全成为前者的替代物。弗洛伊德关于自我防御的精神分析理论术语：由"本我"引起的愿望与其本身的道德观念（超我）相悖，引起强烈的心理冲突，而采取保护自己的方式】，然后和 B 先生谈了一番。A 女士两眼放光地蹲在会议室门口，十分好奇 C 总监打算怎么送走这位"上神"。对她来说，这番对话的内容必藏有她未来管理团队的新章法。

不过，C 总监让她失望了，此番谈话结果是让 B 先生继续试用 1 个月。

课堂讨论：

学生分组讨论，C 总监与 B 先生进行了怎样的对话？

三、学习前沿文献

本课程采用课堂展示的方式，让学生准备沟通与谈判领域内的前沿文献报告，并在展示结束后提交文献阅读感想。管理学的冲突管理的子领域，主要参考期刊为 *Organization Behavior and Human Decision Process Organization*，*Journal of Applied Psychology*。而在心理学的几个顶级期刊中也涉及沟通与谈判的内容，主要参考以下几个期刊：*Journal of Personality and Social Psychology*，*Psychological Science*。通过课前的小组准备，课堂内的研讨，启发学生们大胆探索沟通领域的研究设计。

四、学生表现的评价方式

考核在教学活动中起到指挥棒的作用，考核的内容、方法、手段对教学目标的实现和教学活动的开展具有较强的导向作用，它直接影响教师的教学内容、教学方法和学生的学习思维、学习方法。本课程采用平时成绩和期末考试成绩各占总评成绩的 50％ 的比重进行考核。平时成绩中个人文献汇报占 20％，小组展示占 25％，其余 5％ 为学生的出勤与平时学习表现；期末考核采取闭卷考试的形式，如表 15-1 所示。

表 15-1　学生表现评价

形式	考核内容	分数	作业要求	评价方式
个人作业	文献汇报感想	20	自主选择文献阅读并进行课堂展示、讲解，每人不超过 5 分钟，并在展示结束后提交文献感想（感想内容要求：①找出文章解决的主要问题；②找出研究所用的理论，及理论启示。感想字数要求：包含图标、少量参考文献在内等所有的内容字数在 2 000~5 000 字）。	教师评分＋助教评分
小组作业	课堂汇报	25	每个小组选择一个主题，从老师提供的 PPT 资料中提取关键信息进行介绍，PPT 为英文，展示可用中文。 评分标准： (1)展示内容清晰、逻辑完整； (2)PPT 易读性强，制作美观； (3)展示时间节奏控制得当，表达流利； (4)小组分工明确，通力合作	小组互评＋教师评分＋助教评分
出勤	/	5	/	助教记录
期末考试	闭卷考试	50	(1)选择题； (2)判断题； (3)简答题； (4)案例分析题	教师阅卷

第三节　"跨文化沟通与谈判"课程教学改革反思与展望

　　管理沟通是助力管理类专业学生将来走向工作岗位去理解自己、理解他人，换位思考团队内部合作互动关系的基石。本课程从微观的心理学视角剖析了人类沟通的目的、过程以及效果，采用课堂模拟与案例分析的方式让学生在课堂内的实践活动中体会如何分析自己和他人，如何进行建设性的沟通。案例和课堂模拟活动主要来源为：①商学院案例库；②古今中外历史；③既往的 MBA、MPA 学员的课堂作业，经过学员授权改编而成；④课程教师本人的学业生活经历改编；⑤心理咨询行业的关于工作场景下的人际冲突主题的督导案例；⑥一小部分来自特殊发展儿童(如发展谱系障碍儿童、自闭症儿童)家长们的工作家庭冲突案例。通过上述不同场景中沟通冲突、沟通成功的分析，进一步提高学生对沟通有效性的理解。同时，通过让学生进行研究领域前沿理论学习，洞悉人类沟通行为背后的本质和规律，并从中感受到研究的快乐。

但是，沟通的技能来自理论知识和实践的相互促进，即使通过课堂模拟的方式，让学生理解沟通的要义，但还不足以让学生们应对复杂多变的工作场景，以及将来要面对的工作家庭平衡等问题。课程教师受限于首次开设管理沟通类的课程，教学经验有限，还有很多积淀并不够扎实，需要在此过程中，向同行的前辈们深入而广泛地取经学习，提高对沟通过程中创新性研究的洞察力和敏锐度，沉淀探究的理论深度，不断打磨课程。

参考文献

[1]韩玉兰，张志学，王敏．走向双赢：动机倾向和信息分享质量在整合性谈判过程中的作用[J]．心理学报，2010，42(2)：288-303.

[2]王敏，程源．谈判者的情绪风格对谈判的影响研究回顾[J]．管理现代化，2016，36(1)：89-92.

[3]王敏，张志学，韩玉兰．谈判者第一次出价对谈判破裂的影响：角色的调节作用[J]．心理学报，2008(3)：339-349.

[4]张真，皇甫刚．影响整合式谈判的情境因素和过程因素[J]．心理科学进展，2007(3)：518-523.

[5]张志学，王敏，韩玉兰．谈判者的参照点和换位思考对谈判过程和谈判结果的影响[J]．管理世界，2006(1)：83-95，172．DOI：10.19744/j.cnki.11-1235/f.2006.01.011.

[6]张志学，姚晶晶，黄鸣鹏．和谐动机与整合性谈判结果[J]．心理学报，2013，45(9)：1 026-1 038.

第十六章
基于 3C 的"管理学研究方法" 课程项目教学改革研究[①]

于海波　董振华　晏常丽　李　艳　尚　哲

关晓宇　张　晴　刘晓坤　张　伟

"管理学研究方法"作为学科基础课，根据定性—定量—定性总结三步的研究设计，通过十多年的课程改革，主要完成了以下 5 个方面的内容。第一，建立和完善了理论研究和实证研究相结合、演绎推理和归纳推理相协同的管理学研究方法的方法论体系和教学体系。第二，构建了基于团队研究项目实施的 7 个步骤的管理研究方法的过程教学模式。第三，整合和建立了学生学习管理研究方法的中文与英文、优秀论文与前沿论文相结合的国际优秀论文库。第四，建立了学生学习管理研究方法的 4 个类别、16 个具体方面的常见问题库。第五，基于课程和研究团队，建立了大学生与团队、教师与课程、学校与学院 3 个方面"三位一体"的、18 个具体内容的大学生可就业能力提升策略。

---

①　本部分获得北京师范大学教学改革项目"基于可就业能力提升的'基于项目教学'和'现场模拟教学'的管理学教学改革项目""《管理学研究方法》课程改革项目"的支持。

第一节　课程概述

一、教学改革的背景

1. 本课程在管理学学科课程体系中的地位

本课程是管理学专业的学科基础课程，也是整个学科的方法论课程。所以，本课程在学科思维和学科意识的培养中居于关键的地位。首先，本课程在国内外的学科课程体系中，一直居于基础的和核心的地位，世界观和方法论的培养一直是本基础课程教学的首要实务。而且，本课程既包括深厚的理论基础，也包括丰富的操作方法，更包含广泛的管理研究操作实践总结。所以，在所有的学科课程体系中，"管理学研究方法"课程一直是本学科课程体系中的核心课程。其次，从专业的课程设计来看，本课程是学科基础之一，它所包括的方法论体系以及其中的具体操作方法，对于学生加强对其他诸多课程的把握，以及对整个管理学的理解和把控，都具有基础作用。

2. 本课程发展的主要历史沿革

从管理学的发展历史和管理实践来看，管理学研究方法一直是管理学的核心和基础，它对于管理学专业学生学科思维的形成、学科意识的提升具有重要作用。从历史上来看，它是管理学科发展的核心要素，也是管理学科发展的主要线索。近年来，我国的管理学研究方法有很大的进展，主要是西方定量研究范式在我国管理研究领域逐步深入地应用。从管理实践来看，管理学研究方法在我国管理实践中发挥着越来越重要的作用，随着我国管理咨询行业的发展，管理学研究方法作为其中必需的方法论基础也得到了越来越多的应用，在管理实践中得到更多的重视。因此，管理研究方法对于组织的管理和人才的建设起到了决定性的作用。

3. 本课程是培养学生思维方式和操作实务的重要平台

从学院专业培养来看，本课程一方面是学生掌握学科基础理论的基础课程之一，另一方面也是学生就业能力和就业意识提升的基础课程之一。从学生的未来发展来看，一方面本课程培养了学生的学科思维方式和思维模式。另一方面本课程教会了学生实际操作的方法和工具，从思维方式和工作方法上提高了学生的就业能力。

所以，本课程一方面是管理学学科基础课程，是学科课程体系的方法论部分；另一方面也是学生培养自己思维方式和掌握操作实务的重要平台，越来越发挥着提升大学生就业能力的重要职能。

二、教学改革的意义

1. 适应管理学科发展和管理实践的需要

以前本课程内容是在各门基础课程和专业课程中进行讲授的，但随着管理学科范围的逐步扩展以及学科内容的逐步深化，尤其是随着我国当前社会经济发展对管理专业的迫切需求，这都对管理学科专业理念和专业思维方式的要求越来越高，对管理学科的世界观和方法论的训练要求也逐步提高。同时，随着我国管理学科近十年的长足发展，管理学研究方法日益显现其重要性；且管理咨询行业在我国的飞速发展，也迫切要求对管理研究方法论的提升。因此，当前教育迫切需要专门对大学生的管理研究方法进行系统的讲授和培养。

2. 培养大学生就业意识和就业能力

本课程通过学生自我设计、自我练习、自我总结和自我反思的作业和练习环节，通过在课下小组讨论、课上师生互动的讨论环节，通过课下小组体验提出问题、课上集体讨论解决问题的过程，不断培养学生的学科态度、学科理念、基本技术、实施方法、操作工具。特别重要的是，本课程实施自主项目研发的《大学生就业能力量表》的前后测启发和有意识地培养大学生的就业能力。

三、课程教学内容

1. 课程目标

本课程的目标主要体现在以下 6 个方面。

①学理念：学会诸多管理理念或管理观点所遵循的基本理念。

②学方法：学会理解和探讨管理问题的思维方法和工作方法。

③学思路：学会探讨管理问题的工作计划思路和具体实施步骤。

④学创造：在学习、体会管理理论和管理问题的过程中体验创造的乐趣。

⑤学讲故事：学会把自己感兴趣、探讨、理解的问题以吸引人的方式讲述给他人听。

⑥学合作：体会和总结小组合作和小组分工，体会组长和组员的不同感受，尽力提高个人意识和能力；争取在合作中得到更大的锻炼和完善，更快地成长。

2. 课程内容

"管理学研究方法"课程主要包括 5 个部分的内容，各部分内容的学时分配及教学要求如表 16-1 所示。

表 16-1 "管理学研究方法"课程知识模块顺序、对应学时及教学要求

知识模块	学时分配	主要内容	教学要求
一、总论	3 学时（课堂讲授 2 学时＋小组活动和讨论 1 学时）	课程目标、概念、管理研究的发展过程、管理研究的类型、我国的管理研究	(1)明确课程目标是学习如何科学地探讨管理实践问题； (2)掌握和理解管理研究的发展过程； (3)理解管理研究的不同类型； (4)分析和把握我国管理研究的现状和未来趋势
二、管理学研究的要素和设计	9 学时（课堂讲授 8 学时＋讨论和案例分析 1 学时）	科学研究过程、科学问题、理论构建、变量设计	(1)理解和掌握科学研究的一般过程； (2)把握科学问题的提出； (3)理解和掌握管理科学研究中的理论建构； (4)掌握和学会设计管理研究变量
三、管理学研究的具体方法	20 学时（课堂讲授 13 学时＋练习和实践 7 学时）	把握管理研究四个主要研究方法的设计和操作： 第一节　管理研究方法概述（2 学时） 第二节　实验室研究（2 学时：课堂讲授 1 学时＋实践演练 1 学时） 第三节　准实验研究（2 学时：课堂讲授 1 学时＋实践演练 1 学时）	(1)掌握各方法的基本要素； (2)掌握各方法的设计和实施

续表

知识模块	学时分配	主要内容	教学要求
		第四节 问卷调查研究（8 学时：课堂讲授 5 学时＋实践和练习 3 学时）第五节 案例研究（6 学时：课堂讲授 4 学时＋实践和模拟 2 学时）	
四、管理学研究中的测量统计方法	20 学时（课堂讲授 15 学时＋练习和设计 5 学时）	管理研究中的各测量统计方法的实施和操作：第一节 概念的测量（2 学时）第二节 描述统计和推论统计（3 学时）第三节 结构方程模型（6 学时：课堂讲授 4 学时＋实践演练和案例分析 2 学时）第四节 多层次理论模型（6 学时：课堂讲授 4 学时＋练习和案例分析 2 学时）第五节 跨文化研究方法（3 学时：课堂讲授 2 学时＋案例分析 1 学时）	(1)掌握变量的测量方法；(2)掌握描述性统计和推论性统计的区别；(3)掌握各测量统计方法的操作过程和注意事项
五、管理学研究的结果呈现	5 学时（课堂讲授 4 学时＋演练和模拟 1 学时）	论文的要素和框架、论文的写作和发表	(1)掌握论文的基本要素和框架；(2)掌握论文的写作技巧和发表

3. 课程的重点、难点及解决办法

①学生学习兴趣的调动。很多学生在看到方法论方面的课程时，仅仅联想到为学术研究而学习的方法。鉴于这种先验认知，在与学生充分沟通的基础上，从方法论本身的价值出发，课程整个设计和教学不断贯穿思维方式、研究方法、实际工作方法、操作工具四个价值，从价值角度大大调动学生在学习之初的积极性。在整个后期教学中，以案例和小组操作为主要教学内容，让学生在实际操作中体会和理解管理研究方法的乐趣和价值，提升他们主动学习、主动探索的积极性。

②方法论体系的建构和教学体系的建设。本课程在关注和总结学科发展

前沿的基础上，结合我国管理学研究和管理实际的需求，设计了定性—定量—再定性不断循环的方法论设计和操作体系；同时，根据本专业后期的课程设计和课程内容，根据学生前期的学习基础，构建了以上总—分—总三段的方法论教学体系。

③管理研究具体方法的实际操作。对于用到的所有具体方法，本课程都设计了学生自我体验的练习环节，让学生能从自己的兴趣和身边的管理现象出发。从具体管理问题的提出，到研究的设计、研究方法的选择、研究计划的设计、研究计划的实施、研究工具的选择、资料的收集、资料的分析、统计分析、结果理解、结果讨论、报告形成，都由学生组成研究小组自己操作实施。所以，整个课程的实施就是学生合作进行项目研究的全过程。

4. 课程教学方法与教学手段

在教学方法和手段上，本课程充分发挥课程自身优势特点，以及学生在这个方面的个体需求，主要采取如下教学方法。

①团队学习法。本课程最为重要的方法是请学生自己组成研究团队，研究小组自己提出研究问题，设计研究计划，实施研究，自己收集资料，自己分析资料，小组撰写报告。整个学期各小组要从头到尾真正开展一项研究项目，在研究项目的实施和操作中理解所学内容，体会研究过程，讨论疑惑问题，总结操作收获。

②模仿学习法。文献阅读是研究方法学习的重要途径，通过文献阅读学生可以模仿学习。在课程之初，在讲授每个方法之前，都以《美国管理学会优秀论文》或国内优秀学者的工作成果为范例，详细介绍其研究成果，使学生能学习国际最领先的思路和方法，在案例阅读和讨论中学习和模仿研究方法的操作。

③启发式教学法。每次阶段性成果展示，以及每次课堂之前，教师都会请各小组总结本阶段遇到的问题，然后请全班学生先讨论，再统一解决。这样，在每个问题的分析和解决过程中，学生都能锻炼提出问题、分析问题和解决问题的能力。

④案例分析法。本课程中，每个小组的整个研究过程本身就是设计和实施一个管理研究的案例，请其他小组提出问题，然后请被提出问题的小组进行分析和解答；同时也请每位学生就自己以及其他小组的表现对整个实施过程进行总结和反思，在真实的案例中学习和体会管理研究方法的乐趣，提升

各自的就业能力。

⑤讲授法。课程中的一些理论、技术和方法都是以讲授的方法进行，其中的一些关键步骤也使用讲授法来传授。

第二节　教学改革的内容和措施

一、教学改革研究的主要内容

1. 教学改革的主要目标

①教学理论进一步提升。"管理学研究方法"课程的理论体系建设一直是本课程教学的一个难点和重点，本课程教学改革试图探索管理研究方法的中国文化基础。

②教学方法进一步丰富。本课程的理论和实践相结合的特点，决定了其可以采取丰富多样的教学方法。本课程教学改革，试图探索管理研究方法的体验式教学、启发式教学、模拟式教学、案例分析式教学等多方法综合的教学模式。

③教学效果进一步提升。本课程改革试图进一步结合学生的职业生涯规划以及其当前的经验水平，进一步全方位地对学生产生更加深刻的内在影响，进一步提升他们的个人职业生涯意识和技能，增强其就业能力。

总之，本课程在理论提升、教学方法丰富的前提下，结合我国国情和管理实践，继续探索中国式管理研究模式，为学科建设和学生就业能力的提升做出应有的贡献。

2. 教学改革的主要内容

本课程改革建立的是以基本观点和基本流程介绍为引导，以国际最优秀论文为案例，以学生组建研究小组研究问题为主体，以团队实际操作为平台，以课堂演练讨论为重点的这样一个"五位一体"的课程设计模式。因此，教学改革项目主要包括五个方面内容的建构：一是整个课程体系；二是基于团队研究项目的过程教学模式；三是国际优秀论文库；四是学生常见问题库；五是基于教学和团队研究项目的大学生可就业能力提升策略。具体内容如图 16-1 所示。

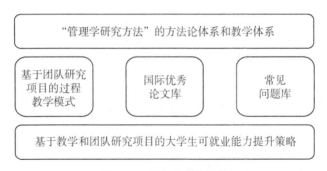

图 16-1　研究内容的框架

第一，构建本课程的方法论体系和教学体系。根据本专业的课程设计和课程内容，以及学生前期的学习基础，本研究项目构建了"总—分—总"三段式方法论教学及模仿学习体系。对于整个管理研究体系，已经按照图 16-2 所示的框架进行了整合。

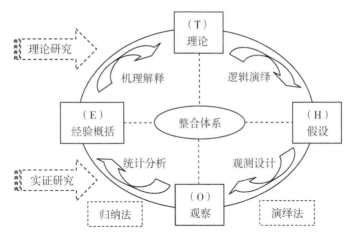

图 16-2　"管理学研究方法"教学体系的整合框架

第二，建立了基于团队研究项目的管理学研究方法的过程教学模式。管理学研究涉及大学生的方方面面，大学生应从自身生活、学习中挖掘管理学的研究内容及研究模式。本课程在实施过程中，通过不断指点和引导学生团队寻找、提炼和设计管理研究问题，形成学生团队合作进行学习科研的团队过程教学和学习模式。如图 16-3 所示，这个模式主要包括 6 个步骤：一是研究问题的汇集；二是基于研究问题的团队组建；三是研究问题的提炼和设计；四是研究项目的实施；五是研究项目的总结和报告撰写；六是成果共享与问题研讨。整个课程从开始到结束，是学生组建研究小组、提出研究问题、设计研究流程、选择研究方法、操作研究过程、收集研究结果、分析研究结果、撰写研究报告、呈现并介绍研究结果的过程。课程的整个过程从学生角度来看，是不断理解和调整团队操作，提出管理问题、分析管理问题和研究管理问题的过程。

图 16-3 基于团队研究项目的过程教学模式

第三，建立学生学习管理学研究方法的优秀论文库。参考国际管理学界多年的积累，根据翻译成中文的资料，目前已经形成了《管理科学学报》(第一和第二期)、《管理科学季刊》(第一和第二期)等供学生学习的优秀论文库，也是本课程的教学案例库。同时，结合国际管理学研究的最新进展，以国际管理学最优秀的期刊为来源，本课程改革过程中还请学生根据兴趣挑选专业论文。这些期刊主要包括：*Academy of Management Journal*（AMJ）、*Academy of Management Review*（AMR）、*Administrative Science Quarterly*（ASQ）、*Journal of Applied Psychology*（JAP）、*Journal of Management*（JOM）等。

第四，建立整合的学生常见问题库。经过多年的积累，对学生在组成团队开展科学研究的过程中遇到的问题进行了整理，并形成了问题与答案库，为本课程教学的顺利开展提供基础。其中包括研究设计(如何从身边寻找感兴趣的问题、如何从问题到专业知识转化、如何设计研究问题、如何开题)、研究方法(如何实施、如何进行问卷调查、如何发放问卷、如何设计实验、如何进行案例挖掘、如何进行访谈)、统计方法[如何进行 SPSS 数据统计、如何进行结构方程模型设计(SEM)、如何操作 AMOS 软件]、报告撰写与研讨(如何撰写研究报告、如何建构报告逻辑)4 种类别、16 个方面的常见问题库。

第五，测试并比较修读本课程学生课前课后的大学生可就业能力，建构了"三位一体"的基于课程的大学生可就业能力提升策略。本课程在第一次课课前进行了《大学生可就业能力量表》前测，然后对每位同学的测试结果进行一一反馈；在最后一次课进行《大学生可就业能力量表》后测，通过前后测对比分析，对每位学生半年来就业能力的各个方面提供培养和提升建议。经过两轮、三个年级的研究总结，提出了大学生与团队、教师与课程、学院与学校"三位一体"的基于课程和研究团队的大学生可就业能力提升策略。这些策略的主要内容如图 16-4 所示。

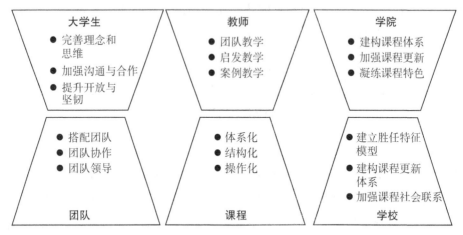

图 16-4　基于课程和研究团队的大学生可就业能力提升策略

二、教学改革的主要措施

1. 基于项目的教学方法行为化教学目标

基于可就业能力的教学，根据基于项目的教学方法的要求，首先确定教学内容和过程可以练习和体验的可就业能力指标，然后通过胜任特征模型，把可演练的教学目标以行为化方式进行描述界定，得出各可就业能力指标的教学操作性目标。通过研究得到如表 16-2 所示结果。

表 16-2　基于可就业能力的项目式教学方法行为化教学目标

能力	基于项目的教学方法行为化教学目标
职业认同	全面认识管理学学科的性质和特征； 更加喜欢管理学学科
积极乐观	对管理学科知识和理论充满期待； 相信自己有能力掌握和实施管理学的项目研究
问题解决	通过项目学会完整地提出管理学问题，并进行分析和解决问题的能力； 掌握管理学研究的操作流程和数据分析技术
学习能力	提高学习和理解管理学理论的能力； 完善创造性分析和解决问题的能力

续表

能力	基于项目的教学方法行为化教学目标
人际关系	研究项目成员集体任务中的人际交往； 不同专业学生共同学习的人际关系处理
团队合作	研究项目中的团队合作； 多元化项目成员的团队凝聚
社会支持	研究项目计划实施中的社会支持获得
社会网络	研究项目团队的组织和多样化团队构成

2. 基于项目的教学方法的教学内容

根据基于项目的教学方法和确定的可就业能力的行为化教学目标，确定本课程的教学内容，并且建立行为化可就业能力目标与各教学内容之间的关系。其内容如表 16-3 所示。

表 16-3　基于可就业能力的项目式教学方法的教学内容

能力	基于项目的教学方法行为化教学目标
职业认同	管理学学科的性质和特征； 管理学学科理论的创造性
积极乐观	管理学学科知识和理论的思维多元性； 设计和实施管理学研究项目的自信
问题解决	基于项目来提出、分析和解决管理学问题的能力； 管理学研究的操作流程和数据分析技术
学习能力	学习和理解管理学理论的能力； 创造性的管理学研究的问题解决能力
人际关系	研究项目成员和不同专业学生共同完成管理学研究项目中的人际关系处理
团队合作	研究项目中的分工合作； 多元化研究项目成员的团队协作
社会支持	研究项目实施中各种社会资源整合
社会网络	研究项目团队的建设和多样化团队的构建

3. 基于项目的教学方法的实施步骤和教学计划

根据课程教学内容和行为化教学目标，在充分分析基于项目的教学方法特点的基础上，建立各行为化教学目标、教学内容与基于项目的教学方法之间的联系，建立基于项目的教学方法的实施体系，形成本课程的方法体系和实施流程。在以上三项工作的基础上，确定指标、内容、方法三者统一的教学计划，并且对相应的教学对象、教学素材、教学辅助工具等进行详细周到的计划，从而作为各可就业能力教学目标实施的指导。在整体的教学计划和教学日程的指导下，有计划、有步骤地实施已经确定的教学计划，在实施教学计划中采用基于项目的教学方法，使大学生在参与和体验中体会各可就业能力，从而为提高可就业能力奠定经验和练习基础，如图 16-5 所示。

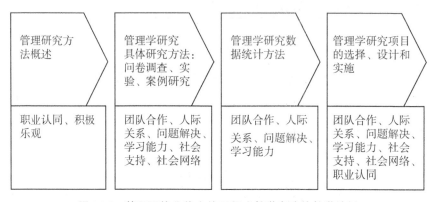

图 16-5　基于可就业能力的项目式教学方法的教学计划

第三节　教学改革的育人效果

一、课程教学效果良好

在教学效果方面，本课程采用的"项目教学"法得到了本专业、院内其他专业、学校其他院系学生的好评，很多外专业和外院系的学生都来辅修这门课程，提升了学生的可就业能力。其效果主要体现在以下三个方面。

1. 体验式项目学习过程获得了学生的积极教学反馈

在体验式的团队学习过程中，整个过程让学生自己组建团队、自己提出问题、自己体验、自己实施、自己做决策、自己总结报告。在课程结束的自我总结中，很多学生都认为从该课程中真正体会到了管理学的价值，体会到管理学的科学性，体会到管理学的乐趣；从中学习到了很多管理视角、管理前沿观点、管理方法真正的操作步骤；从中体会到管理理念的价值，管理方法的严谨，管理思想的重要性，管理问题的真正价值。

2. 互动式的启发式教学过程提升了学生学习投入度

辅修该课程的学生较多，虽然有部分学生是非管理专业，但他们一致反映都渴望学习这门既有一定理论性，又具有很强实际操作性的基础课程。因此，本课程采用的是互动启发式教学过程。整个教学过程以问题导入课堂、以问题设计课堂、以问题反思自己，以互动式的、解决各种问题为线索展开，有利于学生保持较高的学习兴趣和投入度。

3. 体验式项目学习提升了学生的可就业能力

本课程采用对比式的自我开发过程，对学生进行《大学生可就业能力量表》的前后测，并进行一一反馈，结合课程给予提升建议，使学生在不断对比中体会、开发各自的就业能力。通过对学生课前和课后的《大学生可就业能力量表》问卷调查，得到有效问卷 48 份，对问卷调查数据进行分析，得到了一个基于项目教学改革的初步比较结果，如图 16-6 所示。结果表明，除学习能力、团队合作两个具体的一阶维度，以及社会网络、人力资本这两个二阶维度没有显著提升外，其他各项一阶和二阶维度、总分都有了显著提升。这说明本课程所采取的诸多教学方式和指导内容产生了一定的效应。

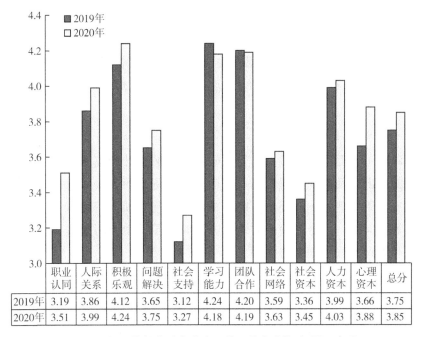

	职业认同	人际关系	积极乐观	问题解决	社会支持	学习能力	团队合作	社会网络	社会资本	人力资本	心理资本	总分
2019年	3.19	3.86	4.12	3.65	3.12	4.24	4.20	3.59	3.36	3.99	3.66	3.75
2020年	3.51	3.99	4.24	3.75	3.27	4.18	4.19	3.63	3.45	4.03	3.88	3.85

图 16-6　课程讲授前后大学生可就业能力比较(间隔 4 个月)

二、课程育人条件得到改善

通过"项目教学"改革，本课程在教学资源方面的育人条件得到显著改善。

1. 教材建设和使用方面

课程负责人于海波老师参与编写了教材《管理研究方法：原理与应用》(中国人民大学出版社，2008 年)，并且结合管理学界多年的经典教材《管理学研究方法论》(西安交通大学出版社，2007)，尤其是结合西方管理学界定量研究方法的总结参考《组织与管理研究的实证方法》(陈晓萍、沈伟著，北京大学出版社，2018)进行教学，以国际研究方法和研究成果为案例，以中国管理问题为切入点实施教学，学生反映良好。

2. 课程扩充性资源方面

本课程整合了校内外资源和课内外资源。在校内外资源整合方面，校内充分发挥管理学院管理实验室的作用，请学生在实验室内体验实验、测验和总结讨论；校外邀请知名学者和知名管理咨询专家，共同研讨对我国管理问题分析和讨论的方法论，甚至管理方面的职业生涯问题。在课内资源方面，充分调动学生的课堂参与积极性，使他们在自我探索和自我讨论中受益；在课外资源方面，充分挖掘学生日常生活的时间，让学生在社会问题的分析和讨论中不断体验、总结管理研究的思维方式、操作方法和操作技巧。

3. 实践性教学环境方面

本课程一方面以教师过去的管理研究项目的设计和实施为案例，介绍管理问题的提出以及研究过程；另一方面通过请进来的方法，邀请校内外管理研究专家介绍管理问题并提出策略，交流管理问题如何探讨，管理问题探讨的价值等。同时，配合学生平时作业，及时给予反馈和问题解答，加深对管理理论和管理方法的理解与把握。

4. 网络教学环境方面

本课程充分利用学院实验室和网络资源，增加网上交流的途径，通过 Blackbord 以及电子邮件等方式，及时与同学进行交流、反馈和讨论。

第四节 教学改革未来展望

一、教学改革成果的应用及推广

本项目的两项研究成果"优秀论文库"和"常见问题库"已经成为本课程实施的基础资料，将继续在今后的课程教学中加以应用。本项目的另外两项研究成果"基于团队研究项目的过程教学模式"和"基于教学和团队研究项目的三位一体的大学生可就业能力提升策略"正在进行整理，准备投稿到《大学教学》或《继续教育研究》等相关核心期刊，以推广本研究项目的经验。

二、教学改革中存在的问题及未来研究方向

由于本项目的实施内容难度和复杂程度较高，而且选择课程的人数相对较多，因而在项目实施过程中未能充分地关注每个个体学生的发展和提升。在未来的研究和实施中，本项目将逐步探索大班教学中如何个性化地推动每个个体学生的发展，以便更好地解决大班教学中的个性化关怀问题。

另外，本课程在实践演练方面还需要进一步拓展深度，与我国当前的组织管理实践进行更加密切的结合；同时，加强与学生的当前管理问题分析经验相结合，使他们有更大的收获和启发，更好地提升其可就业能力。

参考文献

[1]于海波，郑晓明，李永瑞，等. 基于生涯资本理论的大学生可就业性 3C 模型及其特征[J]. 教育研究，2013(5)：67-74.

[2]于海波，郑晓明，许春燕，等. 大学生可就业能力与主客观就业绩效：线性与倒 U 型关系[J]. 心理学报，2014，46(6)：807-822.

[3]刘军. 管理研究方法：原理与应用[M]. 北京：中国人民大学出版社，2008.

[4]李怀祖. 管理学研究方法论[M]. 西安：西安交通大学出版社，2007.

[5]陈晓萍，沈伟. 组织与管理研究的实证方法[M]. 第 3 版. 北京：北京大学出版社，2018.

第十七章
人力资源管理本科专业培养方案的优化研究：比较分析视角

　　培养方案是学生培养的重要指南，培养方案的完善与否直接关系到学生培养质量的高低。北京师范大学政府管理学院人力资源管理本科专业2020年版的培养方案主要形成于2015年，历经5年多的发展，虽然相对之前的培养方案有所完善，但仍然存在一些问题。人力资源管理专业需要与时俱进，在借鉴国内外同类专业经验的基础上，结合自身实际进一步优化课程体系。为此，在学院的统一部署下，本研究小组利用多种渠道收集信息并进行综合分析，提出了培养方案的优化建议以供学院决策参考。尽管该方案的初衷是为北京师范大学人力资源管理本科专业建设服务，但是研究成果对国内其他高校的人力资源管理专业课程设置也有一定的信息提供和方案参考价值。

第一节　国内外人力资源管理专业的基本概况

　　课程体系为培养目标以及专业发展服务，本节先从国务院学位办以及教育部等方面了解人力资源管理专业的归属、培养目标、要求，然后分析国内外高校人力资源管理专业的开设情况，以及国内高校人力资源管理专业学生培养中存在的问题，为更好地优化北京师范大学人力资源管理专业课程体系奠定基础。

一、人力资源管理专业的特征

1. 专业归属

按照国务院学位办颁布的《普通高等学校本科专业目录和专业介绍》的信息，我国高校的专业设有哲学、经济学等 12 个学科门类，其中工商管理类下设工商管理、市场营销、会计学、财务管理、国际商务、人力资源管理等 10 个学科。工商管理类专业虽然通常设置于商学院，但全国有些高校的公共管理学院或政府管理学院也设有人力资源管理专业。

2. 培养目标

由于每个学校的历史现状以及特色定位不同，人力资源管理专业的培养目标有所差异。教育部在 2012 年颁布的《普通高等学校本科专业目录和专业介绍》对人力资源管理本科专业的培养目标表述为："本专业培养适应现代市场经济需要，具备人文精神、科学素养和诚信品质，具备经济、管理、法律及人力资源管理等方面的知识和能力，能够在营利性和非营利性组织从事人力资源管理以及教学、科研方面工作的应用型、复合型专业人才。"该培养目标在一定程度上为各高校人力资源管理专业提供了指南。

3. 培养要求

在具体培养要求方面，教育部在 2012 年颁布的《普通高等学校本科专业目录和专业介绍》对人力资源管理本科专业的培养要求做了如下阐述：本专业学生主要学习管理学、经济学及人力资源管理方面的基本理论和基本知识，接受人力资源管理方法与技能的基本训练，培养分析和解决人力资源管理问题的基本能力。并指出毕业生应获得以下几方面的知识和能力：掌握管理学、经济学及人力资源管理的基本理论和基本知识；掌握人力资源管理的定性、定量分析方法；具有较强的语言与文字表达、人际沟通、组织协调及领导的基本能力；熟悉与人力资源管理有关的方针、政策及法规；了解本学科理论前沿与发展动态；掌握文献检索、资料查询的基本方法，具有一定科学研究和实际工作能力。

二、国内外高校开设人力资源管理本科专业情况

1. 国内情况

截至 2019 年，我国 1 265 所本科院校中，共计 455 所高校开设了人力资

源管理本科专业。其中，92 所为一本高校；7 所高校在公共管理或政府管理类学院下设人力资源管理专业，分别为：北京师范大学、郑州大学、苏州大学、西南财经大学、南京农业大学、西北大学、延安大学。最新 2019 年 QS 排名国内前 20 的高校中，设置人力资源管理本科专业的高校有 7 所，分别为：上海交通大学、南京大学、武汉大学、北京师范大学、中国人民大学、南开大学、吉林大学。2019 年 QS 国内排名前 20 的高校中，没有设置人力资源管理本科专业的高校有 13 所，分别为：清华大学、北京大学、浙江大学、复旦大学、中国科学技术大学、中山大学、哈尔滨工业大学、西安交通大学、同济大学、上海大学、华中科技大学、北京理工大学、北京航空航天大学。

2. 国外情况

选取 2019 年 QS 世界高校排名前 100 的大学，我们逐个从其官网中查看是否在本科开设了人力资源管理专业。统计发现，8 所高校本科开设了人力资源管理专业，分别为：爱丁堡大学、曼彻斯特大学、墨尔本大学、伦敦政治经济学院、英属哥伦比亚大学、伊利诺伊大学香槟分校、西澳大学、宾州州立大学。

以上情况显示，相对国外高校而言，国内高校开设人力资源管理专业的比重比较高，超过 1/3 的高校开设了该专业，说明人力资源管理专业在国内高校中较受重视。国外高校开设人力资源管理本科专业比较少的原因，与很多高校认为学习管理等实践性比较强的专业，学生需要一定的工作阅历，因而将管理学类专业更多地放在了研究生阶段有关。

三、人力资源管理专业学生培养中存在的问题

人力资源是组织和国家的重要战略资源，在知识经济时代的地位尤为突出，这对人力资源管理也提出了更高的要求。高校人力资源管理专业是培养人力资源管理人才的重要基地，然而，通过查阅相关文献我们发现，目前高校人力资源管理专业的培养模式仍旧存在一定的问题。

1. 人力资源管理专业缺乏实践教学环节，学生实践能力不足

人力资源管理是一门实操性较强的学科，而在高校课堂中的教学普遍存在重理论、轻实践的情况；同时，学生进入组织进行实践学习较为困难。因此，学生的专业实践能力难以得到锻炼和提高。据调查，高校管理学类专业

投入的实践教学课时，如军训、实习等时间，仅占教学总课时的 10％左右，而美国许多高校则更强调学院教育面向市场，根据市场需求来进行专业设置，同时注重让学生在实践中积累经验。例如，美国有些学校的商学院中仅招收具有至少 2 年或 3 年工作经验的学生。

2. 人力资源管理专业课程结构的设置缺乏合理性

目前，各高校对人力资源管理专业本科教育应该开设哪些课程，应该构建怎样的课程体系的认识并不统一，大多数院校是将人力资源管理教学分解为诸如招聘选拔、绩效管理等几个模块，试图为学生提供一份未来工作中可能遇到的各种问题的解决方案清单，而这实质上是一种"工具主义"的课程体系，在组织中仅凭理论难以解决复杂的管理问题。同时，这种划分与设置很容易出现课程内容重复混乱、知识点遗漏等问题，也未能充分彰显自身办学特色。此外，高校教学课程中缺乏实践模块等非课堂教学环节；缺乏人力资源管理软件的教学环节，如对薪酬福利成本、人力资源状况等数据的分析软件的教学。

3. 人力资源管理学生的国际化水准不高

国际化人才是组织能够在全球竞争中取胜的关键所在，也是顺应经济全球化趋势的必然要求。目前，高校的人力资源管理专业人才培养缺乏全球定位；缺乏具有国际视野和交流经验的师资力量；缺乏具有国际倾向的课程以及教学模式；缺乏联合培养、交流学习等全球化培养模式等。

4. 专业化的师资队伍建设不足

我国高校人力资源管理专业的起步较晚，教师大多最初从事的是劳动人事管理、劳动经济学、心理学等专业领域的研究。此外，有许多教师虽然取得了人力资源管理专业博士学位，具有很高的理论和学术水平，但是由于长期从事校内教学工作，脱离组织实践的时间较长，难以与时俱进地传授兼具实用性与先进性的理论和方法给学生，这也是造成学生实践能力和创新能力不足的原因之一。

5. 教学方法单一，忽视学生主观能动性

大多数高校的课堂由教师主导，采用讲授式的方法将课堂信息向学生进行单向传递，忽视了让学生主动参与、思考、质疑、解决问题，难以调动学生的主观能动性，影响了学生对知识的接收效果。同时，教学内容局限于教材中简单的概念和方法，没有重视拓宽学生的知识面，引导学生接触学术领域前沿以及实践领域的新问题和新方法。

第二节　北京师范大学人力资源管理专业培养方案改进调研

北京师范大学政府管理学院（早期为管理学院）人力资源管理本科专业于 2002 年设立并招生，2020 年成为北京市一流本科建设专业。目前，该专业主要依托组织与人力资源管理系以及行政管理系、信息管理系等专业的师资力量进行学生培养。为了不断优化培养方案、提高学生培养质量，我们对国内外高校在校生、毕业生、专业教师等多个主体进行了调研。

一、调查样本

本次调研收集到的改进建议信息来源于以下 5 个途径。

1. 国外大学调研

与 2019 年 QS 世界高校排名前 100 中 7 所本科开设了人力资源管理专业的高校的培养方案进行对比分析。分别为：曼彻斯特大学、墨尔本大学、伦敦政治经济学院、英属哥伦比亚大学、伊利诺伊大学香槟分校、西澳大学、宾州州立大学。其中爱丁堡大学由于无法找到其课程培养体系而舍弃。

2. 国内大学调研

调研对象为人力资源管理专业排名靠前同时其培养方案具有可获得性的 5 所院校，分别为：中国人民大学、武汉大学、中央财经大学、厦门大学、西南财经大学。其中西南财经大学由于将人力资源管理专业设在公共管理学院之下，与我院情况相似，因此也被纳入调查之中。

3. 在校生调研

调研对象为 2015 级至 2018 级的 80 名在校本科生。

4. 毕业生调查

调研对象为正在从事人力资源管理岗位的 20 位毕业校友。

5. 教师调研

调研对象为 10 名政府管理学院组织与人力资源管理系的教师。

二、国外部分高校与北京师范大学的人力资源管理课程对比分析

本部分内容以北京师范大学人力资源管理专业为基准，对比分析国内外高校人力资源管理专业本科课程与北京师范大学的课程、学分等异同点，重点分析学科基础课和专业课程。

1. 北京师范大学人力资源管理专业课程体系的基本情况

在 2020 级人力资源管理本科专业培养中，总学分为 143 学分，其中通识教育课程（包含家国情怀与价值理想、国际视野与文明对话、经典研读与文化传承、数理基础与科学素养、艺术鉴赏与审美体验、社会发展与公民责任）共 79 学分，专业教育课程（包含学科基础课程、专业选修课程、自由选修、实践与创新）共 64 学分。表 17-1 为北京师范大学政府管理学院人力资源管理专业本科课程的学科基础课和专业课（2020 级）。

表 17-1　北京师范大学人力资源管理专业的课程设置（2020 级）

学科基础课	专业课
社会学概论	☆工作分析与组织设计
公共管理学	☆人力资源测评
人力资源管理导论	☆招聘与选拔
管理学研究方法	☆薪酬管理
经典文献选读	☆培训与生涯规划
心理学基础	☆领导力与组织管理
组织行为学	计量经济学
劳动经济学	公共部门经济学
人力资源管理法律基础	管理思想史
战略管理学	非营利组织管理
财务管理	☆人力资源战略与规划
	☆绩效管理
	☆国际人力资源管理
	☆管理信息系统
	投资学
	会计学

注：☆为专业必修课。

2. 国外部分大学与北京师范大学的异同点

表 17-2 显示了曼彻斯特大学等 7 所大学人力资源管理本科专业与北京师范大学人力资源管理本科专业相关课程的异同点。通过分析与其他学校课程设置的异同点可以看出，北京师范大学人力资源管理专业的课程尚有需完善之处。

表 17-2　国外部分大学与北京师范大学人力资源管理课程的异同点

大学	相同点	不同点
曼彻斯特大学	财务、会计、管理组织导论、国际人力资源管理、人力资源管理法律、组织心理学	学术和职业发展、管理案例研究、经营管理量化方法、雇佣关系与人力资源管理、比较劳资关系
墨尔本大学	会计、绩效管理、人力资源战略	管理能力、商业分析与决策、人力资源管理和雇用管理的策略与问题、人力资源咨询、人员管理、管理多样性、冲突与谈判
伦敦政治经济学院	组织行为学、人力资源战略、全球化和人力资源管理、奖励系统	人力资源业务和管理基础、人力资源管理的当代问题
英属哥伦比亚大学	组织行为学、会计学、薪酬管理、人力资源规划、战略管理、宏观经济学原理、微观经济学原理	统计学、雇员流动管理、劳动关系、加拿大就业关系、商业分析导论、商业技能导论
伊利诺伊大学香槟分校	人力资源管理原理、人力资源开发战略、人力资源开发管理	教学和培训系统设计、设计和评估电子学习系统
西澳大学	组织行为学、财务会计学、管理与组织、微观经济学、管理工作、绩效和福利	市场营销导论、经济和商业统计、澳大利亚就业关系、国际就业关系、谈判的理论与实践
宾州州立大学	微积分技术、微观经济分析和政策导论、财务与管理会计决策、商业信息系统概论、财务管理、商业法律环境、领导力与组织建设、信息系统管理与应用	修辞与写作、实用演讲、初等统计/商业统计概论、管理的基本概念、市场营销原理、组织伦理、宏观经济分析和政策导论、供应链管理、组织学习与知识管理、国际商业与社会、咨询顾问、商务战略管理

3. 国内部分高校与北京师范大学的对比分析

我们收集了中国人民大学、武汉大学、中央财经大学、厦门大学和西南财经大学 5 所大学的人力资源管理本科专业培养方案，并将之与北京师范大学进行比较，得到如下结论。

①学分要求。这 5 所大学人力资源管理专业的学分分别是 165 学分、140 学分、147 学分、140 学分和 160 学分。学分最高的是中国人民大学，最低的是武汉大学和厦门大学。北京师范大学人力资源管理专业的学分是 143 学分，从整体上看，北京师范大学的学分处于中低位置。

②课程设置。中国人民大学专业必修课中开设了"人力资源信息化管理"课程，专业选修课程中开设了"人事管理经济学""专业外语""劳动政策分析""管理技能开发""企业文化与跨文化管理"课程；武汉大学专业必修课中开设了"管理沟通""绩效管理与薪酬管理实践""组织设计实践"课程，专业选修课中开设了"人力资源会计""组织与人力资源管理"和"人力资源管理前沿"专题课程；中央财经大学专业必修课中开设了"人力资源管理前沿"课程，专业选修课中开设了"管理沟通""组织文化""演讲与口才""逻辑学""商务写作"和"商业伦理"课程；厦门大学开设了"商务沟通""商业伦理""企业文化"专题和"管理研究前沿"课程；西南财经大学开设了"逻辑与批判性思维""沟通与写作"课程。综上所述，这 5 所高校几乎均有开设管理沟通、企业文化、管理研究前沿、商业伦理这几类的课程，可供北京师范大学人力资源管理本科专业参考。

4. 在校生调查结果

对于在校生的调查采用问卷调查的方式，样本为 2015—2018 级人力资源管理专业本科生，有效问卷数量 80 份。问卷问题内容围绕学分设置、课程设置、其他内容（实践、国际交流等）几个主要方面展开。

对在校生的主要建议与意见汇总如下：①学分设置。希望提高自由选修学分比重，提高专业课学分占比，适当减少总学分和必修学分。②课程设计。现有的课程体系可以进一步调整。如"培训与生涯规划"课程，可分别开设为"培训与开发"和"职业生涯管理"两门课程。开设"人工智能时代人力资源管理"和"管理哲学"等新课程；打造多维课堂，将各种实践、创业、交换、志愿等多样化地纳入学分，设置第二、三等课堂；改革教学模式，强化课外活动素质拓展实效，开阔学生国际视野；开课时间灵活化，可以增加开课次数，在教师有余力和时间的情况下让学生可以更加灵活地规划自己的修课时间；适当增加选修课程数量；组织各方力量，丰富和完善相关学科的通识教育（主要是人文和社会科学方向）课程；给相应的课程一些标识，使学生了解课程的性质和难度，帮助其进行选择；开设 3～5 门英汉双语课程。③实践创新和国际交流。构建创新创业课程体系，将创新创业要求纳入培养要求之中，构建创新创业教育专门课程模块；重视开展科研项目、学科竞赛；重视实习、实训；培养方案凸显国际化特色；借鉴复旦大学"多元发展"课程模块设计，提供学术升级、职场发展和国际深造三个方向的选择。

5. 毕业生调查结果

选取了 20 名已经毕业并正在从事人力资源管理工作的校友进行深度访谈。主要采访了两个问题：哪些专业课程是应该开设却还未开设的？针对已经开设的专业课程的讲授内容有无修改意见？得到的结果总结如下。

①毕业生认为应该开设却还未开设的专业课程方向有：人力资源前沿应用、互联网等行业内广泛应用的人力资源管理实务、行业人力资源发展概述（不同行业的人力资源专业工作略有不同，如地产行业、互联网行业、金融行业等）、人力资源三大支柱的探讨（人力资源专家中心 COE，人力资源平台部 SSC，人力资源业务伙伴 HRBP）、企业经营管理方面课程（人才管理方面，干部管理方面，薪酬管理方面，组织机构方面，培训及其他）、抗压能力课程、演讲与口才、企业文化相关课程、人才发展相关课程、组织发展相关课程（组织诊断、组织能力提升等）、人力资源数据分析、招聘渠道实操、培训体系搭建、培训项目设计与实施、心理测量相关课程、引导性课程（如企业中应用较多的行动学习）、劳动关系纠纷处理（本科阶段设置了劳动法的学习，但是缺少实际的案例学习，现在企业中"劳动关系"这一模块占比越来越大）、情商类课程、商务礼仪类课程、逻辑思维强化课程（帮助学生在管理、执行方面注重厘清思路和提升效率）、公文写作能力培养及训练。

②毕业生对现在的专业课程讲授内容提出的建议。一是心理学课程方面，建议有更多案例。本科阶段仅有一门心理学课程，对于人力资源工作而言心理学非常重要，希望可以多开设一些关于心理学方面的课程。二是微观经济学课程方面，希望能够提升课堂教学和讲授的比重，多关注学生经济学基础知识的学习和掌握，将课程重点置于经济学基本理念和原理上。三是计量经济学方面，根据当前国际经济发展状况，丰富课件和其他课程材料，增加课程的实时性和应用性。四是财务管理方面，除了会计处理、财务原则等内容，希望更多了解一些与人力管理相关的财务知识，如具体财务科目及其列支规则，人工成本投入产出的一般分析维度和方法，HR 相关的税务规定等。五是薪酬管理方面，希望课程内容能够更贴近现实和实际，丰富主流的方法论及相关内容（如主流咨询公司的典型方法论分析、国家公务员岗位体

系与薪酬激励体系的详细分析），介绍社会保险的实务操作，补充保险、长期激励在国内的发展实践及痛点难点等。六是培训与生涯规划课程方面，首先课程重点在于个人职业观的建立，每个人都是独立的个体，每个人只基于自己现有的物质基础、精神建设、知识结构、关系网络等方面做选择，需要对自己未来的预期（长期及短期）和现实的落差做好心态和能力调整；其次是关于企业职业规划和员工职业生涯规划的学习，希望课程能将生涯规划和培训的内容进行更为合理的划分。七是战略管理学方面，希望课程在讲解战略分析模型、工具的时候结合企业案例，贴合实际，帮助未来 HR 从业者更好地了解业务，从而更好地匹配人力资源方案。八是人力资源管理法律基础方面，希望课程可以多讲解有关劳动法实践中的关联接触方（企业 HR、劳动者、律师、仲裁者、法庭等角色处理实务的一般逻辑）的内容，介绍社会对劳动法实践的看法与争议。九是国际人力资源管理方面，希望课程能引导学生关注前沿，引入最新的理念、实践。

③总体建议。建议在实习前和后提供指导，通过校企合作，提供实习机会和进行推荐；将双语教学深入课堂，培养本科生国际化的视野；增强课程特色，整合企业资源，增加与实际工作的联系，加强学生对行业、企业人力实践的了解以及学生的实践内容；加大经典案例分析部分。

6. 人力资源管理专业教师调查结果

我们对人力资源管理本科专业的全体教师（共 10 名）进行了访谈，主要问题为：关于培养目标的修改建议和关于课程设置的建议。人力资源管理专业的教师对培养目标提出的建议有：培养目标应该兼顾专业教育和通识教育，加入卓越人才培养之类的描述；对于课程改革提出的建议有：①选修课学分太少，建议增加"AI＋HRM""区块链＋HRM""人力资源管理哲学"等方面的内容；可开设一些选修课，如"组织文化""管理沟通""人力资源管理案例""人力资源管理期刊论文撰写与投稿""创新与组织变革""商务英语""社会心理学""管理与科学"等；可以从外面聘请一些从事人力资源管理方面工作的人士或专家来我校任职或开讲座，并且将讲座纳入课程，计入学生的学分；②增加一些双语课程或全英文课程；③设置实践操作类的课程，如人力资源管理操作，可以由多名教师共同授课或者请外面的专家来讲操作；专业课程里可增加实践的环节，建议每个课程在讲述的过程中结合学术界的理论前沿和实践前沿更新课程内容；④管理学研究方法调节为 3 个课时。可用 2 学分讲授基础知识，1 学分讲授研究方法与论文发表；鼓励学生了解、接触学术研究中的研究方法，接轨研究生课程；⑤建议新生进校后第一学期能举办一次专业圆桌或茶话会，就学生们关心和困惑的问题进行交流；通识教育课程可以提前到秋季，即新生入学后即开课；将新生研讨课设置到大一上学期进行；把"心理学基础"课程提到大一下学期；把"人力资源管理导论"课程放到大一来上；⑥把"培训与生涯规划"拆分为两门单独的课程；⑦突出公共管理的特色，把"公共管理学"和"管理学原理"课程放在同一个模块中；⑧整合各课程间重复的内容，如"管理学原理"和"组织行为学"课程内容有些相近，可以将课程内容进行整合，在两门课中增添更具鲜明特色和代表性的内容。

第三节　北京师范大学人力资源管理专业培养方案优化建议

结合国内相关大学人力资源管理专业的培养方案以及针对北京师范大学人力资源管理专业在校生、毕业生以及教师的调查结果，根据专业的实际情况，课题组从培养目标和课程设置方面提出如下优化建议。

一、培养目标优化建议

提出将"本专业的学生培养以工作能力、学术发展并重"改为"本专业的学生培养以工作能力、学术发展与人文素养并重"以及"成为卓越的人力资源管理研究与实践人才"等建议，将原来的培养目标调整为"人力资源管理本科专业主要依托组织与人力资源管理系进行学生培养"。本专业的学生培养以工作能力、学术发展与人文素养并重，注重对学生积极人格的塑造、家国情怀的培育、全球化视野的开拓、多学科理论知识的教学和实际操作技能的训练，使毕业生具备攻读国内外一流大学研究生学位或胜任国家部委和地方政府机关、国有和民营企业、营利和非营利组织等跨部门人力资源管理工作的扎实基础，成为卓越的人力资源管理研究与实践人才。

二、课程设置优化建议

课题组根据目前的学生需求和师资力量，从学分设置、课程设置、课程内容、开课学期角度，对政府管理学院人力资源管理本科专业培养方案提出如下课程优化建议。

1. 学分设置

增加总学分，建议上调为 150 分及以上学分；增加专业选修课的学分比重；增加"管理学研究方法"的课时和学分，可分为"管理学研究方法 1"（2 学分）、"管理学研究方法 2"（1 学分，讲授前沿研究方法与论文发表）。

2. 课程设置

培训与职业生涯规划拆分为两门课程。增设 3~5 门专业选修课，如"人力资源管理理论前沿""人力资源管理操作实务""公文写作""演讲与口才""组织伦理""管理沟通""组织文化""压力管理"等。增开 3~5 门双语课程或全英文课程。

3. 课程内容

根据师生建议，对于原有课程的内容进行革新，重新调整教学大纲。在课程内容上增加思想政治教育占比，整合私人部门和公共部门领域的理论与实践，纳入国际前沿理论与先进的实践方法，面向全球化场景。

4. 开课学期

将"人力资源管理导论"（第三学期）、"人力资源的管理科学与艺术"（第二学期）和"心理学基础"（第三学期）课程提前到第一或第二学期开设。

参考文献

[1]中华人民共和国教育部高等教育司. 普通高等学校本科专业目录和专业介绍[M]. 北京：高等教育出版社，2012.

[2]张席闻，孙晓梅. 人力资源管理专业学生能力培养策略研究[J]. 营销界，2020(47)：146-148.

[3]罗堰. 高校人力资源管理专业教学实践体系构建的思考[J]. 技术与市场，2007(11)：74-75.

[4]廖英. 高校人力资源管理专业实践教学研究[J]. 广西财经学院学报，2006(S1)：126-128.

[5]周学军，易蓉. 人力资源管理人才的高校培养模式分析[J]. 科技广场，2004(9)：118-120.

[6]金延平. 高校人力资源管理专业人才培养模式探讨[J]. 管理观察，2009(10)：130-131.

[7]胡永铨. 工商管理学科实验教学课程体系研究[J]. 教育与现代化，

2006(3)：9-14，70.

[8]赵富强，黄颢宇，陈耘. 高校人力资源管理国际化人才培养国际比较与借鉴[J]. 当代经济管理，2017，39(2)：66-72.

[9]关培兰，申学武. 高校人力资源管理专业面临的机遇与挑战——2003 中国人力资源教学与实践研究会第四届年会暨学术研讨会会议综述[J]. 中国人力资源开发，2004(2)：18-20.

[10]刘伟. 高校人力资源管理专业实践性人才培养存在的问题及对策[J]. 中国人才，2011(14)：86-87.

第十八章
管理学教学团队现状分析与对策[①]

柯江林　郑浩文　饶娅婷

教学团队是现代人才培养和课程教学的基本组织形式。一方面，课程的建设和运行离不开一支结构合理、素质优良、成果丰富的教学团队；另一方面，在新时代，教学团队的建设对于解决当前基层教学组织中存在的问题，促进教学改革，进而加强一流本科教育建设具有极其重要的意义。因此，教育部和各高校都十分重视教学团队的培育。北京师范大学政府管理学院课题组为了更好地了解教学团队的培育规律，对国家级教学团队设立的目的和要求、实际获批的管理学类国家级教学团队的基本特征、北京师范大学政府管理学院 3 个教学团队等进行了现状分析（数据统计截至 2019 年年底），并在借鉴其他优秀管理学教学团队建设经验的基础上，提出了北京师范大学政府管理学院教学团队建设的优化对策。相关成果可供北京师范大学政府管理学院学科决策和发展之用，同时所收集的教学团队特征等信息对其他高校的教学团队建设亦有一定的参考价值。

第一节　教学团队建设的基本目标、要求与新发展

一、教学团队建设的基本目标与计划

根据《教育部、财政部关于实施高等学校本科教学质量与教学改革工程

---

①　本研究成果得到北京师范大学政府管理学院本科教学经费支持。

的意见》(教高〔2007〕1 号文件)，教学团队建设的目标是通过建立团队合作的机制，改革教学内容和方法，开发教学资源，促进教学研讨和教学经验交流，推进教学工作的传、帮、带和老中青相结合，提高教师的教学水平。

国家级教学团队建设项目是我国同类项目中规格最高的，该项目采取学校先行建设，教育部组织评审，教育部、财政部联合批复立项的方式。项目计划：2007 年评审、资助 100 个国家级教学团队，2008—2010 年，每年评审、资助 300 个国家级教学团队，并加强对教学团队的评估。首先由教育部委托各省级教育行政部门依照国家级教学团队的基本要求，组织本省的推荐工作。随后由各省级教育行政部门通知被推荐的教学团队按照"国家级教学团队"要求报送材料。完成报送后由教育部组织有关专家通过网络和会议方式进行评议，提出立项建议方案。最后由教育部、财政部审定立项建议方案，批准立项实施。

二、教学团队的基本要求

根据教育部《关于组织 2007 年国家级教学团队评审工作的通知》(教高司函〔2007〕136 号)，申报国家级教学团队需要具备以下条件。

1. 团队及组成

根据各学科(专业)的具体情况，以教研室、研究所、实验室、教学基地、实训基地和工程中心等为建设单位，以系列课程或专业为建设平台，在多年的教学改革与实践中形成团队，具有明确的发展目标、良好的合作精神和梯队结构，老中青搭配、职称和知识结构合理，在指导和激励中青年教师提高专业素质和业务水平方面成效显著。高职团队中应有来自行业、企业一线的高水平兼职教师。

2. 团队带头人

本科团队带头人应为本学科(专业)的专家，具有较深的学术造诣和创新性学术思想；高职团队带头人应在本行业的技术领域有较大的影响力，具有企业技术服务或技术研发经历。长期致力于本团队课程建设，坚持在本校教学第一线为本、专科生授课。品德高尚，治学严谨，具有团结、协作精神和较好的组织、管理和领导能力。一名专家只能担任一个国家级教学团队的带头人。

3. 教学工作

教学与社会、经济发展相结合，了解学科（专业）、行业现状，追踪学科（专业）前沿，及时更新教学内容。教学方法科学，教学手段先进，重视实验、实践性教学，引导学生进行研究性学习和创新性实验，培养学生发现、分析及解决问题的兴趣和能力。在教学工作中有强烈的质量意识和完整、有效、可持续改进的教学质量管理措施，教学效果好，团队无教学事故。

4. 教材建设

积极参加教学改革与创新，参加过省部级以上教改项目，如面向 21 世纪课程改革计划、新世纪教学改革工程、国家精品课程、教育部教学基地、国家级双语课程改革、实验教学示范中心、国家示范性高职院校建设计划、中央财政支持的实训基地建设项目等，获得过国家级教学成果奖励。重视教材建设和教材研究，承担过面向 21 世纪课程教材和国家级规划教材编写任务。教材使用效果好，获得过优秀教材奖等相关奖励。

三、教学团队类型的新发展

1. 国家级教学团队项目

2007 年启动的国家级教学团队建设项目目前已经完成，新的国家级教学团队项目目前已经启动并有序进行。2017 年，中华人民共和国教育部为了深入贯彻落实习近平总书记对黄大年同志先进事迹重要指示精神，引导广大教师持续向黄大年同志学习，决定开展"全国高校黄大年式教师团队"创建活动。"全国高校黄大年式教师团队"以师德师风、教育教学、科研创新、社会服务与团队建设五个指标作为评选标准，2018 年选拔了第一批共 201 个团队，第二批于 2021 年申请，选取 200 个团队。另外，为深入学习贯彻全国教育大会精神，落实《国家职业教育改革实施方案》，2019 年教育部面向高等职业学校（高等专科学校）工业机器人应用与维护、人工智能技术与应用、航空装备技术与应用、云计算与大数据运用、汽车运用与维修（含新能源汽车）、物联网技术、建筑信息模型制作与应用、新能源与环保技术、化工与制药技术、现代物流管理、电子商务、Web 前端开发、养老服务、家政服务、幼儿保育与学前教育等重点产业领域和民生紧缺领域专业，分专业遴选了首批 122 个团队建设立项单位。

2.省市级教学团队项目

在国家级教学团队项目以外，各省、市级教育部门也开展了类似的教学团队评选工作。如北京市教育委员会 2021 年开展的"北京高校优秀本科育人团队"、天津市 2020 年发布的"天津市级教学团队"、湖北省 2020 年发布的"湖北高校省级教学团队"、福建省 2018 年发布的"福建省级本科教学团队建设项目"等。在省市级教学团队项目以外，个别高校还在校内设置了教学团队评选项目，如北京大学 2019 年开展的优秀教学团队评选项目。

第二节　国家级教学团队的总体概况

一、国家级教学团队的学科分布情况

国家级教学团队建设项目自 2007 年开始到 2010 年结束，总计有 1 013 个教学团队荣获国家级教学团队称号，按照本科专业 12 个学科门类可以分为理工类、经管类、农医类、文史哲、法学、艺术与教育六个学科大类，具体学科分布情况如表 18-1 所示。通过对 1 013 个国家级教学团队的分类统计得出：理工类（含工学和理学）教学团队占比最大，总和达 56%，2007—2010 年，理工类教学团队始终占较大名额比例；其次占比较多的是医学类教学团队，团队数量为 111 个，占总名额的 11%；农学类和文学类教学团队各占总名额的 6%；其余学科门类教学团队占比均低于 5%，如管理学类教学团队数量为 30 个，占比 3%。

表 18-1　2007—2010 年国家级教学团队的学科分布情况汇总　（单位：个）

学科分类	2007 年	2008 年	2009 年	2010 年	总计
法学	5	10	13	18	46
工学	41	125	124	119	409
管理学	5	6	7	12	30
教育学	3	11	12	16	42
经济学	5	13	14	14	46
理学	19	44	51	44	158
历史学	1	6	4	7	18

续表

学科分类	2007 年	2008 年	2009 年	2010 年	总计
农学	6	18	21	20	65
文学	6	25	15	16	62
医学	9	36	32	34	111
艺术学	1	5	7	6	19
哲学	1	2	3	1	7
总计	102	301	303	307	1 013

二、北京师范大学国家级教学团队的建设情况

表 18-2 为北京师范大学 2007—2010 年国家级教学团队的建设情况。学校总共有 8 个教学团队荣获该荣誉，涵盖了地理学部、心理学部、教育学部、文学院、生命与科学学院、化学学院、法学院和体育学院。从表中可见，教学团队建设存在着学科分布不均衡的现象，理学类教学团队占据了较大比例，而管理学门类则处于劣势，在 8 个国家级教学团队中，没有管理学类的教学团队出现。政府管理学院的公共政策学、人力资源管理、信息管理与信息系统管理教学团队未获得国家级教学团队的建设支持。

表 18-2 北京师范大学 2007—2010 年的国家级教学团队

年份	团队名称	类型	带头人	学院
2007 年	区域地理教学团队	理学	王静爱	地理学部
2008 年	心理学核心基础课程教学团队	理学	舒 华	心理学部
	基础课程教学团队	理学	郑光美	生命与科学学院
2009 年	学校体育理论课程教学团队	艺术	毛振明	体育学院
	中国古代文学系列课程教学团队	文学	郭英德	文学院
	刑法学教学团队	法学	赵秉志	法学院
2010 年	外国教育史教学团队	教育学	张斌贤	教育学部
	化学实验教学团队	理学	欧阳津	化学学院

第三节　管理学类国家级教学团队的特征分析

一、管理学类国家级教学团队概况

表 18-3 为管理学类国家级教学团队的立项情况。从全国范围来看，2007—2010 年，管理学类教学团队数量有所上升，分别为 5 个、8 个、8 个、9 个，但每年所占的比例仍然较低。在连续 4 年的评比中，获得国家级教学团队荣誉的管理学类教学团队累计有 30 个，主要由人力资源管理教学团队、财务管理教学团队、管理运筹学教学团队、管理决策与决策支持教学团队等 26 个普通高等学校教学团队和由武汉职业技术学院酒店管理专业教学团队、广州商学院经管类跨专业综合实验教学团队、无锡商业职业技术学院市场营销专业教学团队、江苏经贸职业技术学院电子商务专业教学团队 4 个职业技术学校团队组成。为了资料统计的针对性更强，以下去除 4 个职业院校国家级教学团队，以剩下的 26 个高等学校教学团队为核心收集管理学类教学团队相关信息。

表 18-3　管理学类国家级教学团队立项情况

年份	团队名称	带头人	所在学校
2007 年	人力资源管理教学团队	戴昌钧	东华大学
	财务管理教学团队	赵德武	西南财经大学
	管理运筹学教学团队	李引珍	兰州交通大学
	物流管理教学团队	何明珂	北京工商大学
	管理决策与决策支持教学团队	梅国平	江西财经大学
2008 年	运筹学系列课程教学团队	刘桂真	山东大学
	旅游规划与开发系列课程创新教学团队	马　勇	湖北大学
	酒店管理专业教学团队	谢　苏	武汉职业技术学院
	系统工程与管理系列课程教学团队	谭跃进	国防科学技术大学
	政治学与公共管理基础平台课程研究型教学团队	周　平	云南大学
	管理系列课程教学团队	范黎波	对外经济贸易大学
	管理会计学教学团队	孟　焰	中央财经大学
	经济管理实验教学团队	秦艳梅	北京工商大学

续表

年份	团队名称	带头人	所在学校
2009 年	人力资源管理课程群教学团队	杨河清	首都经济贸易大学
	工商管理系列课程教学团队	徐 波	上海对外贸易学院
	经管类跨专业综合实验教学团队	曾小彬	广州商学院
	工程管理专业平台系列课程教学团队	任 宏	重庆大学
	工商管理教学团队	杨 丹	西南财经大学
	工商管理核心课程教学团队	伊志宏	中国人民大学
	工程管理教学团队	刘亚臣	沈阳建筑大学
	行政管理核心课程精品化建设教学团队	何 颖	黑龙江大学
2010 年	管理信息系统课群教学团队	陈智高	华东理工大学
	管理定量方法课程群教学团队	刘思峰	南京航空航天大学
	市场营销专业教学团队	徐汉文	无锡商业职业技术学院
	电子商务专业教学团队	李 畅	江苏经贸职业技术学院
	电子商务核心课程教学团队	刘业政	合肥工业大学
	信息系统系列课程教学团队	徐升华	江西财经大学
	工商管理类专业实践教学团队	谢 赤	湖南大学
	行政管理教学团队	马 骏	中山大学
	旅游管理专业教学团队	田卫民	云南大学

二、管理学类国家级教学团队的特征衡量

1. 指标选择

国家级教学团队的特征包括团队人员结构、团队教研成果以及团队带头人等相关信息。本研究小组基于以上 3 个一级指标划分二级指标，其中团队人员信息主要包括团队人数、平均年龄、职称分布情况；教研成果信息主要包括省部级教材编写、国家级教材编写、省部级教学成果、国家级教学成果，以及相应的教学改革项目数量（限 15 项）和科研经费投入情况；团队带头人的基本信息主要包括带头人的年龄、教职年龄、最终学历、教学职称、行政职务、政治面貌和省部级及以上的获奖情况。

2. 团队结构

①团队人数和平均年龄。在 26 个管理学类国家级教学团队中，团队人数的平均值为 18 人（剔除团队人数为 112 人的非代表性团队），其中团队人数在 0～9 人的有 4 个团队；10～19 人的有 13 个团队；20～29 人的有 4 个团队；30～39 人的有 2 个团队，40～49 人的有 2 个团队，50 人及以上的只有 1 个团队（如图 18-1 所示）。就年龄构成来看，团队总体上属于老中青相结合的情况，26 个团队的平均年龄为 42.3 岁，其中，平均年龄在 41～45 岁的团队占 48%（如图 18-2 所示）。

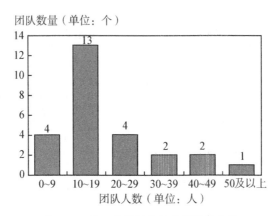

图 18-1　管理学类国家级教学团队人数

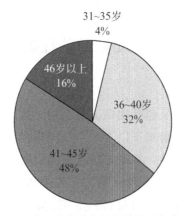

图 18-2　管理学类国家级教学团队平均年龄

②团队成员职称构成。从 26 个管理学类教学团队成员的职称分布来看，教授的占比最大，为 40%；副教授的占比为 34%；讲师占比为 26%（如图 18-3 所示）。三类成员的占比相差不大，恰好符合了国家级教学团队对于

团队人员互相帮扶的理念。

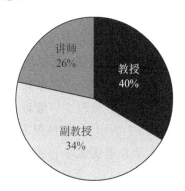

图 18-3   管理学类国家级教学团队成员职称构成

3. 教研成果

①教材编写。在 26 个管理学类国家级教学团队当中，省部级教材编写数量为 0 的有 4 个团队；而大部分团队的省部级教材编写数量为 1～5 部，共 17 个团队；编写数量为 6～9 部的团队有 3 个；编写数量为 10 部及以上的团队较少，只有 2 个。在国家级教材编写成果中，只有 1 部国家级教材的有 8 个团队；有 6 部国家级教材的有 4 个团队；获得 10 部及以上国家级教材的团队数量较少，仅有 3 个（如图 18-4、图 18-5 所示）。管理学类国家级教学团队中教材编写数量较多的团队主要有：中国人民大学工商管理核心课程教学团队、中山大学行政管理教学团队、重庆大学工程管理专业平台系列课程教学团队、湖南大学工商管理类专业实践教学团队和中央财经大学管理会计学教学团队。

团队数量（单位：个）

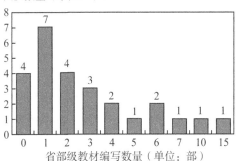

**图 18-4   管理学类国家级教学
团队省部级教材编写情况**

团队数量（单位：个）

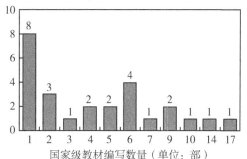

**图 18-5   管理学类国家级教学
团队国家级教材编写情况**

②教学成果。对 26 个管理学类国家级教学团队所获得的省部级及以上教学成果进行统计显示：这些团队中获得 2 项、3 项、4 项、7 项省部级教学成果称号的教学团队均在 3 个及以上，较少或不曾拥有省部级教学成果的团队只有 4 个，比例较低。同样地，获得 10 项及以上省部级教学成果的团队也较少，只有 3 个（如图 18-6 所示）。对国家级教学成果进行统计显示，获得多项国家级教学成果奖的团队数量较少，管理学类教学团队获得该奖数量主要集中于 1 或 2 项（如图 18-7 所示）。获得国家级教学成果奖的学校主要有西南财经大学、中国人民大学、重庆大学和首都经济贸易大学。

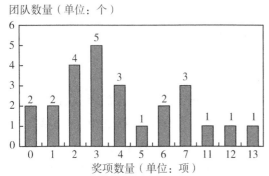

图 18-6　管理学类国家级教学团队省部级教学成果情况

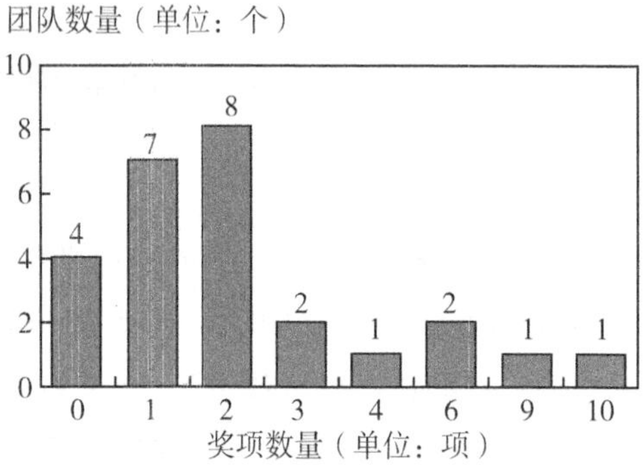

图 18-7　管理学类国家级教学团队国家级教学成果情况

③教学改革项目与科研经费。2007—2010 年，26 个管理学类国家级教学团队的教学改革项目成果突出，在限 15 项陈列的教学改革成果中，越来越多的教学团队能够达到 15 项（如图 18-8 所示）。平均而言，教学改革项目从 2007 年的 6.75 项提高到了 2010 年的 14 项，呈逐年增长的态势（如图 18-9 所示）。同时，在这 4 年里，教学团队也有着大量的科研经费支出。除 2007 年以外，每年每个教学团队的年平均科研经费都超过了 100 万元，尤其是 2009 年达到了每个教学团队平均 300 万元的水平。

4. 团队带头人

①基本信息。国家级教学团队的带头人是整个团队的核心，教学团队设置团队带头人 1 名，实行带头人负责制。对 26 个管理学类国家级教学团队带头人的信息统计显示：管理学类教学团队带头人的年龄基本在 40 岁以上，其中，41～45 岁年龄段的占 23%，46～50 岁年龄段的占 31%，51～55 岁年龄段的占 27%，56 岁及以上的占 15%，如图 18-10 所示。从高校教龄来看，大多数团队带头人的教龄在 20 年以上，教职年龄为 21～25 年和 26～30 年

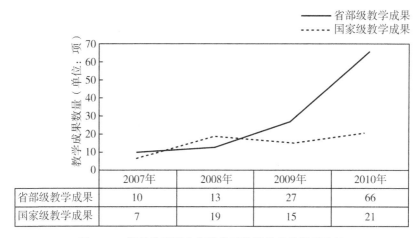

	2007年	2008年	2009年	2010年
省部级教学成果	10	13	27	66
国家级教学成果	7	19	15	21

图 18-8 管理学类国家级教学团队教学成果数量统计

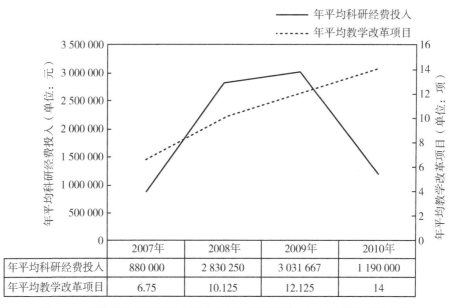

	2007年	2008年	2009年	2010年
年平均科研经费投入	880 000	2 830 250	3 031 667	1 190 000
年平均教学改革项目	6.75	10.125	12.125	14

图 18-9 管理学类国家级教学团队年平均科研经费与年平均教学改革项目

的比例都为 35%，如图 18-11 所示。从政治面貌来看，团队带头人中 85%都是中共党员，如图 18-12 所示。团队带头人在高校的行政职务多以院长为主，其他团队带头人的行政职务还包括副校长、副院长、中心主任、系主任，如图 18-13 所示。

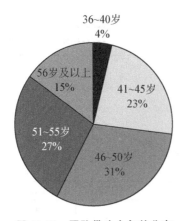

图 18-10 团队带头人年龄分布

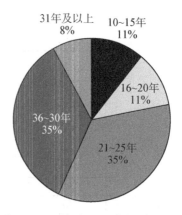

图 18-11 团队带头人高校教龄分布

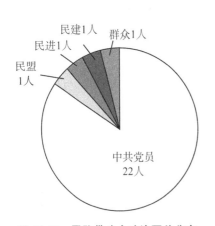

图 18-12 团队带头人政治面貌分布

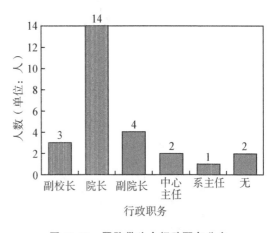

图 18-13 团队带头人行政职务分布

②获奖情况。在 26 位管理学类国家级教学团队带头人中，65%具有博士学位，35%具有硕士学位。团队带头人除了是整个团队的领导核心外，其在科研成果方面也有着突出成绩。如图 18-14 所示，就省部级及以上获奖结果来看，获得 1～5 项省部级及以上成果的占比 4%，获得 6～10 项成果的占比 50%，获得 11～15 项成果的占比 27%，获得 16～20 项成果的占比 15%，获得 21 项及以上成果的占比 4%。

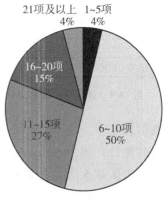

图 18-14 团队带头人获奖成果
（省部级及以上）

第四节 政府管理学院与管理学类教学团队建设对比分析

一、北京师范大学政府管理学院教学团队简介

截至 2019 年年底，北京师范大学政府管理学院共有 3 个教学团队，分别是人力资源管理教学团队（以下简称"人管教学团队"）、公共政策学教学团队、信息管理与信息系统管理教学团队（以下简称"信管教学团队"）。

其中，人管教学团队由 10 名专任教师构成，分别是于海波、王建民、王颖、柯江林、李永瑞、余芸春、王昌海、李艳、关晓宇、尚哲。其中教授 3 人，副教授 4 人，讲师 3 人。全体教师均获得博士学位，6 名教师有博士后经历，7 名教师有国外留学或访学经历。

公共政策学教学团队由 5 名专任教师构成，分别是孙宇、王洛忠、果佳、郭跃、关婷。性别方面，3 名女教师，2 名男教师；年龄方面，"70 后" 2 人，"80 后"3 人，平均年龄38.2 岁，相对年轻；职称方面，教授 2 人，副教授 1 人，讲师 2 人；担任导师方面，博士生导师 2 人，青年教师导师 3 人，学术型硕士生导师 3 人，专业学位硕士生导师 4 人。

信管教学团队由 5 名教师构成，分别是耿骞、刘晓娟、李韶辉、黄崑、陈翀。其中教授 4 人，讲师 1 人。目前主要建设有《信息用户技术》课程。

二、政府管理学院教学团队与管理学类国家级教学团队对比分析

1. 团队结构对比分析

对政府管理学院 3 个教学团队的团队结构与国家级教学团队的结构进行统计比较，结果见表 18-4 和表 18-5。人管教学团队和公共政策学教学团队的职称结构与国家级教学团队的职称结构大体相近，信管教学团队的教授人数比例较高，并且没有副教授成员，团队结构略有失衡。就组成人数而言，26 个管理学类国家级教学团队的平均人数为 18 人，其中人数为 0～9 人的团队仅有 4 个，50％的团队人数为 10～19 人。而政府管理学院公共政策学教学团队和信管教学团队的人数均为 5 人，这意味着这两个团队的人数处于一个较低的水

平，在扩充人员数量方面还有着较大的空间。从年龄构成来看，26 个管理学类国家级教学团队的平均年龄为 42.3 岁，而政府管理学院 3 个团队的平均年龄分别为人管教学团队 43.5 岁、公共政策学教学团队 38.6 岁、信管教学团队 45.4 岁，团队的年龄结构与管理学类国家级教学团队基本相似。

表 18-4　政府管理学院教学团队团队构成

职称	人管教学团队		公共政策学教学团队		信管教学团队	
	人数（人）	占比	人数（人）	占比	人数（人）	占比
教授	3	30%	2	40%	4	80%
副教授	4	40%	1	20%	0	0
讲师	3	30%	2	40%	1	20%

表 18-5　管理学类国家级教学团队团队构成

职称	2007 年占比	2008 年占比	2009 年占比	2010 年占比
教授	39.53%	42.44%	30.00%	51.52%
副教授	32.56%	37.21%	35.56%	28.28%
讲师	27.91%	20.35%	34.44%	20.20%

2. 教材编写情况对比分析

对政府管理学院 3 个教学团队的教材编写情况与国家级教学团队的教材编写情况进行统计比较，结果如图 18-15 所示。政府管理学院人管教学团队在这一方面的表现相对较好（1 部国家级教材，3 部省部级教材），但与国家级教学团队相比还有一定的差距。而公共政策学教学团队与信管教学团队的教材出版情况则略显不足，未来应更加重视省部级与国家级教材的编写工作。

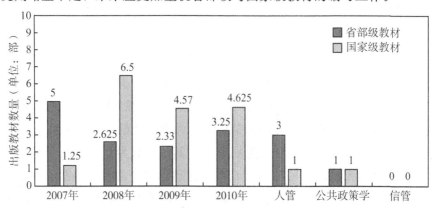

图 18-15　出版教材数量对比

3. 教学改革项目对比分析

对政府管理学院 3 个教学团队的教学改革情况与国家级教学团队的教学改革情况进行比较分析，结果如图 18-16 所示。在 3 个教学团队中，公共政策学教学团队在这一方面有着更好的表现(4 项省部级教学改革项目)。但总体上来看，3 个教学团队在教学改革项目上的表现都不太好，与国家级教学团队有着一定的差距，尤其是人管教学团队和信管教学团队。因此，未来 3 个团队都可以考虑着手开发新的教学改革项目。

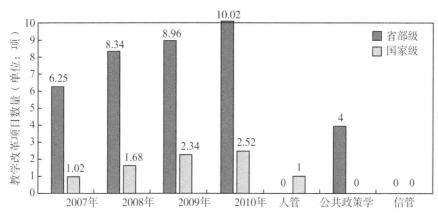

图 18-16　教学改革项目对比

4. 教学成果对比分析

对政府管理学院 3 个教学团队和国家级教学团队的教学成果情况进行比较分析，结果如图 18-17 所示。值得欣慰的是，相较于国家级教学团队，公

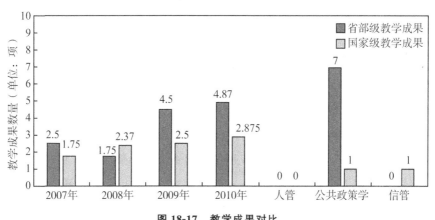

图 18-17　教学成果对比

共政策学教学团队在这一方面有着优异的表现（1 项国家级教学成果，7 项省部级教学成果），其获得的省部级教学成果超过了国家级教学团队的平均水平。但政府管理学院其他两支团队在这一方面的表现则严重落后。

5. 科研成果对比分析

科研育人是实现大学全方位育人的重要组成部分。对政府管理学院 3 个教学团队的科研成果情况与国家级教学团队的科研成果情况进行比较分析，结果如图 18-18 所示。3 个教学团队虽然都有着不错的表现，但相较于国家级教学团队还有一定的差距，人管教学团队在 3 类科研项目中的分布相对均衡。因此未来在科研成果方面，3 个教学团队还需进一步加强，尤其是公共政策学和信管教学团队在国家自然科学基金项目以及公共政策学教学团队在教育部人文社科基金项目上。

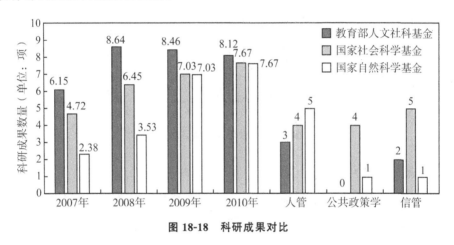

图 18-18　科研成果对比

6. 团队带头人对比分析

对政府管理学院 3 个教学团队的带头人与国家级教学团队的带头人进行对比分析（见表 18-6）。26 个国家级教学团队的带头人中有 3 人为副校长、14 人为院长、4 人为副院长、2 人为中心主任。政府管理学院 3 个教学团队的带头人在行政职务上基本与之相符。在获奖成果方面，国家级教学团队的带头人中获得 1~5 项省部级及以上成果的占 4%，获 6~10 项的占 50%。而政府管理学院 3 个教学团队带头人的获奖情况集中于 0~7 项，其中公共政策学教学团队表现相对较好。另外值得注意的是，除了设置单个团队带头人的结构外，越来越多的团队开始选择设置多位团队带头人。如 2019 年获选"北京高校优秀本科育人团队"的 40 个团队中有 10 个团队设置了多位带头人，2020 年获选"北京高校优秀本科育人团队"的 41 个团队中有 18 个团队设置了多位带头人。

表 18-6　政府管理学院教学团队带头人信息

教学团队名称	带头人姓名	政治面貌	最终学历	职称	行政职务	省部级及以上获奖
人力资源管理	于海波	中共党员	博士研究生	教授	院党委书记	0
公共政策学	王洛忠	中共党员	博士研究生	教授	党委学生工作部部长兼党委武装部部长、学科建设规划处处长	6
	孙宇	中共党员	博士研究生	教授	无	1
信息管理与信息系统管理	耿骞	群众	博士研究生	教授	副院长	1

三、政府管理学院教学团队与南开大学教学团队对比分析

2011—2018 年天津市教委持续举办天津市级教学团队项目评选活动，在这期间南开大学积极响应建设校级教学团队并取得突出成果。结合北京师范大学政府管理学院的专业设置情况，我们选取了南开大学商学院人力资源管理教学团队、信息资源管理教学团队及南开大学周恩来政府管理学院政治学教学团队 3 个优秀教学团队，与北京师范大学政府管理学院的 3 个教学团队进行对比分析。选择南开大学作为比较对象，是因为南开大学与北京师范大学的实力相当，两所学校都有类似的教学团队并且南开大学相关的教学资料便于获取。

1. 政府管理学院人管教学团队与南开大学人管教学团队

北京师范大学政府管理学院与南开大学商学院人管教学团队的对比情况如表 18-7 所示。在团队职称结构和人员数量上，二者基本相同。但在其他方面，则互有长短。在国家级教学改革项目、省部级教材编写、国家社会科学基金方面，北京师范大学政府管理学院人管教学团队处于优势地位。而在

国家级教材编写、省部级教学成果、省部级教学改革项目、国家自然科学基金项目、教育部基金项目等方面，北京师范大学政府管理学院人管教学团队则处于劣势。

表 18-7　北京师范大学与南开大学人管教学团队对比情况表

团队结构对比					教学成果情况对比			
学校	人数（人）	教授	副教授	讲师	国家级	平均率	省部级	平均率
北京师范大学	10	30.00%	40.00%	30.00%	0	0	0	0.00
南开大学	11	27.27%	45.45%	27.27%	0	0	7	0.64
对比	—	—	—	—	—	—	−7	−0.64

教学改革项目情况对比				教材编写情况对比			
学校	国家级	平均率	省部级	平均率	国家级	平均率	省部级	平均率
北京师范大学	1	0.10	0	0.00	1	0.10	3	0.30
南开大学	0	0	2	0.18	3	0.27	0	0.00
对比	+1	+0.10	−2	−0.18	−2	−0.17	+3	+0.30

科研成果对比分析						
学校	国家自然科学基金项目	平均率	国家社会科学基金项目	平均率	教育部基金项目	平均率
北京师范大学	5	0.50	4	0.40	3	0.30
南开大学	9	0.81	2	0.18	11	1.00
对比	−4	−0.31	+2	+0.22	−8	−0.70

2. 政府管理学院公共政策学教学团队与南开大学政治学教学团队

北京师范大学政府管理学院公共政策学教学团队与南开大学周恩来政府管理学院政治学教学团队的对比情况如表 18-8 所示。在团队职称结构上，二者基本相同，但人数上北京师范大学公共政策学教学团队明显偏少。在其他方面二者同样存在差异。以人均教研成果作为比较标准来看，政府管理学院公共政策学教学团队在教学成果、教学改革项目以及教材编写情况方面处于优势地位，而在科研成果方面则处于劣势。总量方面，除了教学改革项目

之外，政府管理学院公共政策学教学团队与南开大学政治学教学团队在其他
方面均存在较大的差距。

表 18-8　北京师范大学公共政策学教学团队与南开大学政治学教学团队对比情况表

	团队结构对比			教学成果情况对比			
学校	人数(人)	教授	副教授	讲师	国家级	平均率	省部级	平均率
北京师范大学	5	40%	20%	40%	1	0.20	7	1.40
南开大学	15	53%	40%	7%	2	0.13	14	0.93
对比	—				−1	+0.07	−7	+0.47

	教学改革项目情况对比				教材编写情况对比			
学校	国家级	平均率	省部级	平均率	国家级	平均率	省部级	平均率
北京师范大学	0	0	4	0.80	1	0.20	1	0.20
南开大学	0	0	2	0.13	1	0.13	2	0.13
对比	—		+2	+0.67	−1	+0.07	−1	+0.07

	科研成果对比分析					
学校	国家自然科学基金项目	平均率	国家社会科学基金项目	平均率	教育部基金项目	平均率
北京师范大学	1	0.20	4	0.80	0	0
南开大学	0	0.00	15	1.00	20	1.33
对比	+1	+0.20	−11	−0.20	−20	−1.33

3. 政府管理学院信管教学团队与南开大学信管教学团队

北京师范大学政府管理学院信管教学团队与南开大学商学院信管教学团
队的对比情况如表 18-9 所示。在团队结构上，政府管理学院信管教学团队
教授比例较高，但人数不足对方的 30%。在其他方面，以人均教研成果作
为比较标准来看，政府管理学院信管教学团队的教学成果、教材编写情况以
及科研成果处于明显劣势。

表 18-9　北京师范大学与南开大学信管教学团队对比情况表

团队结构对比				教学成果情况对比			
学校	人数（人）	教授	副教授	讲师	国家级	平均率	省部级	平均率
北京师范大学	5	80％	0	20％	1	0.20	0	0.00
南开大学	17	47％	23％	29％	6	0.35	23	1.35
对比	—	—	—	—	—5	—0.15	—23	—1.35

教学改革项目情况对比				教材编写情况对比			
学校	国家级	平均率	省部级	平均率	国家级	平均率	省部级	平均率
北京师范大学	0	0	0	0.00	0	0	0	0.00
南开大学	0	0	1	0.06	4	0.267	2	0.11
对比	—	—	—1	—0.06	—4	—0.267	—2	—0.11

科研成果对比分析						
学校	国家自然科学基金项目	平均率	国家社会科学基金项目	平均率	教育部基金项目	平均率
北京师范大学	1	0.20	5	1.00	2	0.40
南开大学	11	0.65	23	1.35	9	0.52
对比	—10	—0.45	—18	—0.35	—7	—0.12

4. 北京师范大学同校育人团队对比分析

与校外的团队进行比较后，还需要与校内的优秀团队进行比较，以更好地建设团队。北京师范大学中外古史比较研究育人团队（以下简称"中外古史育人团队"）是北京市 2019 年评定的北京高校优秀本科育人团队之一，因此，将政府管理学院的 3 个教学团队与之进行比较，有助于政府管理学院进一步完善团队建设，结果如表 18-10 所示。在教学改革项目方面，人管教学团队与信管教学团队相较于中外古史育人团队和公共政策学教学团队而言有较大差距；在教材编写方面，公共政策学教学团队和信管教学团队则处于落后地位；在科研成果方面，政府管理学院的 3 个教学团队中，公共政策学教学团队与信管教学团队与中外古史育人团队表现相近，而人管教学团队则表现更好；在教学成果方面，公共政策学教学团队与中外古史育人团队表现相近，但仍有差距，而人管教学团队与信管教学团队则处于落后地位。

表 18-10 校内育人团队对比分析情况表

项目	人管教学团队	公共政策学教学团队	信管教学团队	中外古史育人团队
人数（人）	10	5	5	10
教授：副教授：讲师	3：4：3	2：1：2	4：0：1	5：4：1
省部级教学改革项目（项）	1	4	0	5
国家级教材（部）	1	1	0	3
省部级教材（部）	3	1	0	3
国家自然科学基金项目（项）	5	1	1	0
国家社会科学基金项目（项）	4	4	5	5
教育部基金项目（项）	3	0	2	3
国家级教学成果（项）	0	1	1	3
省部级教学成果（项）	0	7	0	10

第五节 政府管理学院教学团队建设的对策建议

教学团队建设是培养教学人才、推动教学改革和提高教学质量的有效组织形式，是高等学校"本科教学质量与教学改革工程"的重要建设内容，是一项需要不断投入和持续改进的系统工程。北京师范大学政府管理学院所建立的 3 个教学团队应该高标准、严要求、强优势、补短板，在教学团队建设的各项指标上持续、精准发力，为建设成为北京高校优秀本科育人团队乃至将来成为国家级优秀教学团队不断砥砺奋进。通过前四节的分析，我们了解了各类教学团队的类型以及建设现状，本节将对政府管理学院教学团队建设提出具体的对策建议。

1. 统一思想，高度重视各专业的教学团队建设

虽然 2007—2010 年的国家级教学团队评比活动已经告一段落，但是并不代表教学团队的建设工作不再重要。在全国的很多省市以及高校中，仍然保留了教学团队建设的申请项目，如北京市于 2019 年启动了北京高校优秀本科育人团队建设项目（每年约 30 项）。高校建立教学团队有其内在发展要求。当前，很多大学尤其是研究型大学常以研究为导向，教师将主要精力放

在课题研究与论文发表上，而忽视了教书育人这项本职工作，使教学质量和效果难以保证。此外，教学方式的传统单兵作战难以适应新的教学要求。每个教师由于科研方向以及实践经历不同，在知识讲授与实践操作上各具不同的优势和劣势。而且管理类课程相对于理工科的课程而言，在内容上相对宽泛，涉及面广，因而加强教师之间的教学协作和团队建设尤其重要。教学团队建设可以有效地加强学科、专业、院系之间的内部整合和交叉融合，提高教学效果和质量，培养教学人才，凝聚团队精神。北京师范大学政府管理学院需要继续加强公共政策学、人管和信管3个教学团队的建设，未来还应该与时俱进地培育和打造更多的优秀教学团队。

2. 夯实基础，加强教学团队人员结构的优化

无论是以单一课程、专业建设还是以实验实践等为任务的教学团队均离不开一支结构合理的教师队伍。从数量上看，目前政府管理学院的3个教学队伍人员数量均偏少，人管教学团队、公共政策学教学团队、信管教学团队的教师数量分别为10人、5人和5人，而国家级教学团队人数大多为11～20人，平均数为18人，南开大学相应的教学团队人数为11人、15人、17人，北京师范大学成功申请北京高校优秀本科育人团队的中外古史育人团队人数为10人。因此，政府管理学院的3个教学团队应该想办法壮大队伍。人管教学团队尽管人数尚可，但可以继续吸纳经济与工商管理学院人力资源管理系、心理学部应用心理学相关专业的师资力量。公共政策学教学团队和信管教学团队的人数严重偏少，可以从本院以及外院吸收相关教师，如可从社会发展与公共政策学院寻找公共政策学的合作力量。从年龄结构上看，3个教学团队基本上符合老中青相结合的原则，平均年龄42岁，公共政策学教学团队成员稍微偏年轻，信管教学团队成员的年龄稍微偏大，需要重视青年教师的吸纳和传、帮、带。在职称构成上，人管教学团队和公共政策学教学团队中教授职称占比偏低，建议在这个方面加强。在团队带头人方面，3个教学团队的带头人年龄以及资历比较符合要求。在带头人数量组合方面，北京高校优秀本科育人团队2019年和2020年共计81个团队，其中带头人两人以上的有28支，政府管理学院公共政策学教学团队带头人是两人，其他两支教学团队可以根据需要考虑适当增加带头人数量。由于团队带头人需要根据每位成员的专业背景和教学特长精心分配工作任务，因此这也对团队带头人对团队成员的熟悉程度与人际交往能力提出了要求。

3. 打造工具，加强教学团队的优质课程教材建设

教材是教学的基础性工具，每年北京师范大学都对课程教材使用情况进行审核。26 个管理学类国家级教学团队平均拥有的省部级教材数量为 3.1 部，国家级教材的数量为 4.8 部。南开大学 3 个教学团队的省部级教材平均拥有量为 1.3 部，国家级教材为 3 部。而北京师范大学中外古史育人团队拥有的省部级教材数量为 3 部，国家级教材也为 3 部。相较而言，政府管理学院 3 个教学团队的教材数量相对较少。在国家级教材方面，人管教学团队和公共政策学教学团队各有 1 部国家级教材，但时间较久。在省部级教材方面，人管教学团队有 3 部北京市精品教材，公共政策学教学团队有 1 部北京市精品教材，信管教学团队缺少北京市精品教材。针对这种情况，一方面各教学团队应在撰写科研论文之余加强对教材编写的重视；另一方面需要不断提高教材编写质量和教材影响力，争取入选省部级以及国家级教材。

4. 探索未来，推进教学团队的教学改革项目建设

教学内容、方法以及技术等需要不断与时俱进地进行变革创新，以适应新的教学需求。教学改革项目是教学改革的重要载体和试验场。在国家级教学团队申报限填 15 项教学改革项目的要求下，26 个管理学类国家级教学团队中有 10 个团队填满了 15 项教学改革项目，平均达到了 10 项左右，水平较高。而南开大学 3 个团队、北京师范大学中外古史育人团队与政府管理学院 3 个教学团队则表现一般。南开大学 3 个团队均没有国家级教学改革项目，其人管、政治学、信管教学团队分别获得了 2 项、2 项和 1 项省部级教学改革项目。北京师范大学中外古史育人团队获得了 5 项省部级教学改革项目，政府管理学院的信管教学团队未有省部级及以上教学改革项目产出，而人管教学团队与公共政策学教学团队分别有 1 项国家级教学改革项目、4 项省部级教学改革项目。政府管理学院 3 个教学团队应该志存高远，以国家级教学团队为目标，结合在线开放课程改革、一流专业建设、课程思政建设等，积极申报各类教学改革项目（如北京师范大学的通识教育核心课程建设项目、教学方法改革课程建设项目、学术写作类课程建设项目、课程思政建设优秀课程、自由申请项目、新文科教改项目以及教育部产学研协同育人项目等）。其中课程思政建设是对学科德育思想的具体实践，对学生树立"三观"有重要意义。但其单靠单一教师自发自觉，难以取得全局性的教改成果，需要教师团队群策群力，发挥团队的力量。同时，教学团队对于课程思政建设中实践教学的组织领导、决策管理、协调配合以及监督指导等方面都发挥

着重要作用。

5. 重视科研，加大教学团队的科研项目建设力度

科研是大学尤其是研究型大学教学体系的重要支撑。国家自然科学基金、国家社会科学基金和教育部基金项目的主持数量是衡量教学团队科研实力的重要方面。国家级教学团队因为优秀科研人员众多，科研项目数量和科研经费表现强劲。南开大学的人管、政治学、信管教学团队也有不俗实力，分别获得了 22 项、35 项以及 43 项科研成果。而北京师范大学中外古史育人团队与政府管理学院 3 个教学团队的表现则相对落后。其中，北京师范大学中外古史育人团队 3 类项目共获得了 8 项科研成果，而政府管理学院人管教学团队 3 类项目共获得 12 项科研成果，公共政策学教学团队获得 5 项，信管教学团队获得 8 项，3 个团队的科研数量同南开大学相应教学团队相比仍有差距，需要继续加大科研建设力度。

6. 勇攀高峰，不断积累高水平的教学成果奖励

教育成果奖是一项综合的奖项，反映了教学团队的整体实力。在 26 个管理学类国家级教学团队中，平均获得的省部级教学成果为 4.4 项，国家级教学成果为 2.5 项。南开大学人管、政治学、信管教学团队获得的国家级教学成果分别为 0 项、2 项、6 项，获得的省部级教学成果分别为 7 项、14 项、23 项。北京师范大学中外古史育人团队获得的国家级教学成果为 3 项，省部级教学成果为 10 项。相较而言，政府管理学院 3 个团队表现不佳，其中人管教学团队缺少国家级及省部级的教学成果奖；公共政策学教学团队教学成果相对较好，人均数量最高，但和育人团队相比仍有差距；信管教学团队有 1 项国家级教学成果奖励，但获奖时间较久。政府管理学院的 3 个教学团队需要勇攀高峰，不断进取，以获得更多有分量的教学成果奖。

参考文献

[1]张昆. 论高校新闻专业的教学团队建设[J]. 新闻与写作，2019(8)：68-74.

[2]孟艳，李萌. 一流本科教育建设背景下教学团队建设路径探析[J]. 大学，2021(18)：17-23.

[3]教高司函〔2007〕136 号. 关于组织 2007 年国家级教学团队评审工作的通知[S]. 教育部，2007.

[4]刘在洲，谭梦媛. 引育科学精神：大学科研育人的使命担当[J]. 中国高校科技，2020(Z1)：82-84.

[5]杜天真，郭晓敏，刘苑秋，等. 高校教学团队建设的路径探索[J]. 中国高等教育，2010(Z3)：45-46.

[6]韩延明，张洪高. 我国大学教学文化建设探析[J]. 大学教育科学，2014(2)：105-111.

[7]熊旺平，黄小方，王立国，等. 在线开放课程群教学团队的建设和辐射策略[J]. 教育教学论坛，2019(12)：26-27.

[8]戴健. 高校课程思政教学团队建构探析[J]. 江苏高教，2020(12)：100-103.

[9]宁馨. 实践教学新模式中优秀教学科研团队的作用论析[J]. 学校党建与思想教育，2020(2)：90-93.

第十九章
基于听说读写练的管理学
专业教学改革

李永瑞

本教学改革项目的名称为"读—听—看—练"全程互动专业实习模式探索暨政府管理学院专业实习基地建设。综观世界高等教育，包括所有世界一流的研究型大学在内，无不高度重视专业实习等实践环节，以培养学生的实践动手能力、分析问题能力和解决问题能力。

第一节　课程概要

本课程致力于加强产学研密切合作，拓宽大学生校外实践渠道，与社会、行业以及企事业单位共同建设实习、实践教学基地，努力实现"人才培养模式改革取得突破，学生的实践能力和创新精神显著增强，科技创新和人才培养的结合更加紧密"的建设目标。

一、课程目标

为探索符合人力资源管理专业学科内涵的专业实习模式，本课程将在政府管理学院既有实习基地建设等工作的基础上，通过教师示范与指导以及学生自主实习相结合的教师实践带动学生实习、职业定向及就业模式，进一步强化理论与实践的良性互动，努力实现产学研的完美结合，确立"教育创造学生价值"的人才培养理念，重点培养学生的创新能力及社会服务能力，从而实现"学生创造社会价值"的培养目标，形成学校、学生、社会价值链的高度统一。

二、实习目的

专业实习是政府管理学院本科各专业教学计划的重要组成部分，是学生在完成规定的专业基础课和部分专业课的基础上进行的实践性教学环节。通过专业实习，本课程要达到以下目的：

①通过实习检验学生专业课程学习成效，使学生进一步加深对所学专业知识及基本理论的理解，熟悉和掌握现代管理学院本科各模块的主要内容及其流程；帮助学生了解政府管理学院本科各实践活动中新的管理理念与管理技能，丰富和扩大其专业知识领域。

②让学生参与政府机关、企事业单位的日常管理工作，培养学生运用所学理论解决实际问题的能力，提高其综合运用知识的能力；使学生学会以专业的眼光去发现问题，从专业的角度去分析问题，并提出合理化的建议，从而增强其创新意识。

③增强学生的社会交往及沟通能力，培养其团队意识及合作精神，为学生进一步攻读工商管理、公共管理、应用经济学、信息管理与信息系统、管理科学与工程、系统理论等学科硕士学位，从事相关的管理实务工作奠定坚实的基础。

④树立正确的劳动观念与服务观念，培养学生正确的人生观与社会责任感，引导学生树立正确的择业观。

三、实习要求

①专业实习是政府管理学院各专业本科学生在学习中不可缺少的一个重要环节，要求每位学生必须参加；凡未取得专业实习相应学分的学生，必须按要求重修专业实习，否则不能获得毕业证书。

②实习期间所有学生必须接受实习单位指导教师的指导与监督，遵守实习单位的规章制度，接受学院和实习单位的双重管理，不得有损害学院形象和声誉的言行，否则实习成绩按不合格记录，不能取得实习相应学分。

③参与学院统一安排实习工作的学生，实习期间不能擅自离开实习单位或自行终止专业实习。如有特殊情况，须通过实习辅导教师向学院报告，处理办法须得到实习单位认可。凡未获得实习鉴定或实习鉴定不合格的学生，

不能取得相应学分。

④参加学院统一安排实习工作的学生，实习期间如需变更实习单位，须提前向学院及实习单位指导教师报告，并提出书面申请。

⑤参加实习的本科学生应认真对待专业实习，按照要求完成实习（指导）日志，并在实习指导教师的指导下独立完成 1 000 字左右的专业实习总结报告。

四、实习内容

政府管理学院本科各专业实习结合学科培养目标，注重理论在实践中的应用，实习内容包括但不限于以下几个方面。

①全面、深刻了解实习单位的机构设置、职能及生产运营管理流程、现状和策略。

②了解实习单位管理部门在组织机构中的地位和作用。

③熟悉管理部门各模块的工作职责、工作内容、工作要求、工作规范、工作流程等。

④了解学科培养目标最新发展动向、理论技术进步以及相关理论技术在实际运用中的深度和障碍。

⑤尝试加入实习单位相应的项目管理团队，学习项目管理组织管理及技术，增强团队合作意识。

⑥完成实习单位领导和指导教师交办的各项基本工作。

五、实习方式

根据我院本科各专业特性以及实习基地建设的情况，采用自主实习与院系统一安排实习相结合的实习方式，主要采用但不限于以下两种实习形式：

①专业相关知识及技能的应用（适合本科毕业直接就业的学生选用）。在政府以及企、事业单位承担与政府管理学院本科各专业相关的工作，增强对职业的探究，深刻了解职业的性质，以适应未来职业选择的需要。

②专业相关课题理论探索与研究（适合本科毕业后继续深造的学生选用）。在实习指导教师的指导下，利用所学的知识承担政府以及企、事业单位（主要为校外）与人力资源相关的调研课题。

六、实习时间

专业实习根据《北京师范大学政府管理学院本科生专业实习管理办法》的安排进行，为期 3 周，主要安排在第三学年结束后到第四学年结束前。

七、实习组织

至少在开始专业实习前 3 个月落实实习负责人，由政府管理学院本科各专业相关教师组成实习指导小组，提交指导教师名单报学院审核。实习指导教师需有丰富的教学与实践经验和组织能力，并愿意作为政府管理学院本科各专业相对稳定的实习指导教师队伍成员，承担实习指导教师职责。为保证实习质量，实习指导教师与学生人数之比不应过高。一般情况下，师生比不应高于 1∶10。

1. 实习组织工作流程

①实习准备阶段。实习指导小组提出具体的年度专业实习工作计划及经费预算，提交学院审批备案。至少于实习前 2 个月向学生布置联系实习单位的任务，对学生进行实习动员，布置实习任务及要求，开展安全教育，并落实指导教师，实习指导教师要做好实习前各项准备工作。

②实习实施阶段。学生在专业实习期间，实习指导教师组织开展专业实习工作过程性检查、评估，了解实习各阶段进展及存在的问题并及时协助解决。同时，指导学生完成专业实习各项任务并进行考核，组织学生做好实习总结。

③实习总结阶段。实习指导小组在学习实习结束后认真总结实习工作，完成《学生教学实习统计表》《学生教学实习登记表》《实习报告》《实习成绩》《教学实习工作小结与总结》以及《经费支出报告》等总结材料，并交予学院主管教学副院长存档。

2. 实习指导小组的指导职责

①制订年度实习计划。

②开展实习动员工作，报告实习前的预察，布置实习任务，开展理论讲授，实践指导。

③做好学生的组织管理工作，包括安排好学生实习工作、检查和督促学生完成各项实习任务、帮助学生解决实习中的问题。

④在专业实习过程中以及专业实习结束之后组织学生开展专业实习经验交流和分享会议，进一步提高专业实习的质量。

⑤指导学生做好实习总结，开展实习考核和成绩评定工作。

⑥开展专业实习教学的建设与研究，包括实习内容、实习任务的改革，实习教学方法和手段的改革；实习考核标准与方法的改革；实习指导教材及实习指导网站的建设；实习基地软硬件建设，实习组织与管理方式的改进等。

八、成绩考核

实习考核由实习指导教师与实习单位完成。成绩按百分制登记，划分为优秀、良好、中等、及格和不及格五个等级。成绩评定可参考以下几方面：

①实习纪律与作风。包括劳动态度、纪律性、出勤记录、工作完成情况等，具体可参考实习单位的评价(书面和口头)。

②学习态度与收获。包括学习是否认真、专业技能与管理技能的提高程度、分析和处理问题能力的高低等方面，主要依据实习报告、实习答辩的成果来评价。

③自评与他评。学生的自我评价，以及参考实习单位主管人员的书面评价和反馈意见。

④成绩评分表。学院导师、实习单位与院系评价需最终汇总成《政府管理学院本科各专业实习成绩评分表》。

九、注意事项

①做好安全教育工作，制定相关的安全规程。在实习前和实习全过程中进行充分的安全教育，使学生知晓可能存在的安全隐患，知晓并认同安全规程中的各项措施及制度，并坚决予以执行。学生应认同并服从实习基地教师的管理，遵守各项安全、保密等制度法规，签署安全协议并遵守。

②实习学生的行为举止应文明得体，体现学校校风所倡导的精神风貌，礼貌待人，虚心学习。

③学生的实习内容不能脱离政府管理学院本科各专业教学目标，不能去一些与本专业无关的单位进行实习，指导教师应严格检查学生的实习情况，杜绝弄虚作假。

第二节 改革内容和措施

管理学是一门理论与实践高度融合、相互促进的学科。而与管理所面对的瞬息万变的环境相比，课堂教学传授的多是一些相对静态的理论与知识，与管理现实总有一定的差距。因此，专业实习对于管理类专业人才的培养就显得尤其重要，是不可缺少的。然而，由于诸多原因，我国大多数高等院校的管理类本科教学，还是在黑板上教管理，在电脑上搞管理为主。与管理前沿，特别是本土管理前沿的结合严重不足，理论与实践脱节，教学内容陈旧，教学方法单一，缺乏对学生创新能力及解决问题能力的培养，对本土管理问题没有引起应有的重视。在这样的模式下培养出来的管理人才坐下来不能写，站起来不能说，走出去不能做，管理类学生的理论水平与实践能力因而备受社会各界质疑。

为此，本课程提出了"读—听—看—练"全程互动专业实习模式，力图实现理论与实践良性互动、能力提升与人格养成相结合。

一、"读—听—看—练"全程互动专业实习模式

基于管理类本科专业培养目标与专业实习定位，我们在北京师范大学教改课题的资助下，对本校管理类本科专业实习模式进行了积极的探索，提出了"一读二听三看四练"的全程互动专业实习模式。

所谓全程互动，就是把本科四年视为一个广义的实习阶段，把相对静态的理论学习与相对动态的专业实习实践活动充分融合，力求理论与实践良性互动，使学生理论素养的夯实、管理技能的习得与学科兴趣及职业发展定位得到同步强化。具体操作模式如下。

1．"一读"

"一读"是指读管理类相关学科最新经典文献与名著。我们结合本科教学大纲的修订，在大学一年级学校平台课及院系主要的专业基础课开授完毕后，安排了1学分的必修课，要求学生利用大一暑假自学我们组织相关学科教师编写的管理学相关学科最新经典文献与名著（精要摘编）。文献与名著的内容涉及管理学、经济学、心理学、政治学、历史学、文化学、哲学、人类学和社会学各专业学科前沿。学生在大学二年级开学后第一个月内参加闭卷考试，成绩合格者可获得1学分，没有通过的学生必须参加下一年级考试，

直到通过为止。这不仅有效弥补了课堂教学内容片面、陈旧之不足，还能有效促进学生理论基础的夯实与研究兴趣的激发。

2."二听"

"二听"是指听著名管理专家分享经验。为此，我们根据本院管理类专业各学科特征，专门规划了专业学术前沿与管理实践专题讲座，邀请管理类相关学科著名学者与著名企事业单位优秀管理者分别针对相关理论与实践问题进行专题报告或开展圆桌式专题讨论，规划每年举办 10 场以上，要求大学二年级学生至少出勤其中的 6 场，并在学年结束后参加闭卷考试，通过者可获得必修的 1 学分，未通过者参加下一年级考试，直到通过为止。这一方面能进一步夯实学生的理论基础、培养学生的研究兴趣；另一方面通过专家的经验分享与榜样的示范作用，能有效促进学生的职业定向。

3."三看"

"三看"是指看专业实习指导教师对专业实习相关模块工作的演示。基于教师实践带动学生专业实习，以学生专业实习促进学生就业与职业定向的实习模式，我们委托各专业资深教师，根据管理学下属各二级学科内涵与教学计划中理论课设置状况，总结、提炼各专业学生在专业实习阶段最需要强化或填充的学科知识点，并结合实习基地共建企事业单位的管理实践，采用"跟我学"的方式，按照指定格式开发成专门的专业实习案例。提前发给学生自学，并在大学三年级进入专门的集中实习前，由负责案例开发的教师对相关专业学生进行讲解并辅导。这样鲜活的案例式理论指导方式，既有助于培养学生的专业兴趣，还能有效促进学生实践能力的提升。

4."四练"

"四练"是指练习使用各种理论分析工具解决管理相关专业问题。学生根据"跟我学"案例范本，在指导教师的带领与指导下，围绕"三看"中所总结、提炼的各专业学生在专业实习阶段最需要强化或填充的学科知识点，与合作单位开展相关的项目研究。实习结束后，师生共同编写"跟我学"专业实习案例，其中优秀者将作为下一届或几届的"三看"教材。很显然，合作单位用人需求与专业实习目标之间的契合度高低是"四练"目标能否成功实现的关键。为此，我们在专业实习基地建设上，特别强调了专业的对口性。例如，人力资源管理专业的对口实习单位为科锐国际（亚太地区最大的人力资源服务公司），信息管理与信息系统专业的对口实习单位为万方数据和百度搜索，管理科学与工程专业的对口实习单位为《证券日报》,等等。这种方式不仅注重理论与实践的高度融合,还特别强调了对实践的理论性提升,对学生实践能力的提升、创新精神和研究兴趣的培养、理论基础的夯实、职业定向的促进都起到了积极有效的作用。

二、以实践形式融合多元知识

管理学作为一门研究人类管理活动规律及其应用的综合性交叉科学,其理论基础分别为数学、经济学与行为科学。其中,数学既是工具,又是管理思维训练的有效手段;经济学主要研究人们在理性状态下的决策行为,而行为科学主要研究人们在现实状态下的实际行为。三者缺一不可,共同构成管理学类本科各相关专业学生必备的理论基础。

同时,管理活动本身不仅是一门科学,更是一门艺术。科学素养更多靠知识的积累和学习,而艺术素养更多靠典型场景的体验和感悟。因此,与人类活动及其规律密切相关的文学、史学、哲学、社会学、人类学、民族学等学科的基础知识,也是管理类本科学生必备的理论基础。

传统的授课形式往往只能从某一或某几个学科的角度进行讲授,学生对学科难以有全面感知。而专业实习以个人探索为形式,引导学生进行全方位体验感知,使其能够在不同的领域、不同的环境下感受到管理的不同层次与魅力。

三、理论与教学范式创新

中国转型经济的实践为中国乃至世界管理学范式(指导学者们进行研究的理论、世界观和思维模式)变革提供了前所未有的新鲜土壤,改革开放,从计划经济到市场经济的逐步推进,加入世界贸易组织以及全球化对我国本土企业所带来的巨大冲击等一系列国内外环境的变化,加之组织内部从人的生活观念变化到企业产权制度改革,各种因素对管理范式提出了新的挑战。此外,非营利组织管理的兴起,多种组织形态管理方法的并存,这些过去的范式无法解释的问题都要求我们重新审视过去的范式,并创立一套新的范式,为管理学研究打下新的基础。无论在原理上还是实务上,管理都越来越需要构建并应用新的范式,因此,创新型管理人才的培养是有效促进中国经济深入改革的重要举措。

基于此,本课程创新管理类人才的培养模式,以课外实践补充课堂讲授，立足中国经济建设中的管理问题，遵循理论与实践的良性互动、能力提升与人格养成的完美结合。既注重中国本土问题的解决，又面向全世界，积极整合各种资源，开阔学生国际视野，并在课程设计、教学内容改革上强化"拿来主义"与自主创新并重的基本思路。

第三节　育人效果

本课程致力于培养专业基础扎实，人文积淀深厚，熟悉各类组织管理中个体与群体行为基本规律，能合理使用各种工具创造性地解决管理情境中的相关问题，基础好、能力强、素质高的理论与实践并重的人才，为他们在完成整个高等教育阶段的学习后成为具有国际竞争力的高素质管理人才奠定坚实的基础。经过多年实践，本课程在以下育人效果方面取得了突出成就。

一、提升学生能力

根据前述管理类专业本科学生培养目标，高等教育培养的管理类人才，其特征为既能立地，又能顶天，理论与实践并重的能做会说者。所谓立地，就是熟悉本土管理实际；所谓顶天，就是理论基础扎实，能在最短的时间内准确找到管理情境中存在的具体问题，并运用相应的理论对其进行合理的分析，采用最优化的方法解决这些问题。本专业实习课程在以下 5 个方面取得了不错的效果。

1. 夯实学生理论基础

在学科基础课的课堂教学中，通过教师讲解、学生自学等方式，学生已经掌握了一定的理论基础。但对管理类学生来说，仅有这些还远远不够，还需要系统阅读相当数量的相关学科经典著作与最优最新文献作为补充，这样才能保证其在理论素养上的深度和广度。

2. 促进学生职业定向

从职业生涯规划角度来看，做自己感兴趣并擅长的事，成功的可能性更大。所以，学生如果能尽早发现自己的兴趣所在，并尽早进行职业定向，这不论对个人、对组织，还是对整个社会人力资源的有效开发都是大有裨益的。管理类专业本科生毕业后，除了一部分继续深造外，还有一部分将直接进入就业市场。继续深造者应该选择什么样的专业方向，直接进入就业市场者应该选择什么样的行业，从事什么样的工作这些问题都需要通过专业实习来促使学生尽早定向。

3. 培养学生研究兴趣

兴趣决定个体的投入与灵感被激发的可能性，管理类专业本科生作为国家创新人才队伍后备力量的重要组成部分，其中一部分要终身从事科学研究工作，其余部分即使不是终身从事科研工作或直接从事其他工作，他们对周围事物始终保持新奇并主动探究的自我驱动的研究兴趣，对其终身职业的成功、对大学教育的社会职能定位的履行、对整个社会的发展同样具有重要意义。而对于其研究兴趣的培养，理论与实践相结合的专业实习将起到积极有效的推动作用。

4. 提升学生实践能力

管理是一种实践，其本质不在于知，而在于行。管理学科应该更注重满足现实世界的需要。专业实习是整个教学过程中理论联系实际的重要环节，其目的是对学生进行专业技能和方法的训练，发挥学生的主动性和创造性，促进知识向能力转化。只懂理论而不去实践或不善实践，会使人的独立思考能力创造力受到限制。所以，研究型大学管理类专业本科生的培养，更需要通过专业实习来提升学生实践能力。

5. 激发学生创新精神

大学要培养创新型人才，要在适应社会的基础上引领社会和时代的发展，创造性地开展工作，能够借助一定手段改变社会或有关事物的自身结构，使原有结构或因素发生积极变化，从而产生原有社会中不存在的新事物，这种新事物的出现见证了社会历史的发展。而创新更多源于实践的需求与个人兴趣的驱动，所以带着问题以解决问题为目的的情境式的专业实习，在激发学生创新精神方面具有不可取代的地位。

二、项目成果丰硕

①对国内外同行进行了调研，发表了与本研究课题直接相关的教改学术论文 3 篇，其中 2 篇被 CSSCI 收录。

②编写了政府管理学院专业实习大纲与实习指导手册。

③成功为 2007—2010 级全体本科学生组织了最新经典文献及名著选读，自行编写了学科最新经典文献及名著两本，外购浙大版精品文献选读

150 本。

④每学年规划并实施高水平著名企事业单位优秀管理者案例课堂超过8 场。

⑤编写并发表了 23 个"跟我学"专业实习相关案例。

⑥新开拓专业实习基地超过 10 个，举办专门的专业实习供需见面会多次。近年来有实习生派遣的新开拓单位有国家行政学院领导人员考试测评研究中心、国际人力资本网、中盛国际保险经纪有限责任公司、中国电信、晋商联合投资股份有限公司、美克斯特投资咨询有限公司、中国水电建设集团、中国石油工程建设公司、赶集网、东方慧博、东方通科技、金山软件、智鼎咨询、凯洛格咨询、普尔摩咨询、李宁公司、中国农业银行品牌管理处、国盛评估、中国航信、九州嘉华等。

⑦开通政府管理学院专门的专业实习网站（学生天地就业服务专栏：http://114.255.218.226:8002/bbs/forumdisplay.php? fid=2）。

三、提升就业素养

依托专业实习项目以及平台，本课程多次邀请来自各个高校的教师以及企业高管为大家做就业形势、就业选择以及就业能力等多个方面的讲座，并设置现场交流答疑环节，帮助学生提升职业素养和专业能力。

例如，人力资源和社会保障部莫荣研究员曾应邀为同学们就"就业形势以及大学生就业建议"做专场学术报告。他基于大量第一手最新实证资料，深入剖析了国际国内大学生就业情况，进而根据自身多年的研究成果与个人经验，对到场参会的近 200 名学生就大学生就业取向提出了若干建设性建议。

腾驹达猎头公司举办了面对面的"入对行、跟对人、做对事"职场专题讲座。指出"入对行"是指大学生在求职时要明白目标并始终如一，不能随波逐流，并将自己的爱好与行业有效结合起来。"跟对人"是指要关注选老板的 9个标准，如能自我提升和突破、能看大势顺势而为等。"做对事"是指要明确做事的原则，要明白如何做正确的事。有着近 10 年中央直属企业招聘与面试经验的博思智联管理咨询公司首席执行官吴正博士团队，做了"企事业单位最欢迎什么样的大学生"的专题报告。

这些报告和讲座为同学们分享了丰富的来自多年实践和总结的经验，还为同学们带来了最真实有效的面试技巧，使同学们获益匪浅。

四、拓宽就业渠道

依托专业实习项目与课程，学院多次召开专业实习供需见面会以及毕业生就业面对面专场宣讲会，邀请各个企业为同学们提供丰富的实习以及就业机会，增进了企业和同学之间的了解，为同学们提供了更多的就业渠道。这对提升我院学生的就业质量和就业率都起到了显著的促进作用。

参会宣讲的企事业单位包括国家图书馆、电子工业出版社、中核集团、博思智联、科锐国际、李宁中国、新百丽鞋业、东兴证券、华夏人寿、新时代证券、太平洋证券、金算盘软件、北大纵横、百年基业管理顾问有限公司、阿里巴巴、北森测评、远洋投资、华瑞讯通、汇智卓越、慧思仁和、慧之桥、康信知识产权、腾驹达猎头公司、中亚投资、紫玉山庄、China Select善择、鑫裕盛船舶、中国舰船、中国进出口汽车、京盛典当行、中国汽车研究中心、京汉置业、和泓控股等。参会的单位相继为政府管理学院本科生、研究生的专业实习提供人力资源管理、信息管理、行政管理、数据分析、图书编辑、专访记者、企业咨询等职位。涉及多个行业的多个岗位，加强了同学们对企业和行业的认知，为他们之后的择业和就业提供了极大的便利。

五、加强校企合作

专业实习的模式不仅操作性强，还深受学生和实习单位的欢迎，多家企业通过实习提高了对政府管理学院学生的评价，并提供了众多优质的岗位，进一步加强了校企合作。在定期举行的专业实习供需会上，院长和教师会就各个专业的情况向各个企业介绍政府管理学院学生的特点以及学院的办学优势，通过沟通与交流加强联系，深化校企之间的合作。

其中，百丽国际对成功通过选拔进行实习的同学表示了高度的赞扬。每位通过专业实习笔试、面试和岗前培训后顺利进入百丽国际的同学，在前期店面导购和后期集团行政管理两个部分完成了为期40天的专业实习，其表现均获得了百丽国际的一致好评，部分优秀的同学还获得了百丽国际专为实习生设立的社会实践一、二、三等奖学金。百丽国际副总裁王文艳女士更是高度评价了我院参加专业实习的学生在百丽工作期间的良好表现，尤其是获奖的同学更是其中的佼佼者，王总还朗读了几段获奖同学的实习总结，赢得了全场阵阵掌声。

参考文献

[1]李永瑞，黎翔，刘欣.管理类本科专业实习定位与操作模式的探索[J].
首都经济贸易大学学报，2010，12(4)：119-122.

[2]龚文，王真，李跃东.管理类本科生教育的困境与出路[J].未来与发展，
2008，29(2)：75-77，81.